Y. +6220.
A. 5.

CHOIX

DES POÉSIES ORIGINALES

DES

TROUBADOURS.

TOME CINQUIÈME.

CHOIX

DES POÉSIES ORIGINALES

DES

TROUBADOURS.

Par M. RAYNOUARD,

MEMBRE DE L'INSTITUT ROYAL DE FRANCE (ACAD. FRANÇAISE, ET ACAD. DES INSCRIPTIONS ET BELLES-LETTRES), SECRÉTAIRE PERPÉTUEL DE L'ACADÉMIE FRANÇAISE, OFFICIER DE LA LÉGION D'HONNEUR, CHEVALIER DE L'ORDRE ROYAL DE SAINT-MICHEL.

TOME CINQUIÈME,

CONTENANT

Les Biographies des Troubadours, et un Appendice à leurs poésies imprimées dans les volumes précédents.

A PARIS,

DE L'IMPRIMERIE DE FIRMIN DIDOT,

IMPRIMEUR DU ROI ET DE L'INSTITUT, RUE JACOB, N° 24.

1820.

AVERTISSEMENT.

Le premier volume du Choix des poésies originales des troubadours contient des recherches sur l'origine de la langue dans laquelle ils ont écrit, et la grammaire qui en explique les principes et les règles.

Dans le second, j'ai publié les plus anciens monuments qui nous restent de cette langue, et indiqué les divers genres de composition de ces poëtes.

J'ai ensuite choisi, dans leurs nombreux ouvrages, les pièces qui, par la facilité, la pureté ou l'élégance du style, méritaient de trouver place dans une collection destinée à rétablir et à justifier la renommée de ces chantres du moyen âge.

Les principales pièces, qu'ils ont consacrées à l'amour et aux dames, composent le troisième volume.

Le quatrième offre un choix de pièces historiques, satyriques, religieuses, morales, également utiles à l'histoire littéraire, et au philosophe toujours curieux des documents qui expliquent les mœurs et les opinions des temps passés.

Dans ce cinquième volume, on verra une liste alphabétique de tous les troubadours dont les noms m'ont paru dignes d'y entrer; leur nombre est de plus de trois cent cinquante.

Cette nomenclature est rédigée de manière, qu'après le nom du troubadour, se trouve l'indication des volumes qui contiennent ses pièces imprimées; je place ensuite sa biographie en langue romane, quand elle existe dans nos manuscrits; le plus souvent j'y joins des fragments pris dans les pièces qui, ne devant point être imprimées en entier, offraient cependant des détails et des vers dignes d'être connus; et quelquefois je publie des pièces qui n'avaient pu être insérées dans les volumes précédents.

Il n'eût pas été difficile d'offrir, sur la plupart des troubadours, des observations et des éclaircissements qui n'auraient pas manqué d'intérêt (a), et il ne m'en eût coûté aucun frais d'érudition; j'avais eu occasion de rassembler les matériaux nécessaires.

(a) Je me bornerai à indiquer quelques-uns des ouvrages où l'on trouve des détails relatifs à des troubadours.

Les vies d'Aimeri de Peguilain,

D'Arnaud de Marueil,

De Bertrand de Born,

Composées par Papon, ont été publiées à la suite de son Voyage littéraire de Provence.

Le P. Joseph de Haitze est auteur de quelques dissertations dont les VIIe et VIIIe concernent Folquet de Marseille. Dans la Xe il est parlé de la comtesse de Die.

La LXIe des CENTO NOVELLE ANTICHE est relative à Richard de Barbezieux, quoiqu'il n'y soit pas nommé.

Une partie de la pièce de ce troubadour: ATRESSI CUM L'OLIFANS, y est insérée avec la traduction italienne de quelques vers, et l'on rapporte l'anecdote qui donna lieu à cette pièce; anecdote qui ne se trouve pas dans la vie de ce troubadour.

Dans la cour du Puy-Notre-Dame, un gentilhomme de grand mérite eut le malheur de déplaire à sa belle par une indiscrétion excusable. Des chevaliers la prièrent de pardonner à cet infortuné; elle répondit : « Je ne lui pardonnerai qu'autant que cent barons, cent chevaliers, cent dames et cent demoiselles me crieront à la fois merci, sans savoir à qui leur prière s'adresse. » Il devait y avoir bientôt une fête qui attirait ordinairement un grand concours de personnes; le gentilhomme se flatta que sa dame s'y trouverait, et qu'il pourrait y venir assez de monde pour crier merci. Il composa une chanson; et le matin de la fête il monta sur un lieu élevé, et la chanta devant une assemblée

AVERTISSEMENT.

Mais je me suis strictement contenu dans les limites de mon plan ; j'ai préféré l'avantage de publier un nombre plus considérable de pièces ou de frag-

---

immense; c'est la pièce : ATRESSI CUM L'OLIFANS, imprimée tome V, page 433.

J'aurais pu, en comparant le texte de cette pièce, tel qu'il est imprimé dans les CENTO NOVELLE ANTICHE, avec celui qui est publié dans ce V^e volume, démontrer combien il est nécessaire et indispensable, quand on veut publier ou traduire les ouvrages des troubadours, de conférer les divers manuscrits, d'examiner et de juger les variantes avec goût et critique, et sur-tout sous les rapports des règles grammaticales.

Le même recueil contient dans la nouvelle XXXIX une aventure très-piquante, relative à Guillaume de Bergedan, qui n'est pas rapportée dans la biographie de ce troubadour.

Hauteserre, dans son ouvrage : RERUM AQUITANARUM, cite, du comte de Poitiers, des passages que j'ai cru devoir retrancher de la pièce EN ALVERNHE rapportée presque en entier dans ce volume.

L'histoire littéraire de la France parle des troubadours suivants :

Ebles de Ventadour, t. XI, p. 44 ; et t. XIII, p. 119.

Guillaume d'Agoût, t. XIV, p. 209.

Guillaume Mita, t. XV, p. 466.

Etc., etc.

Mais il ne reste rien de leurs ouvrages.

Dans les notices de manuscrits de la Bibliothèque du Roi, on a publié, t. V, p. 689, des vers de Pierre de Boniface, qui appartient au quatorzième siècle.

Les commentaires sur Pétrarque, et sur-tout ceux de Tassoni,

ments, à celui de discuter quelques points d'histoire littéraire, quelques détails de biographie, ou d'établir les synchronismes des principaux troubadours, etc.; et j'ai seulement indiqué, en bas de chaque article, les principaux auteurs qui ont parlé de leurs ouvrages, et qui sur-tout ont nommé des manuscrits qui les contiennent.

Lorsque je n'ai trouvé dans nos manuscrits, ni la biographie, ni aucun ouvrage d'un troubadour, j'ai très-rarement admis son nom dans la liste sui-

---

les notes de Redi sur son dithyrambe, la table des DOCUMENTI D'AMORE, rapportent souvent des passages des troubadours, ainsi que les savants ouvrages de MM. Ginguené et Sismondi.

Les historiens étrangers, ceux sur-tout qui traitent de l'histoire littéraire, tels que Tiraboschi, etc., Eichorn, etc., offrent des détails ou des jugements sur des troubadours et sur quelques-uns de leurs ouvrages.

Dans les nombreuses histoires particulières de provinces, de diocèses, de villes, on trouve parfois des fragments et même des pièces entières de ces poètes; Baluze et Justel en ont publié dans l'histoire de la maison d'Auvergne; Catel, dans ses mémoires pour servir à l'histoire du Languedoc, etc., etc.

Mais, en renvoyant à ces auteurs et à un grand nombre d'autres, il eût fallu entrer souvent dans des discussions que leurs assertions pouvaient exiger, corriger les textes altérés, etc.; j'ai laissé cette tâche aux personnes qui mettront en œuvre les matériaux que je publie.

vante (*b*), quoique des écrivains eussent, sans doute d'après des manuscrits qui ne sont pas venus jusqu'à nous, nommé ces troubadours, donné des détails de leur vie, et même des fragments de leurs ouvrages (*c*); mais une des principales raisons qui m'ont

---

(*b*) J'ai admis seulement l'empereur Frédéric Ier.

(*c*) Ainsi on trouve dans les vies des poëtes provençaux, par Nostradamus, les noms de plusieurs troubadours dont il cite quelquefois des fragments que je n'ai retrouvés dans aucun des manuscrits qui nous sont parvenus; il nomme entre autres troubadours:

Ancelme de Moustiers,	page 211.
Bernard Marchis,	196.
Bernard Rascas,	220.
Bertrand de Pezars,	213.
Ebles de Ventadour,	72.
Geoffroi du Luc,	205.
Guillaume d'Agoult,	198.
Guillaume de Bargemon,	159.
Guillaume Bonchaud,	197.
Guillaume Boyer de Nice,	232.
Guillaume Durand,	125.
Hugues de Lobières,	84.
Hugues de Saint-Cesaire,	254.
L. de Lascaris,	236.
Loys Emeric,	197.
Luc de Grimaud,	180.
Le Moine des Isles-d'Or,	26.

fait exclure les noms de ces troubadours, c'est que ces fragments contiennent presque toujours des fautes (*d*)

    Le Moine de Mont-Major,   page 27.
    Perceval Doria,   130.
    Pierre de Boniface,   245.
    Pierre de Châteauneuf,   142.
    Pierre Hugon,   197.
    Pierre de Ruere,   182.
    Pierre de Saint-Remi,   117.
    Pierre de Valeries,   196.
    Pons de Brueil,   82.
    Raimond Berenger,   103.
    Rollet de Gassin,   89.
    Rostang Berenguier,   192.
    Taraudet de Flassans,   229.

Les Discours sur les arcs triomphaux, par Chasteuil Galaup, désignent aussi quelques noms de troubadours, tels que :
    Isnard de Mandols,
    Luc de Lascaris,
    Raimond Romieu, etc.

(*d*) Quelques exemples suffiront pour le prouver. Dans les fragments publiés par Nostradamus, on trouve toujours *ou* au lieu d'*o*, etc.

Il dit :

    Vergiers ni flo*u*rs ni praz
    Non m'an fach cantado*u*r
    Mays per vo*u*s qu'yeu ado*u*r.

qui, à mon avis, proviennent de la prononciation de l'époque où ils ont été imprimés, ou du peu d'habileté à lire les originaux.

Au lieu que les manuscrits portent, ainsi que je l'ai imprimé, page 328 de ce volume :

> Vergiers, ni flors, ni pratz
> No m'an fait chantador
> Mas per vos cui azor, etc.

EXPLICATION DE QUELQUES INDICATIONS OU ABRÉVIATIONS.

Cresc.	Crescimbeni; Istoria della volgar Poesia, t. II.
Bastero.	La Crusca provenzale.
Millot.	Histoire des Troubadours.
P. Occ.	Parnasse occitanien; Toulouse, 1819; in-8°.
Nostrad.	J. de Nostradamus; Vies des Poëtes provenceaux.

APPENDICE

AU

CHOIX DES POÉSIES ORIGINALES
DES TROUBADOURS,

CONTENANT

LES BIOGRAPHIES DE PLUSIEURS DE CES POÈTES, ET DE NOMBREUX
FRAGMENTS DE LEURS OUVRAGES.

AICARTS DEL FOSSAT. La seule pièce qu'on trouve de ce troubadour, dans les manuscrits, est imprimée tome IV.

Millot, II, 326.

AIMAR JORDANS, auteur de deux pièces dont sont extraits ces passages :

    Sitot m'ai estat lonjamenz
    Guerreian ab mon mal seingnor,
    E pert lai entre mos parenz
      C'uns no m'en acor;
      Ges no m lais per tan,
      Que solatz e chan

No sega e domnei,
Sitot me guerrei.

Anc guerra no m fo espavenz
Ni malstraics, per so c'a honor
Pogues estar entre las genz,
Ses mal dich de fol parlador.....

Puois qu'el vescoms m'es avinenz
E m rete per son servidor,
Molt li serai obedienz;
E lo coms non aura peior
 Guerrier a son dan,
 Qu'ieu non ai talan
 Mas de far que ill grei
 On qu'an ni estei.
   Sitot m'ai.

E s'enquer no vos abriu,
Tart prendretz al poing l'esparvier;
Mas be par que sobr' aiga escriu
C'aitan ne faretz oi cum ier.
   Paris viscom.

Millot, III, 386.

Aimar de Rocaficha. Trois pièces, dont l'une est attribuée à Giraud de Calanson; voici des passages des deux autres :

 E qui falh per trop saber,
  Pres es de chazer;
 Que maynthas vetz dreitz defen
  So qu'amors cossen :
 Pero amicx dreituriers
  Vai derriers;

Lai on amors vol renhar,
Razos no pot contrastar.

Amors apodera e vens
  Paubres e manens.....
E d'aital pes compra e ven
  Que partis e pren;
E non dupta lauzengiers
    Ni parliers;
E fai drutz frir' e tremblar
Amors, e 'ls maritz pensar.
          Si amors fos.

Ar tenon solatz entre lor
Li malvay de lurs malvestatz,
Et an belhs trobars aziratz,
Que a negus non l'a sabor;
Quascus s'en gaba e s'en ri,
Gieta lengua e fai bosci,
Quant aug dire als trobadors
Que ses valor non es ricors.
          No m lau de mi dons.

Millot, III, 386.

Aimeri. Il a été imprimé de ce troubadour une pièce, tome IV. Dans une autre on trouve :

Totz hom que so blasma que deu lauzar
Lauz atressi aco que deu blasmar,
Et eu dic o per so car es amors
Forjujada per nescis jujadors.....

A mainz homes aug amor acusar,
Et el maldiz d'amor asutilar;
Que cavaliers ai vist e trobadors

Que de bassez fez auz e d'auz ausors,
Tant es laissatz que non tenian fre
De dir d'amor tot mal senes merce.....

Una dona sai que no troba par
Que de beutat puesc' ab lei parciar;
E sa beutatz es entre las gensors
Genser aisi com entre foillas flors.
TOTZ HOM.

Une tenson d'Aimeri avec Pierre du Puy sur le OUI et le NON, soumise au jugement de Blacas, commence ainsi :

Peire del Puei, li trobador
Fan tenson de so que lur plaz;
Mas de vos vueill que m respondaz,
S'o sabes faire a razo,
Que ieu vos partisc oc e no;
Per qual reman hom plus onratz?
E dic vos ben, qual que prendatz,
Vencut seretz de la tenso.
PEIRE DEL PUEI.

Millot, III, 387.

AIMERI DE BELLINOY, t. IV. Vingt-deux pièces, dont plusieurs sont attribuées à d'autres troubadours.

N Aimerics de Belenoi si fo de Bordales, d'un castel que a nom Lesparra, neps de maestre Peire de Corbiac. Clercs fo, mas pois si fez joglars; e trobet bonas cansos, e bellas et avinens, d'una domna de Gascoingna que avia nom *** tils de Ruis, e per leis estet lonc temps en aquella encontrada. Pois s'en anet en Cataloingna, et estet lai entro qu'el moric.

> Nulhs hom no pot complir adrechamen
> So qu' a en cor sitot quan ditz o fai
> No 'l sembla pauc, ni ama ab cor verai
> Pus que cuia amar trop finamen;
> Qu' aitals cuiars descreys e l' autr' enansa;
> Mas ieu non am ges per aital semblansa,
> Ans jur, per lieys cui tenc al cor pus car,
> Qu' on plus fort l'am, la cug petit amar.
>
> NULHS HOM.

Dans une pièce où il répond à des invectives qu'Albert s'était permises contre les femmes, on lit :

> Jamais n Albertz non deu chantar d'amia,
> Que renegat a tota cortesia;
> E car domnas apella e bauzia,
> Be 'l deuria om pendi cum traidor :
> E dic vos ben, si la forsa fos mia,
> Ja no i agra nuill enemic peior;
> Qu' om non es pros, si en donnas no s fia;
> Mas avols hom so ten a gran folor.
>
> TANT ES D'AMOR.

Dans une pièce sur la croisade, il dit :

> Cossiros, cum partitz d'amor,
> Chant mesclatz de joy e de plor,
> Quar dols e plors e pietatz
> Mi ve del comte mo senhor,
> Qui es per dieu servir crozatz :
> Et ai joy quar dieus l'enanza,
> E vol que la crestiandatz
> Torn per lui en alegransa
> E sia 'n dieus grazitz e lauzatz.
>
> E pus dieus, per sa gran doussor,

Nos baylha tal capdelhador,
Ben es recrezens e malvatz
Qui rema, e partitz d'onor,
E qui vai grazitz et honratz;
  Que l'anars es esperansa
De ben e de joy e de gratz
  E de valor e d'onransa,
E deslieuramen de peccatz.....

Molt devon esser ses paor,
Segur, e bon guerreyador
Selhs qu'iran, qu'ades er de latz
Saint Jorgi, et dieus er ab lor
Que los a absoutz e mandatz.
  E qui murra, ses duptansa,
Er el cel martyr coronatz,
  Qu'el senher l'en fai fiansa,
Qu'es dieus e reis et hom clamatz.

Selh cui dieus det sen e vigor
Et a de totz bos pretz l'onor,
Qu'es coms et er reys apellatz,
Ajuda premiers e secor
Al sepulcre on dieus fo pauzatz;
  E dieus, per sa gran pitansa,
Si cum es vera trinitatz,
  Lo guid e'l fass' amparansa
Sobr' els fals Turcx desbatejatz.

E qui al desliurar non cor,
Greu sera per lui desliuratz,
  E greu n'aura dieus membrensa
D'aquelhs per cuy es oblidatz,

Que reston a sa pezamsa
Per mal far e non ges per patz.
Cossiros.

Nostrad. 120. Crescimbeni, 83. Bastero, 75. Millot, II, 331. P. Occ. 204.

AIMERI DE BELMONT. Une seule pièce, dont voici la plus grande partie :

Ja n' er credutz c' afan ni consiriers,
Ni greu sospir, ni plagner, ni plorars,
Ni grans traballz, ni fier maltrait sobriers,
Ni loncs desirs ni ira ni veillars
Aion poder de null home aucir,
Ni per amor puesca nullz hom morir,
Car ieu non muor, e mos mals es tan grieus,
Per qu'ieu non crei qu'anc en moris N Andrieus.

Anc nuls amantz ni nuls penedensiers
N'an trais lo mal ni la dolor ni l' ars,
Qu'ieu ai sufert plus de cinc ans entiers
Per lieis a cui amors ni merceiars
No m val, sivals d'aitan que no m'asir
Lo sieu gen cors, quar ieu m'aus enardir
De lieis amar; e voill mais esser sieus
Que senes lieis lo mons sia totz mieus.

Quar tan m'es dous de lieis lo desiriers
Plus que d'autra lo jaser ni 'l baisars,
Qu'ieu estau sai sos paubres soudadiers,
E 'n lais ma terra e mantz de ricx afars:
Quar senes lieis non puosc ricx devenir:
Mas, s'ill plagues, ela m pogr' enriquir.
Qualque ric joi de s'amor mi des dieus,
Lo reis Felips tenria pueis mos fieus.

Tant es sos pretz verais e dreituriers,
E 'l sieu gai cors onratz e fins e cars,
Qui 'n parlaria semblaria ufaniers;
Qu' aissi com coill totas aiguas la mars,
Sab totz bons pretz retener e chausir;
Et en totz temps hom non poiria dir
La gran beutat, ni escriur' en un brieus,
Del sieu cors clars plus que rosa ni nieus.....

Bona domna, per vos plang e sospir,
E quan de vos me coven a partir,
No presera tot lo comtat d'Angieus
Qu' ieu non anes per vostr' amor romieus.

Franch reis gentils d'Aragon, gran dezir
Hai, qu'ieu vos vei las armas baillir;
Quar Crestians, Saracins ni Judieus
Tan ricx afars no saup far bons e lieus.

La comtessa de Sobiratz sab dir
E far plazer, per qu' hom no s deu soffrir
De sa lauzor; tan l' a onrada dieus
Que totz pretz val mais de mi dons lo sieus.

JA N' ER CREDUTZ.

Millot, II, 340.

AIMERI DE PEGUILAIN, t. III et IV. Les manuscrits contiennent environ cinquante pièces de ce troubadour.

N Aimeric de Peguilha si fon de Tolosa, fils d'un borges qu'era mercadiers que tenia draps a vendre. Et apres cansos e sirventes; mas molt mal cantava. Et enamoret se d'una borgeza sa vezina, et aquela amors li mostret trobar, e si fes de leis mantas bonas cansos. Mas lo marit se mesclet ab lui, e fes li desonor : EN Aimericx s'en venget, qu'el lo ferit d'una espaza per la testa, per que 'l covenc a issir de Tolosa, e faidir. Et anet s'en en Cataluenha, e 'n Guilems de Berguedan si l'aculhit; et el enanset lui e son trobar en la premeira chanso qu'el avia faita, tan qu'el li donet son palafre et son vestir : e presentet lo al rei 'n Amfos de Castella, que 'l crec d'aver e d'armas e d'onor. Et estet en aquelas encontradas lonc temps; pueis s'en venc en Lombardia, on tug li bon home li feiron gran honor : e lai definet en eretgia, segon c'om ditz.

E fon aventura qu'el marit guerit de la nafra et anet a San Jacme. En Aimeric saup o et ac voluntat d'intrar en Toloza. E venc s'en al rei e dis li que, si plazia, volria anar vezer lo marques de Monferrat; e 'l rei si 'l det bando d'anar, e mes lo en arnes de totas res. En Aimeric dis al rei que passar volia a Tolosa, mas regar avia de so qu'el sabia, qu'el rei sabia tot lo fag, e vi que la amor de sa dona lo tirava, e det li companha tro Monpeslier. Et el det a entendre tot lo fag als companhos e qu'els li ajudesso, qu'el volia vezer sa dona en forma de malaute : et els responderon qu'els feran tot so que comandaria. Et quan foron a Toloza, los compans demanderon l'alberc del borzes, e fon lor ensenhatz. E troberon la dona, e disseron li que un cozi del rei de Castella era malautes, que anava en pelerinatge, e que 'l plagues que lainz pogues venir. Ella respos que lainz seria servitz et onratz.

En Aimeric venc de nueg, e 'ls compagnos colgueron lo en un bel lieg. E lendema 'n Eimeric mandet per la dona; e la dona venc en la cambra e conoc n Aimeric, e det se grans meravilhas, e demandet li com era pogut intrar en Tolosa. Et el li dis que per s'amor; e comtet li tot lo fag. E la dona fes parvent que 'l cubris dels draps, e baizet lo.

D'aqui enans, no sai co fo, mas tan que X jorns lai estec N Aimeric per occaizo d'esser malautes. E cant s'en partí. d'aqui anet s'en al marques, on fon ben aculhit.

   Ni fin' amors, so vos man,
   Non a ni non pot aver
   Ab se forsa ni poder,
   Ni nulh cosselh pauc ni gran,
   S'il huelh e 'l cor no li dan;
  Mas so qu'als huels platz et al cor agensa
  Vol fin' amors, que no i pot contrastar;
  Per so non deu amor ochaizonar
  Tan quan los huelhs e'l cor, a ma parvensa.
         ANCMAIS DE JOI.

Cet auteur fait un fréquent usage des comparaisons.

   Atressi m pren com fai al joguador
   Qu'al comensar jogua mayestrilmen
   A petitz juecs, pueis s'escalfa perden,
   Qu'el fai montar tan que sen la folhor.
   Aissi m mis ieu pauc e pauc en la via,
   Que cuiava amar ab mayestria
   Si qu'en pogues partir quan me volgues
   On sui intratz tan qu'issir non puesc ges.
         ATRESSI M PREN.

Le passage suivant désigne le Vieux de la Montagne, chef des Assassins.

   Car mielhs m'avetz, ses duptansa,
   Qu'el Vielhs Ansessi la gen
   Que van neys si era part Fransa,
    Tan li son obedien,
   Aucire sos guerriers mortals.
        PUS DESCOBRIR.

Voici presque en entier une complainte sur la mort du marquis d'Est :

S'ieu anc chantiei alegres ni jauzens,
Er chantarai marritz et ab tristor,
Que totz mos gaugz torn en dol et en plor,
Per qu'ieu sui tristz, e mos chans es dolens,
Quar lo melher marques e'l plus valens
E'l plus honratz e'l plus fis ses falsura
Es mortz lo pros marques d'Est e'l prezans,
Et en sa mort mor pretz e joys e chans.

Ges lo marques non es mortz solamens,
Qu'el melher coms, qu'anc fos de sa ricor,
Es mortz ab lui, que ns dobla la dolor
E'l dan don ja non er restauramens.
Tan gran perda hi fai lo remanens;
Segle caitiu e de falsa natura,
Soven es traitz aquelh qu'ab vos s'atura;
Quar qui plus fai ni ditz vostres comans,
Aisselh n'es plus enganatz mil aitans.

Las ! qui sabra mais tan entieiramens
Far ad autrui honramens ni honor;
Ni qui aura jamais tan fin' amor
Ves sos amicx ni ves sos bevolens;
Ni on sera mais tan desenhamens
Cum el marques fo, per que pretz pejura,
Ni qui sabra jamais tan ben dar cura
De totas gens, qu'els privatz e'ls estranhs
Sabia tener amics et agradans ?

Ges enqueras no puesc serrar mas dens
Qu'ieu del comte non digua sa lauzor.
De totz bos aips foron sieu li melhor

Que gen parlars e dous aculhimens
E largueza e fors' et ardimens
E guay solatz e beutatz fin' e pura
Foron ab lui ; ailas! tan gran fraitura
N' aurem hueimais dels dos amics amans

Senher verais, Ihesus omnipotens,
Reys dreituriers, humils, ples de doussor,
Salvaire Crist, qui claman peccador,
Als dos baros, senher, siatz guirens,
Qu' en lor era merces e chauzimens
E lialtatz, ab fiansa segura ;
Per so devetz, senher dieus, per dreitura
A quasqun d' els esser vers perdonans,
Que quasqus fo fis e ses totz enjans.

Lo plang fenisc ab dol et ab rancura,
Quar de dol mov et ab dolor s' atura,
E per so deu ab dol fenir mos chans,
Qu' el mielhs del mon s' es perdutz en un lans.
S' IEU ANC CHANTIEI.

Les vers suivants sont tirés d'un sirvente qu'il fit à l'occasion de la mort d'un autre prince.

Totas honors e tuig fag benestan
Foron gastat e delit e mal mes
Lo jorn que mortz aucis lo miel presan
E 'l plus plasen qu' ancmais nasques de maire,
Lo valen rei Manfrei que capdelaire
Fon de valor, de gaug, de totz los bes;
Non sai cossi mortz aucir lo pogues.
Ai! mortz crudels, com lo volgist aucir,
Quar en sa mort ve hom totz bes morir?

Q'era s'en vai Honors sola ploran
Que non es hom qu'ab se l'apel ni res,
Coms ni marques, ni reis que s fass' enan,
Ni la semo que venga a lor repaire.
Era fag desenors tot qu'anc vole faire,
Qu'a forostada honor de son paes,
E i son cregut enjan tant e no fes
Qu'an revirat vas totas part lor gir
Qu'a pena sai on pose om pros gandir.....

Part totz los monz voill qu'an mon sirventes
E part totas las mars, si ja pogues
Home trobar que il saubes novas dir
Del rei Artus, et quan deu revenir.

Ai! cobeitatz, vos e vostras arnes
Confonda deus e totz vostres conres,
Qu'aves viven gastat e faig delir
Deport e jai ab vostre fals desir.

Totas honors.

Nostrad. 112. Crescimbeni, 79. Bastero, 75. Millot, II, 232. P. Occ. 169.

AIMERI DE SARLAT. Trois pièces, dont deux se trouvent tome III.

N Aimerics de Sarlat si fo de Peiregors, d'un ric borc que a nom Sarlat. E fetz se joglars, et fo fort subtils de dire e d'entendre, e venc trobaire; mas no fetz mas una canson.

Les vers suivants forment le premier couplet de la troisième pièce adressée au roi d'Aragon et à Guillaume de Montpellier:

Aissi muev mas chansos
Com la lauzeta fai,

Que poian aut s'en vai,
E de sus deisen jos;
Pueis pauza s'en la via,
Chantan.
Per aquel eis semblan
Ai fait un sonet gai
C'ades pug e s'enbria
D'aut entro la fenia.

AISSI MUEV MAS.

Nostrad. 198. Crescimbeni, 133. Bastero, 75. Millot, II, 427. P. Occ. 238.

ALBERT CAILLE.

Albertetz Cailla si fo uns joglars d'Albezet. Hom fo de pauc vallimen; mas si fo amatz entre sos vesins e per las domnas d'Albeges. E fes una bona canson; e fes sirventes : mas el non issi de la soa encontrada.

Les manuscrits contiennent, sous le nom de ce troubadour et sous celui de Gavaudan, une satire indécente contre le sexe ; les vers suivants feront juger du style :

Aras quan plov et iverna,
E fregz, aura e buerna
S'atrai e chai e despuelha la vernha.
Fas sirventes per esquerna
D'amor qu'en aissi s'enferna
Que las joves an levada taverna...
Plus son ardens non es lums en lanterna.

E sai cum quascuna dola...
Neis en mostiers non pot gandir estola.

ARAS QUAN.

Crescimbeni, 166. Millot, III, 387. Hist. Litt. XV, 463. P. Occ. 354.

ALBERT, marquis de Malespine, t. III et IV.

Albertz Marques si fo del marques de Malespina. Valenz hom fo e lares, e cortes et enseignatz ; e saub ben far coblas e sirventes e cansos.

Crescimbeni, 115 et 167. Millot, I, 334. P. Occ. 94.

ALBERT DE SISTERON, ou ALBERTET, t. IV. Vingt pièces.

Albertetz si fo de Gapenses, fils d'un joglar que ac nom N Asar, e fes de bonas cansonetas. Et Albertetz si fez assatz de cansos que aguen bons sons e motz de pauca valensa; ben fo grazitz pres e loing per los bons sons qu'el fasia ; e bel joglars en cort e plasentiers de solatz entre la gen. E. estet lonc temps en Aurenga, e venc ne, e pois s'en aret a Sistaron estar ; e lai el definet.

Fragments tirés de deux de ses pièces :

  Solatz e chantar,
 Joi, e deport e rire
  Cugey tot laissar
 E virar mo martyre,
  Mas silh cui ten car
 E cobei e desire
  E dopt e reblan
Vol que torn en mon chan.....

  Be m dei alegrar
Can sel que m vol aussire
  Me vol esmendar
Lo mal don soi sofrire
  Ab un dous baysar,
Que m venc al cor assire
  Un ric joi prezan.

S'om per ben amar
Fon anc d'amor jauzire,
Be m deu joios far
La bela don no m vire,
Que vendre o dar
Me pot, e no s'albire
Qu'autra mi deman,
Qu'ades, vas on qu'ieu m'an,
Soi seus ses totz enjan;
E si tan s'umilia
Que m vuelh' enrequir
De so que plus volria,
Be m dei esbaudir.....

Et ai joi tan gran
Can mi fai bel semblan.....
Que res no 'l sai dir
D'aiso qu'obs me seria,
Si m fai joi falhir.....

SOLATZ E CHANTAR.

Bon chantar fai al gai temps del pascor,
Quar li ausel chanton tan dousamen,
Qui pot aver benananza d'amor,
Mas ieu no sai com pogues d'avinen
Faire chansos, pos non aus mos talen
Mostrar a lei o van mei cossirier;
Mas s'ill sentis de la dolor qu'ieu sen,
Ja no m fera morir del dezirier.

Dezirier n'hai, qu'anc hom no l'hac maior,
Mas so ric pretz mi fai tan d'espaven
Qu'ieu no l'aus dir mo mal ni ma dolor,
Tant tem de far contra lei faillimen;

Mas s'ill saupes com ieu l'am finamen,
Tuit li maltraich me sembleran leugier;
Mas ieu sui fols quar am plus hautamen
Que no s'eschai, ni m'auria mestier.....

Peirol, violatz e chantatz cointamen
De ma chanson los motz e'l so leugier.
BON CHANTAR.

Nostradamus, 165. Crescimbeni, 115. Bastero, 71. Millot, III, 189. Papon, II, 410. P. Occ. 299.

ALEGRET. Trois pièces, dans l'une desquelles a été pris ce fragment :

Tot so m'es bo, amors, pus a vos platz
   Que m'auciatz deziran,
   E si us fora plus benestan
   Qu'a lieys que m defen sas beutatz,
Vos tornessetz e maior cortezia;
Quar no fai gran esfors, so vos plevis,
Qui so conquer qui vencut non conquis,
Mas esfortz fai qui'ls pus fortz vens e lia.

De sol aitan mi tengr'ieu per paguatz
   Que'l vengues mas jontas denan,
   E'l mostres de ginolhs, ploran
   Cum sui sieus endomenjatz;
Mas ardimen non ai que ieu lo y dia,
Ni l'esgart dreit, ans tenc mos huels aclis,
Tal paor ai qu'ilh aitan no m sufris,
E que m tolgues la su' avinen paria.

Bona domna, vostres suy on que m sia,
Et on que m' an ades vos suy aclis;

E s'avia trastot lo mon conquis,
En tot volgra aguessetz senhoria.

Aissi cum selh qu'es vencutz.

Millot, III, 388. P. Occ. 354.

Alexandri. Tenson avec Blacasset :

En Blacasset, bon pretz e gran largueza
Avetz ab joi, a cui que plass' o pes,
Quar ieu ho sai que no us platz escaseza,
  Qu'a mi dones dos palafres....
  Pero be m platz, s'a vos plazia,
Que ja nuill temps no m dasetz vostr' aver,
Ab sol qu'el mieu no voillatz retener.

Blacasset répond :

Alixandri, s'anc mi prestetz, no us peza
Quar no us paguei, ieu sai com ho fares,
So qu' aves dig que us dei ab gran largueza
Er tot vostre, sol de l'autre m sostes;
E quar lo dons val mais qu'el pretz non fes,
  En mon causimen sia;
Ho si m rendes so c' aves dig per ver
Qu' ieu vos donei, rendrai vos vostr' aver.

En Blacasset bon pretz.

Millot, III, 388.

La dame Almuc de Chateauneuf.

N'Iseus de Capnion si preget ma dompna Almucs de Castelnou qu'ela perdones a'n Gigo de Tornen, qu'era sos cavaliers, et avia faich vas ella gran faillimen, e n'o s'en pentia ni non demandava perdon.

Dompna n'Almucs, si o us plages,
Be us volgra pregar d' aitan,

> Que l'ira e 'l mal talan
> Vos fezes tenir merces
> De lui que sospir' e plaing,
> E muor langrat, e s complaing,
> E quier perdon humilmen;
> Be us fatz per lui sagramen,
> Si tot li voletz fenir,
> Qu'el si gart meilz de faillir.

Ma dompna N' Almucs, lacals volia ben a 'N Gigo de Torno, si era mout dolenta, car el non demandava perdon del faillimen, e respondet a ma dompna N' Iseus si com dis aqesta cobla :

> Dompna N' Iseus, s' ieu saubes
> Qu' el se pentis de l'engan
> Qu' el a fait vas mi tan gran,
> Ben sera dreich que n' agues
> Merces ; mas a mi no s taing,
> Pos que del tort no s' afraing
> Ni s pentis del faillimen,
> Que n' aia mais chauzimen ;
> Mas si vos faitz lui pentir,
> Leu podes mi convertir.

Millot, III, 388. P. Occ. 356.

Alphonse II, roi d'Aragon, t. III.

Lo reis d'Aragon, aquel que trobet, si ac nom Amfos; e fo lo premiers reis que fo en Aragon, fils d'EN Raimon Berrengier que fo coms de Barsalona, que conques lo regisme d'Aragon e 'l tolc a Sarrazins. Et anet se coronar a Roma ; e quant s'en venia, el mori en Poimon al borc sainz Dalmas; et sos fils fo faiz reis, Amfos que fo paire del rei Peire loqual fo paire del rei Jacme.

<small>Bastero, 72. Crescimbeni, 167. Millot, I, 131. P. Occ. 36. Hist. Littér. XV, 158.</small>

AMANIEU DES ESCAS, t. II.

Dona, per cui planc e sospir
Soven, car a tart vos remir,
Per merce us vuelh preiar e us prec
Que vulhatz entendre mon prec,
E que vulhatz saber mon sen
E mon cor e mon estamen,
E co m'a fin' amor conques
E vencut e laissat e pres
Per vos que non faitz ablasmar;
Que jes non podes devinar
Ieu com vos am, si no us o dic,
Ans per amor d'aital amic,
Aisi com baisar en dormens;
Vers es, gentils don' e plazens,
Que vos sabetz be qu'ieu vos am,
Mas jes no sabetz com aflam
Et art mon cor per vostr' amor,
C' anc nulh temps mais aital ardor
Non ac mos cors ni no senti;
Vers es lo reprochier c' om di :
Tal se cuia calfar que s' art.
E li vostre plazen esgart
Fon me tan dos al comensar
Qu'el dos m' es tornatz en amar,
Com di 'l repropchier que vers es :
Aital cuia penre qu' es pres.
Tot en aisi m' es avengut

Que pres e liat e vencut
M' avetz vos et amors essems ;
E dieus do m vezer loc e temps
Que portetz vostra part del fais,
Qu' ieu l' ay trastot, e non engrais,
Ans n' amagrezisc a sobrier,
Per que m sove d' un reprovier
C' ai mantas vetz auzit contar :
Que aital fais deu hom levar
Sul col qu' el puesca sostenir ;
Dona, et ieu no puesc sofrir
Jes lo fai ses la vostr' adjuda.
Amors es com miega perduda,
Cant es trastota d' una part ;
Mas cant a dos amans se part
Que l' us n' a e l' autr' atertan,
Adoncx val amors a guaran
Lial e bona et entieira ;
Et es fort avinen manieira,
Can l' us amicx a l' autre val,
E dire us n' ay, si no us sap mal,
Un repropchier que fort m' azauta,
C' ab la una ma lavon l' autra,
Et ambas los huels e la cara.
Vos sabetz, dona gentil, clara,
Que us plazers autre n' adutz ;
E per so car mi soi rendutz
A vos et al vostre voler,
Per razo m deuria valer
Amors e servirs e merces
E sufrensa e bona fes,
E vey que negus no m' acor ;
Pero en vostra gran valor
M' albir et ay bon' esperansa,

C' aisi cant n' ay gran malenansa,
N' auray gran be ab joi isnel,
C' apres la plueia fara bel,
So ditz homs salvatjes.....
C' ai auzit dir manta sazo
Que l' autrui dol badalha so.....
Un repropchier ai auzit dir :
Piegers es sofrirs que morirs,
E sofrirs es coma languirs,
E languirs es com pietz de mort.
E pueys dieus m' a en aital port
Menat, e vol qu' en aissi sia,
Dirai vos, ans que mort m' ausia,
De que muer ni com ni per que ;
Qu' enquera m val may, per ma fe,
Vergonh' als huels que dol al cor.
Que sel que per vergonha s mor
E per temensa de parlar,
No 'l deuria dieus perdonnar.....
Amadors trobarias pro
E pus gentils e de pus ricx,
Mas amicx y a et amicx,
E non es aurs tot cant que lutz :
Tal vos ri e us fa bels salutz
Que o fa per vostre destricx.....
S' ie us o dic qu' el mielher tezaurs
C' om puesc' aver, argen ni aurs,
Es fizel amic, cant hom l'a
Leial e segur e serta,
Que am de cor e de bocha,
Per c' om ditz que may val en cocha
Amicx que aur e tor sarrada,
S' el vos a s' amor autreiada,
Que no us falhira tro la mort

Al sieu dreg ni al vostre tort;
E fe que us dey, aquel soy ieu
Que al vostre tort ni al mieu
No us falhirai ja tan com viva;
E si m'es brava ni esquiva,
Faitz contra vos e contra mi,
Blasm' es, dona, qui 'ls sieus ausi
De dieu e dels pus conoissens.
E demandaran mantas gens,
Cant l'us veira l'autre venir,
Diguatz : Auzitz contar ni dir
Novelas de negus afars ?
Oc — Que ? — 'N Amanieu des Escas
Se mor per amor de s'amia.
L'autre dira : Dieu malazia
Tota dona senes merce.
En aissi de vos e de me
Parlaran tug miey conoissen
E miey amic e miey paren.....
Per que m soven d'un repropchier
Qu' ieu auzi retraire l'autr'ier :
Qui amic vol de cocha s gart.
E vos que m vezetz en regart
De fin' amor que m vol aussir,
E vezetz qu'ieu no puesc fugir,
Ni no m puesc defendre ses vos,
Falhitz me, don soi engoissos ;
En mon cor en ai gran dolor,
Gardatz si dey aver paor,
Ni si puesc dire per razo :
De bel servir mal guazerdo.
Que si m fossetz lial amia,
Ja per vostr'amor no moiria,
Enans m' en volgratz ajudar,

Car bos amicx en cocha par;
E la cocha es me sobieira
D'aitan sobirana manieira
Que menat m'a pres de la fi.
E cant no y aura pus de mi,
Be leu pezara us de ma mort,
E volriatz m'aver estort.
E ditz hom d'aital bevolensa :
Soven apres mort penedensa.
E ja re no us demandarai
Cant en l'autre segle serai,
Car autre plag aurai en ma;
Per qu'eras, can gran mestiers m'a,
E m tenetz de tot en poder,
E us o quier, mi degratz valer,
E vos metetz mi en refuy,
Don puesc dir : Qui dereir' autruy
Cavalgua, non baiza qui vol.
Greu fa de si meteis son vol
Aisel qui a sobresenhor.
En mi avetz poder maior
Que dona del mon terrenals;
E car est monda de totz mals,
E conoissens en tota res,
Cre que us penra de mi merces,
Qu' anc en re no fes falhizo.
Que lo rey Jacme d'Arago
Que reys es dels Cecilias,
Ses grat de Frans' e de Romas,
Non a ges conquetz tan de pretz,
E segon rey, com vos avetz.....

DONA PER CUI PLANC.

Millot, III, 193.

Armand. Une tenson avec Bernard de la Barte :

> Bernart de la Barta, 'l chauzit
> Voill aiatz de doas razos.
> Doas dompnas valenz e pros
> Son engal de faitz e de ditz,
> Engal de pretz e de joven;
> L'un'a bel cors e covenen,
> Mas autra beltaz l'oblida;
> L'autra de beltat complida
> En la cara, mas cors a mal taillat;
> En cals deu meillz druz metre s'amistat?
>
> Bernart de la.

Millot, III, 389.

Arnaud P. d'Agange. Une seule pièce mutilée dans le manuscrit; en voici quelques vers :

> E vei mermatz los menutz auzelos
> Del bel deport qu'entr' els esser solia,
> Qu'el freg d'ivern los destrenh e 'ls desvia,
> Si c'us non es alegres ni chantaire;
> La doncs m'es obs un novel chan a faire
> D'amor que m vol del tot al sieu servir,
> E no m'en puesc pus selar ni cobrir.....

> C'ab bon esfortz conquier hom manentia,
> E bon esfortz adossis senhoria,
> E bon esfortz torna brau de bon aire,
> E bon esfortz conquier autrui repaire;
> Bon esfortz fai malastre sebelir;
> De bon esfortz nos vezem totz jauzir.
> Pus bon esfortz a tan de be en se,
> Ab bon esfortz vos enquerrai, so cre.....

> Si com l'enclaus que s'es lieuratz en l'aire,

En la gran mar, e'l falh son governaire,
E'l vens lo vai ab las ondas ferir,
E lo vens tan que ges non sap gandir;
En atretal o en peior merce
M'avetz tengut, pus ieu vos vi ancse.

Quan lo temps brus.

Millot, III, 389.

ARNAUD BRANCALEON. Une pièce religieuse. La voici en entier :

Pessius, pessans, peccans e penedens,
Planc en ploran, preian planc mos peccatz
Don anc failhi en cutz ni en pensatz
Ni en fols ditz ni en faitz decebens ;
E quar sui fortz e forfaitz follamens,
Clam merceyan merce merceyamens
A sel cui es unitz et unitatz
E trinables e tres en trinitatz,
Qu'el me perdon qu'es perdonans perdos,
Com perdonet als perjurs perilhos.

Qu'elh es leos et homs complidamens,
Aigla, vedels doblamen figuratz,
E bos espers e fes e veritatz,
Fis senes fin, e vers comensamens,
E port salvan ab complitz guerimens,
E dossa fon baysan totz mals talens,
Caps de totz bes, merces e caritatz,
E jais entiers e franc' humilitatz,
E pas pleniers que del cel venc sa jos
Per deslieurar los greus mals enguoyssos.

Et es fis rais sobre totz resplandens,
Don anc nulh temps no s mermet sa clardatz,
E dos anhels per cui fon restauratz

De tot lo mon lo sobriers perdemens ;
Qu'ins en ifern avian perdemens
Los bes e'ls mals ses totz retenemens,
Tro el nasquet e fon martiriatz,
Don l'aunitz locx remas espoliatz ;
E lay laisset los mals e pres los bos
Qu'al sant puiar triet per companhos.

Et es vida, guitz e consolamens,
Pastres e lutz, et primiers engenratz,
E dregz camis, peyra e fermetatz,
E de totz bes totz entiers complimens,
E sans espos ses nulh corrumpemens,
E mayestres de totz melhuramens,
E clars solelhs, per cuy es aut puiatz
Lo menre be, e'l mager mal bayssatz :
Vertutz e bras misericordios,
E no mortals, e sans e poderos.

Millot, III, 389.

ARNAUD DE CARCASSES. Une seule pièce dont l'extrait se trouve tome II, p. 275.

Millot, II, 390.

ARNAUD CATALANS. Six pièces; presque toutes sont attribuées à d'autres troubadours.

Quan remir son plazen vis
    M'es avis
Qu'ieu n'aya'l joy qu'ai tan quis.
Be volgra, tan l'abelhis
Mos estars, qu'elha m sufris
Qu'ieu ja de lieys no m partis,
E qu'a son grat ja servis,

Quar siey bel huelh m' an conquis
E 'l dous esgart e 'l bel ris.

No sai dona en tot un renh
    Plus gent renh,
Ni genser dona no y s senh,
Que 'lh no y met color ni s penh,
Ans ha beutat ses tot genh;
Per qu' ieu sos sers esdevenh;
E s' ieu per lieys non revenh,
Amors qu' en aissi m destrenh
Per lieys m' en deu far captenh.

Quar, per tot on vau ni venh,
    Ieu me tenh
Per sieu, ab sol qu' elha m denh;
Qui s vuelha m torn' en desdenh;
Que quant ieu denant lieys venh,
De sa gran beutat mi senh;
Per qu' ieu son ric pretz mantenh,
E no vuelh d' autra sostenh,
Pus amors tant aut m' empenh.

Tan renha adrechamen
    Qu' om non men
Lauzan son fis pretz valen;
Qu' ab los fatz qu' an pauc de sen
Sap estar nesciamen;
E 'lh pros trobon la valen
E de belh acullimen,
Qu' en aissi pagua la gen,
E quascus, quo s val, si s pren.

Proensal an tan plazen
Domna e tan conoyssen,

> Qu'ilh vivon d'onor ab sen
> Ses par, e de pretz valen.
>> AMORS RICX FORA.

Dans une pièce amoureuse, où il joue sans cesse sur le même mot, se trouve le couplet suivant :

> E si mi dons, qu'ieu am tan
> Et amarai, no m desam,
> Pauc tem autra desamor;
> Qu'ieu l'am tan per fin' amor
> Que, quan no m dezamaria,
> Ieu ab tot si l'amaria;
> Mais l'amaria amatz
> Cent aitans que desamatz.
>> ALS ENTENDENS.

Une pièce religieuse est terminée par ces vers :

> Senher, dels bes temporals
> Mi donas tant que sivals
> Trop sofrachos non estia.
>> DIEUS VERAIS.

Bastero, 75. Muratori, 170. Millot, III, 29.

ARNAUD DE COMINGE. Un sirvente, dont ces deux passages sont tirés :

> Enans se fan comprador
> O toledor qui no los ven;
> Et aqui eis fan bastimen
> Per vilans tolre a lor seingnor;
> Et aissi cuidan restaurar
> Lo dan quan pres per autr' afar,
> Mas non restauran ges honor.....

E fan o coma 'l jogador
Qu' al gran joc premieramen
Perden, e puois, ab pauc d' argen
Qu'ill reman, vai jogar aillor
A petit joc, per assaiar
Se poiria d'autrui cobrar.
Be m plai us usages.

Millot, III, 60.

Arnaud de Cotignac ou de Tintignac. Trois pièces; l'une est ainsi terminée :

Ben es lo vers e 'l chantador,
E volgra bon entendedor.
Per dieu, belhs clercx, tu lo m'escriu.
Lo vers comens.

Dans une autre il dit :

Mout dezir l' aura doussana,
Quan vey los arbres floritz
Et aug d'auzels grans e petitz
Lur chans pel vergiers e pels plays.....

No sai quals son pus aveuzitz
De lauzengiers lenga forbitz,
O selhs que crezon ditz savays;
Plus qu' al juec de la correya,
No say sobre qual s'esteya,
Lo maier fays de mensprezo.
Mout dezir.

Nostradamus, 224. Crescimbeni, 148. Papon, III, 456. Millot, III, 375.

Arnaud Daniel, t. II. En lisant les ouvrages qui nous restent de ce troubadour, on comprend difficilement les causes de la grande célébrité dont il a joui de son vivant, et que lui ont assurée les éloges de Dante et de Pétrarque : il n'est aucun troubadour dont les poésies aient été autant défigurées par les copistes, mais il est vraisemblable qu'elles n'étaient plus guère intelligibles à l'époque où furent transcrits les recueils qui les contiennent. Arnaud Daniel semble avoir affecté la bizarrerie des idées, l'obscurité des expressions, l'incohérence des images; on remarque dans ses vers des rimes, des coupes de vers audacieusement recherchées. Il a été nécessaire de rejeter dans l'appendice une collection de divers passages de cet auteur, en choisissant ceux qui sont moins difficiles à entendre, et qui peuvent faire juger de sa manière.

Arnaut Daniel si fo d'aquela encontrada don fo'n Arnaut de Maruelh, del evesquat de Peiregorc, d'un castel que a nom Ribayrac, e fo gentils hom. Et emparet ben letras, e deleitet se en trobar, et abandonet las letras, e fes se joglars; et apres una maneira de trobar en caras rimas, per que sas cansos non son leus ad entendre ni a apprendre. Et amet un'auta domna de Gascuenha, molher d'EN Guilem de Buovila; mas non fo crezut que la dona anc li fezes plazer endreg d'amor, per qu'el dis :

<blockquote>
Ieu soi Arnautz qu'amas l'aura
E cas la lebre ab lo bou,
E nadi contra suberna.
</blockquote>

Lonc temps estet en aquela amor, e'n fes motas bonas cansos. Et el era mot avinens hom e cortes.

E fon aventura qu'el fon en la cort del rei Richart d'Englaterra : et estant en la cort, us autres joglars escomes lo com el trobava en pus caras rimas que el. Arnaut tenc s'o ad esquern, e feron messios cascun de son palafre que no fera, en poder del rey. E'l reys enclaus cascun en una cambra. En Arnaut, de fasti qu'en ac, non ac poder que lassetz un mot ab autre. Lo joglar fes son cantar leu e tost. Et els non avian mas X jorns d'espazi; e devia s jutjar per lo rey a cap de cinq jorns. Lo joglar demandet a'n Arnaut si avia fag : e'n Arnaut respos que oc, passat a tres jorns; e non avia pessat.

El joglar cantava tota nueg sa canso per so que be la saubes; e'n Arnaut pesset col traisses isquern : tan que venc una nueg el joglar la cantava, e'n Arnaut la va tot' arretener e'l so. E can foron denan lo rey, 'n Arnaut dis que volia retraire sa chanso; e comenset mot be la chanso qu'el joglar avia facha. E'l joglar, can l'auzic, gardet lo en la cara, e dis qu'el l'avia facha. E'l reis dis co s podia far? E'l joglar preguet al rei qu'el ne saubes lo ver. E'l reis demandet a 'n Arnaut com era estat. En Arnaut comtet li tot com era estat. E'l rei ac ne gran gaug, e tenc s'o a gran esquern. E foro aquistiat los gatges, et a cascu fes donar bels dos. E fo donatz lo cantar a 'n Arnaut Daniel, que di :

Anc ieu non l'ac, mas ella m' a.

La pièce suivante est entière ; le reste ne consiste qu'en fragments plus ou moins considérables des pièces qui sont indiquées au bas.

> Ans qu'els cim reston de brancas
> Sec, ni s despuelhon de fuelha,
> Fas, quar amors m'o comanda,
> Breu chanson de razon longa,
> Quar gen m'adutz de las artz de l'escola;
> Tan sai qu'el cors fas restar de suberna,
> E mos buous es trop plus correns que lebres.

Ab razos cuindas e francas
M'a mandat qu'ieu no m destuelha
Ni autra non prec ni m'n blanda,
Pus tan fai qu'ab si m'acuynda,
E m ditz que flors no semble de viola
Qui s camja leu sitot noquas iverna
Mas per s'amor sia laurs o genibres.

E tu, qu'ab joy no t'afranhas
Per esper qu'amors t'acuelha,
Sec si t desfui ni t fai guanda,
Que greu er qu'om no i aponga
Qui s'afortis de preyar e no i cola;
Qu'ieu passarai part la palutz d'Uzerna
Cum pelegris, o lai per on corr Ebres.

S'ieu ai passatz pons ni planchas
Per lieis, cuiatz qu'ieu m'en duelha?
No fas, qu'ab joy ses vianda
Me sap far mezina coinda
Baisan, tenen, e 'l cor, sitot mi vola,
No s part de lieys qui 'l capdel e 'l governa;
Cor! on qu'ieu m'an, de lieys no t luyns ni t sebres.

Ans dic qu'alhors no t'estanchas
Per autra que t prec ni t vuelha;
Son voler fuy e desmanda,
Sai e lai qui t somonga.
Gran son dan fai qui se meteis afola,
E tu no fassas res per qu'om t'esquerna;
Mas, apres dieu, lieys honors e celebres.

Ges de Paris tro qu'a Sanchas
Genser no s vest ni s despuelha,
E sa beutat es tan granda

Que semblaria us messonga;
Be m vai d'amor qu' elha m baiz' e m'acola,
E no m frezis freitz, ni gels ni bolerna,
Ni m fai sentir dolor guota ni febres.

Sieus es Arnautz del sim tro en la sola,
E no vuelh ges ses lieis aver Lucerna
Ni 'l senhoria del renc per on corr Ebres.
ANS QU'ELS SIMS.

Sols sui que sai lo sobrafan que m sortz
Al cor d'amor sofren per sobramar,
Car mos volers es tan ferms et entiers
C'anc no s'esduis de cellei ni s'estortz
Cui encubit al prim vezer e puois,
C'ades ses lieis dic a lieis cochos motz;
Pois, quan la vei, no sai, tant l'am, que dire.

D'autras vezer sui secs e d'auzir sors,
Qu'en sola lieis vei et aug et esgar,
E jes d'aisso no ill sui fals plazentiers
Que mais la vol non ditz la boca 'l cors,
Que non val tant champs, vauz, ni plans ni puois
Qu'en un sol cors trobes si bos aips totz
Qu'en lieis los volc dieus triar et assire.

Ben ai estat e maintas bonas cortz,
Mas sai ab lieis trob pro mais que lauzar
Mesura e sen et autres bos mestiers,
Beutatz, jovens, bos faitz e bels demors;
Gen l'enseignet cortesia e la duois,
Tant a de si totz faitz desplazens rotz
De lieis non cre rens de ben sia a dire.

Nuills jauzimens no fora breus ni cortz
De lieis cui prec qu'o vueilla devinar,

Que ja per mi non o sabra estiers
Si 'l cors ses dir no s presenta defors;
Que jes rosiers per aiga que l'engrois
Non a tal briu, car cor plus larga dotz
No m fai ges tant d'amor, quan la remire.

Jois e solatz d'autra m par fals e bortz,
C'una de pretz ab lieis no i s pot egar,
Qu'el sieus solatz es dels autres sobriers.
Aissi no l'ai; las! tant mal m'a comors!
Pero l'afans m'es desportz, ris e jois,
Car en pensan sui de lieis lecs e glotz;
Ai! dieus! si ja 'n serai estiers jauzire!.....

E ma chansos prec que no us sia enois,
Car si voletz grazir los sos e 'ls motz,
Pauc preza Arnautz cui que plassa o que tire.
Sols sui que sai.

Ab plazer recep et recuelh
Lo dos temps que colora e penh,
Que no y a ram no s'entressenh
De belas flors e de vert fuelh;
E 'l colombet, per gaug d'estieu,
Mesclan lur amoros torney,
E duy e duy fan lur domney,
Que par c'amors bayzan los lieu.

Qui gaug semena plazer cuelh,
Per qu'ieu port gaug can vau ni venh,
E per bon'aventura m senh
D'amor pus jauzens que no suelh.....

No y a cors tan serrat d'erguelh
C'amors, si s vol, dedins non renh,

Quar ilh sap, ab son cortes genh,
Traire joi del auzor capduelh,
E qui non lig so qu'ilh escrieu
Pauc sap de l'amoroza ley.....

May cascus dis d'amor me duelh
C'ap dos semblans vol e non denh,
Pren los us e'ls autres destrenh,
E qui li play met en son fuelh,
Mas dretz es que dona esquieu
So don vol c'om plus la playdey;
E jes per no hom no s'esfrey,
C'amors a sol so que la plieu.

Dona, per qu'ieu d'autras me tuelh.....
Pos tan vos cobeitan miey huelh,
Que de tot pes me dessovenh.....
AB PLAZER RECEP.

Amors e joi e liocs e temps
Mi fan bon sen tornar edrech
D'aicel joi qu'avia l'autr'an,
Quan cassava lebre ab lo bov:
Era m vai mielz d'amor e pieg,
Car ben am, d'aips m clam astrucs,
Ma non amatz joi, no m'enquiers
S'amors no vens son dur cor e'l mieu precs.

Cel que tut ben pert aensems
Mestier es c'us ric segnor sierva
Per restaurar la perda e'l dan
Qu'el paubre non valria un uov.....
Pauc pot voler om de jois sems.....
Qu'en liei amar volgra murir senecs.....

D'aiso c'ai tant duptat e crems
Creis ades e miglura e m derc,
Qu'en reprocier c'auzian
Me dis que tant trona tro plov.....
    AMORS E JOI E LIOCS.

Lan quan vei fueill e flor parer
 Dels albres e ill ramel,
Et aug lo chan que faun el brueil
Las ranas el riu, el bos l'auzel,
Adoncx mi fuelha e m floris
E m fruchs amors el cor tan gen
  Que la nueit me retsida,
Quant autra gen dorm e pauz e sojorna.....

Si l'auzes dir, ben saubron tug
Que jois mi monta 'l cor el cel,
Quar deport mi creis e desdug
La bela que d'amor apel
MON BON ESPER, mi dobla sa valors;
Quar qui mais vol mais dopta far faillida,
 Et ill non es trista ni morna.....

Vai t'en, chansos, a la bela de cors,
E diguas li c'Arnautz met en oblida
Tot' autra amor per lieis vas cui s'adorna
    LAN QUAN VEI FUEILL.

Lan can son passat li givre.....
Sai al temps de l'intran d'avril.

Ben greu trob hom joi deslivre
C'a tantas parts vol unt encomba
Fals' amors que no s'asembla
Lai on lei autatz asoma;
Qu'ieu non trob ges doas en mil

Ses falsa paraula loigna,
E puois c'a travers non poigna
E non torn sa cartat vil.

Ses fals' amor quidei vivre,
Mas ben vei c'un dat mi plomba,
Quand ieu mieills vei qu'il m'o embla;
Car tuich li legat de Roma
Non son de sen tant sotil
Q'una devisa messoigna
Que tan soavment caloigna
M'en puosca falsar un fil.

Qui amor sec per tal livre
Cogul tenga per columba.....
Si col proverbis s'acoigna :
Si'l trai l'uoill sol, puois l'uoil ongna,
Sofra e sega ab cor humil.

LAN CAN SON PASSAT.

Autet et bas entr' els prims fuelhs
Son nov de flors e'ls rams li renc,
E no y ten mut bec ni guola
Nuls auzels, ans bray e canta
    Cadaus
    En son us ;
Per joi qu'ai d'els e del temps
Chan, mas amors mi assauta
Qu'els motz ab lo son acorda.....

C'ab lei c'al cor plus m'azauta
Sui liatz ab ferma corda....
Merces, amors, car acuelhs
Tart mi fo, mas en grat m'o prenc

DES TROUBADOURS.

Car si m'art dinz la meola
Lo fuecx, non vuelh que s'escanta.
AUTET E BAS ENTR' ELS.

Les troubadours ont rarement employé des rimes en AGRE, ANDRES, telles qu'Arnaud Daniel les a choisies dans deux pièces :

Arnautz vol sos chans sia ufertz
Lai on dous motz mov en agre.
EN BREU BRIZA.

Ar vei vermeils, blaus, blancs e grocs
Vergiers, plans, plais, tertres e vaus
E 'l votz dels auzels son e tint
Ab doutz acort matin e tart;
So m met en cor qu'eu colore mon chan
D'una tal flor don lo frugz si' amors
E jois lo grans e l'odor de notz gandres
AR VEI VERMEILS.

Voici un couplet d'une pièce qui en a six, et dans laquelle tous se correspondent exactement pour la mesure et la rime de chaque vers :

Si m'anpara
E m trai aluctz
D'auzir
Silh qu'es de pretz capduelh;
Dels quecx
Precx
C'ay dedins arencx
L'er fort rendutz
Clars
Mos pessars;

Qu'ieu fora mortz,
Mas fa m sofrir
L'espers
Que m crey, que m grey;
C'aiso m ten leyt e baut
Que d'als jauzir
No m val joys una poma
L'aur' amara.

Le couplet suivant est tiré de la réponse qu'Arnaud Daniel fit à Turc Malet :

Bernart, ges eu n'o m'acort
Al dig Raimon de Durfort
Que vos anc n'aguesses tort
Que, si cornavas per deport,
Ben trobavatz fort contra fort,
E la pudors agra us tost mort
Que peitz ol no fai fems en ort;
E vos, qui que us en desconort,
Lauzatz en dieu que us n'a estort.
Puois Raimons.

Nostrad. 41. Bastero, 75. Crescimbeni, 23, 46, 237. Hist. Littér. XV, 434. Millot, II, 479. P. Occ. 253.

ARNAUD D'ENTREVENAS. Une pièce, dont un passage a été cité tome II, page 297; en voici deux autres :

Del sonet d'en Blacatz
Sui tant fort enveios
Que descortz e chansos
E retroenzas i faz,
E quar vei qu'a lui platz,
Sirventes i faria,
Si faire l'i sabia;

E pos far no l' i sai,
Una danza i farai
Coindeta e ben estan
Que chanto ill fin aman,
E mova de coindia.

Si plagues a 'n Blacaz,
Pos novels es lo sos,
Mais valgra sa chansos
Si meses puois e praz.
Flors e vergers foillaz,
Espaigna et Alamania,
E Fransa et Lombardia,
E 'ls bauzes Bertelai,
E los loncs jorns de mai,
E 'l dolze mes de l'an,
E l'herba saint Joan
E la pasca floria.
    Del sonet.

Millot, III, 389. Papon, II, 404.

Arnaud de Marsan, auteur d'un Ensenhamen, qui offre une peinture intéressante de la manière de vivre des seigneurs ; il en a été imprimé des fragments, tome II, pages 301, 306, 308 :

Aiso fo en octembre.....
C'a dos mieus donzelos
Fis penre II falcos
Et al III un austor.....
E los chis e 'ls lebriers ;
E foron cavayers,
Ben so cug, entorn dex,
E volian bordir...

Enans qu'ississem fors...
Vecvos un chivayer
Coma penedensier...
Me trais a una part...
E dis me sa rancura...
« Seigner, per dieu, merci
Te prec aias de mi...
E que m dones cosselh
Com d'amor m'aparelh...
Intrem en un verdier
E deves un laurier
Fi'l denan mi assire,
E commensey l'a dire :
« Amicx, er aprendetz
Aiso don m'enqueretz...
Si voletz esser drutz....
Vostre cors tenetz gen....
E d'azaut vestimen...
Car tot pros cavayer
Deu vestir a sobrier
Camizas de tansan
Primas, car ben estau.
E blancas totas vetz,
Que mielhs en semblaretz
Cortes et ensenhatz,
En totz locx on venhatz ;
Estrechamens caussas
Pes e cambas e bras,
E sobrecot e manjas...
Garatz vostra gonela,
Cau la faretz novela,
Que non sia tro lonja,
Que pus en seria conja ;

E faitz la cabessalha
A traves ab ventalha
Ampla pels muscles sus,
Car lo pieytz n' er pus clus...
D' eys drap faitz lo mantelh
E gardatz qu' el tessel
Y sia ben estan,
E l' afiblalh denan.
Gardatz vostres cabelhs
Que mais val hom per elhs;
Sovendet los lavatz...
Mas no 'ls portes trop loncx,
Que mais valon adoncs,
Can son un pauc tondut
Que s' eran trop cregut.
Ni portes loncx ginhos,
Que sapchatz no so bos.
Ni la barba trop lonja...
Escudiers per servir
Vos son bos a tenir...
Larcx siatz en despendre,
Et aiatz gent ostau
Ses porta e ses clau.
Non crezatz lausengiers,
Que ja metatz portiers
Que feira de basto
Escudiers ni garso
Ni arlot ni joglar
Que lay vuelha intrar...
A joc maior joguatz,
C' aco es jocx onratz,
Que·no s tanh jocx d' azar
Mas ad home avar

Que get per un denier
Cen vetz en un taulier;
Qui pren los datz e 'ls laissa
Tot son pretz en abaissa;
Per so us man ieu aver
A joc maior tener,
Ni ja no us irascatz
Per perdre que fassatz,
Ni camjes vostre loc
C'om non puesca far joc...
Can seretz en torney,
Si creire voletz mey,
Totz vostre garnimens
Aiatz cominalmens,
L'ausberc e l'elm doblier,
E las caussas d'assier,
E vostr' espaz' al latz,
Que de grans colps fassatz
Entressenh al caval,
E denan al peitral
Bels sonalhs tragitatz
Gent assis e fermatz;
Car sonalhs an uzatje
Que donan alegratje,
Ardimen al senhor,
Et als autres paor;
A l'encaussar premier,
Et al fugir derrier,
Car tot aiso cove,
A drut c'amor mante.... »

Qui comte vol·aprendre.

Millot, III, 62.

ARNAUD DE MARUEIL, t. III et IV. Ce troubadour, que Pétrarque appelle IL MEN FAMOSO ARNALDO, est remarquable par la gracieuse et abondante facilité de son style.

Arnautz de Maruelh fo de l'avescat de Peiragorc, d'un castel que a nom Maruelh, e fon clergue de paubra generasio. E car no podia viure per las suas letras, el s'en anet per lo mon : e sabia ben trobar e s'entendia be. Et astre et aventura conduis lo a la cort de la comtessa de Burlatz, que era filha del pros comte Raimon, molher del vescomte de Beders que avia nom Talhafer.

Aquel Arnautz e cantava be e legia be romans : si era avinens hom de sa personna, e la comtessa li fazia gran be e gran honor. Et el enamoret se d'ela, e d'ela fazia sas cansos; mas non las auzava dire a ela ni a negun per nom qu'el las agues faitas, ans dizia que autre las fazia. Mas amors lo forset tan que dis en una canso :

> La franca captenensa
> Qu'ieu non posc oblidar.

et en aquesta canso el li descobrit l'amor qu'el li avia. E la comtessa non l'esquivet, ans entendet sos precs e los receup e los grazic; e 'l mes en arnes, e det li baudeza de trobar e de cantar d'ella. E fon onratz hom de cort; don fe mantas bonas cansos d'ela, lasquals cansos mostran qu'el n'ac de grans bens e de grans mals.

Vos avetz auzit d'EN Arnaut com s'enamoret de la comtessa de Bezers, filha del pros comte Raimon, maire del vescomte de Bezers que il Frances auciron quan l'agron pres a Carcassona; laquals comtessa era dicha de Burlatz, per so qu'ela fon nada dins lo castel de Burlatz;

molt li volia gran be Arnautz ad ela, e moltas bonas cansos en fes de leis, e molt la preguet ab gran temensa; et ela volia gran ben a lui. E lo rei 'n Anfos, que entendia en la comtessa, s'aperceup que volia ela gran be ad Arnaut de Marueil. E 'l rei fo ne fort gilos e dolens, qu'an vit los semblans amoros qu'ela fazia ad Arnaut, et auzit las bonas cansos qu'el fazia d'ela. Si la occaizonet d'Arnaut; e dis tan, e tan li fes dire, qu'ela donet comjat ad Arnaut, e 'l vedet que mais no 'l fos denan ni mais cantes d'ela e dels sieus precx d'ela.

Arnautz de Marueil, quant auzi lo comjat, fo sobre totas dolors dolens; e si s'en parti com hom desesperatz de lieis e de sa cort. Et anet s'en a 'n Guillem de Monpeslier qu'era sos amics e sos senher, et estet gran temps ab lui. E lai plays e ploret, e lai fes aquesta canso que dis :

> Molt eran dous miei cossir.

On aimera sans doute à lire encore quelques fragments de deux de ses épîtres.

> Dona cortez' et avinens,
> No us fassa razos oblidar
> Merce, que non o devetz far;
> Razos part mantas res de se
> Que merces cossent e rete;
> Razos es esquiv' e cozens,
> Merces es dolza e plazens,
> Razos s'irais, merces blandis
> Razos destruy, merces noyris.
> Razos esguarda ab erguelh,
> De merce son humil siey huelh ;
> E razon a ganren de fel,
> En merce non a ren mas mel;

Soven se tol razos amicx,
Merces plaideya enemicx;
Razo ausi per jutjamen,
Merces aduy a salvamen;
Mantas vetz jutg razos a mort
Que merces perdona lo tort.....
Mas eras sai be que vers es
Tal se cuia calfar que s'art,
Qu'ieu non cugera ges qu'el cart
Me destreisses per vos amors
Lo jorn que m fes vostra valors.
E'l paratje e la beutatz
Oblidar autras amistatz.
De lor en sai, si m valha dieus,
Ai estat vostre mielhs que mieus.
De mon saber e de mon sen,
De bon cor e de bon talen.
Per totz vostres bes enansar
Totas sazos que us tang a far;
E si merces no m val ab vos.
Tristz e marritz e vergonhos.
Lais chant e deport e solatz,
E non o fes hom pus forsatz;
Ieu non puesc may joi mantener
Si a vos no ven a plazer
Que denhes virar pres de me
Los huelhs d'amor e de merce :
M'esperansa, mon cor e me
Lais tot en la vostra merce.
SEL. CUI VOS ES.

E ditz que vos es sela res
Cuy cove mais honors e bes
Et obezirs e car teners,

Servirs et honors e temers,
C'a nulh' autra, ses contenso;
Per so vol e manda que do
Aisi a vos per bona fe
Que res no y aia part en me
Mas vos sola, foras de dieu;
E si dieus deges tener fieu,
De vos tengra la sua part.....
No cossen pas amor selar,
Enans lo m fai a vos mostrar....
Que ieu, dona, vos clam merce,
Qu' el fin cor e la bona fe
Qu' ie us ai non getes a non cura;
Franca res, fina, car' e pura
Res no us quier de tot quant avetz,
Mas so que tolre no m podetz;
Tolre no m podetz que no us am,
Neys s' ieu e vos o voliam,
Que no m' o cossentri' amors
Ni no m' o tolria paors;
Qu' ieu no us quier autre guizardo
Mas solamens que us sia bo
Qu' ie us am, e sitot bo no us es,
Sivals faitz semblan que no us pes,
Si per m' amor non o sufretz,
Sufretz o endreg vostre pretz;
Car mot l' es ops sacha sofrir
Qui vol a gran honor venir;
Si m' avetz mal cor, no me lais;
Greu m' es, dona, mas non puesc mais,
Que no m' en sai venjar estiers,
Mas d' aitan vos serai gueriers,
A vos aurai amor coral

Et a mi meteys volrai mal
E laissarai chant e deport
E murrai trist ab desconort,
Si vey que vos plassa mos dans
E no us sia bos mos enans,
Aquesta venjansa 'n penrai
Que jes autra penre non sai;
Mi eys puesc ieu ben azirar,
Mas ja vos non puesc dezamar.....
Tug aquist avinen plazer.....
Guardon a la vostra honor
Mon cor per mandamen d'amor;
E 'l tenon si assolassat
Ab aitan fina voluntat
Que no y intra autre voler,
Ni auzaria remaner;
E pus de vos no m puesc partir,
Si autre be no m deu venir,
Per dieu e per merce vos clam
Que no us sia greu car vos am,
Que no me puesc partir ni aus,
C'amors a pres de mi las claus;
Aisi a vostre salvamen,
Tot autr' amistat mi defen :
Cal que m fassatz o mal o be,
Vos am e us amarai jasse;
E fin' amor, per sa merce,
Meta us en cor que ametz me;
Digatz tug AMEN per amor,
Las donas e li amador.
DONA.
TOTAS BONAS.

Nostrad. 65. Crescimbeni, 46 et 225. Bastero, 120, 135. Millot, I, 69. Hist. Litt. XV, 441. P. Occ. 15.

ARNAUD PLAGUES. Couplet d'envoi d'une de ses pièces:

> Belha Eleienors, guirensa
> Trob ab vos pretz ses falhensa,
> E valor e conoyssensa
> Volc dieus en vos gent assire;
> Tant d'onor hi mes
> Qu'en un mes
> Non poiria dir los bes
> Per saber qu'ieu aia.
>
> BEN ES RAZOS.

Crescimbeni, 170. Millot, III, 390. P. Occ. 357.

ARNAUD SABATA. Une seule chanson:

> Preyada us ai que no m fassatz maltraire,
> E dig vos ai lo mieu voler quals es;
> E no us cugetz qu'ie us am dos ans o tres
> Tot en perdo, qu'ades vuelh mon pro faire
> Ab vos, dona, que ieu am finamen.....
>
> Ieu no dic ges que siatz la belayre
> De tot lo mon, bona domna, no us pes,
> Quar ieu no sui coms ni ducx ni marques,
> Per que m sembla no m fos belh per retraire
> Que ieu ames del mon la plus valen;
> Mas pro avetz beutat e pro joven,
> E pro valetz, tan qu'autra non dezire;
> Ab vos reman, si m voletz far jauzire.
>
> FIS AMICX SUI.

Millot, III, 390.

ARUER. Une tenson avec Henri, auquel il répond:

> Enric, eu crei veramen ses duptansa
> Q'el sobranzier c'amar fa star joyos

Deu mai plaser a domnas.....
Mai si col fruc qui de l'albre sobrier
Son plus plasent e de sabor plenier,
Tot autresi deu la domna grazir
Lo sobranzier, c'l nescis deu fugir.
Amic Aruer.

Aubert, ou Gaubert, moine de Puicibot, t. III. Auteur de seize pièces.

Gaubert de Puegsibot fo gentils hom, e fon de l'avescat de Lemozi, filh del castela de Puegsibot; e fo mes monges cant era efans en un monestier de Sant Launart. E saup ben letras e ben cantar e trobar. E per voluntat de femna isic del monestier, e venc s'en a selui on venian tuit aquil que per cortesia volion onor ni bienfait, al pros, al valen en Savaric de Malleo; et el arnesquet lo a joglar de vestir e d'arnes. Et anet per cortz, e fes mantas bonas cansos.

Et enamoret se d'una gentil donzela bela; e d'ela fe sas cansos : et ela no 'l volia amar si no s fezes cavayers e no la tolgues per molher. Et el contet o tot a 'n Savaric, et el lo fes cavalier e donet li alberc, terra e renda; et el pres la donzela per molher e tenc la a gran honor.

Et avenc se qu'el anet en Espanha, e la dona remas. Et us cavayers de la terra si entendia en ela, e fes e dis tan que ab se la 'n menet; e tenc la longa sazo per druda, e pueys la layset malamens anar. E cant Gaubert tornava d'Espanha, el alberguet un ser en la ciutat on ela era. E cant venc lo ser, el anet defora per voluntat de femna, et intret en l'alberc d'una paubra femna, que 'l fon dig que lainz avia una bela donzella. Et el intret e trobet que aquela era la soa molher; e can la vi, fon gran dol entr'els e gran vergonha. Ab leis estec aquela nueg, e lendeman s'en anet ab ela, e menet la en una mongia, e aqui la fes rendre. E per aquela dolor el laysset lo trobar e'l cantar.

Couplet d'une pièce dans laquelle il accuse sa dame d'infidélité :

>Qu'ab belh semblan trichador
>Mi saup gent enfolhetir
>E sa falsedat cubrir,
>Tro m' ac pres per servidor ;
>Pueys, quan fo de mi aizida,
>No m poc far mais de guandida
>>Son leugier talan,
>>Qu'ans que passet l'an,
>Aizic un fals preyador
>Ab si jos sotz cobertor.
>><small>Partit de joy.</small>

Dans une autre pièce, adressée au roi d'Aragon et à l'empereur, il dit :

>Al rei dels Alamans
>Cap dels emperadors.....
>
>S'ieu anc jorn dis clams
>Encontra vos, amors,
>Erguelh ni deshonors
>Ara m dey en mos chans
>Humiliar dos tans,
>E laissar mas clamors,
>Pus ma dona Elyonors,
>La pros reyna prezans,
>Ho denh' aissi voler.....
>><small>S'ieu anc jorn.</small>

Nostrad. 114. Crescimbeni, 81. Bastero, 71. Millot, II, 384. P. Occ. 218.

Augier, ou Ogiers, t. III.

Ogiers si fo un joglars de Vianes qu'estet lonc temps

en Lombardia, e fez bons descortz, e fez sirventes jogla-
resc que lauzava l'uns e blasmava los autres.

Dans une de ses pièces, il parle de Roger-Frédéric Ier,
roi d'Italie en 1151, et empereur en 1155.

> Qu'ieu vi ja 'l ric rei Rogier Frederic
> Fres ses esfre per valer e valor;
> Ja no cugei, tan l'auzi pretz prezar,
> Que ja 'l pogues emperis peiurar.
>
> TOTZ TEMPS SERAI.

Dans une tenson avec Bertrand, il lui dit :

> Bertran, vos c' anar soliatz ab lairos,
> Panan bueus e bocx, cabras e moutos,
> Porcs e galinas et aucas e capos,
>   Eratz glotz e raubaire,
>   Digas vostre veiaire :
>   Qual mestier es plus aontos,
>   D' esser joglar o laire ?
>
> BERTRAN VOS.

Dans une autre tenson, il parle ainsi des vieilles femmes :

> E tenc m'o a meraveilla
> De la color que s fan blanca e vermeilla
>   Ab l' englut
>   D' un ov batut
>   Que s met viron l' aureilla,
>   Del blanquet
>   Que pois i met
>   Et essug e solleilla
>   Del tifingon,
>   Del mentiron
>   Entro sobre l' aissella.
>
> ERA QUAN L'IVERN.

Crescimbeni, 202. Millot, I. 340. Hist. Litt. XIII, 419. P. Occ. 96.

AUSTOIS DE MAENSAC. Voyez PIERRE DE MAENSAC.

AUSTORC D'ORLAC. Une pièce dans laquelle il déplore les malheurs de la croisade où périt saint Louis :

>Ay! dieus per qu'as facha tan gran maleza
>De nostre rey frances larc e cortes.....

>Ay! bella gens avinens e corteza
>Que oltra mar passetz tan bel arnes,
>May no us veyrem tornar sai, de que m peza,
>Don per lo mon s'en es grans dols empres.
>   Mal dicha si' Alexandria,
>   E mal dicha tota clergia,
>E mal dich Turc que us an fach remaner;
>Mal o fetz dieus, quar lor en det poder.

>Crestiantat vey del tot a mal meza,
>Tan gran perda no cug qu'ancmais fezes,
>Per qu'es razos qu'hom hueymais dieus descreza,
>E qu'azorem Bafomet lai on es.....
>   Pus dieus vol e sancta Maria
>Que nos siam vencutz a non dever.....

>L'emperaires volgr'agues la crotz preza
>E qu'a son filh l'emperis remazes,
>E que s tengues ab lui la gens franceza
>Contra fals clercx en cui renha no fes,
>   Qu'an mort pretz e cavalairia
>   E morta tota cortezia;
>E prezo s pauc qui a son desplazer,
>Sol qu'ill puesco sejornar e jazer.

>Sanh Peire tenc la drecha via,
>Mas l'apostolis la 'lh desvia.....
>   AY! DIEUS PER QU'AS

Millot, II, 430.

AUSTOR SEGRET. Un sirvente sur la mort de saint Louis et sur les malheurs de la croisade.

> Ieu vey gueritz los paguas mescrezens
> E 'ls Sarrazis e 'ls Turcx d' outra la mar
> E 'ls Arabitz, que non cal un gardar
> Del rey Felips, dont es grans marrimens,
> Ni d' EN Karle, qu' elh lur es caps e guitz;
> No sai don es vengutz tals esperitz,
> Que tanta gens n' es morta e perida,
> E 'l reys Loix n' a perduda la vida.
>
> Ancmais no vim del rey que fos perdens,
> Ans l' avem vist ab armas guazanhar
> Tot quant anc volc aver ni conquistar.....
>
> Ar aura ops proez' et ardimens
> A 'N Audoart, si volha Enric venjar
> Qu' era de sen e de saber ses par,
> E tot lo mielhs era de sos parens,
> E si reman aras d' aisso aunitz,
> No 'l laissaran ni cima ni razitz
> Frances de sai ni forsa ben garnida,
> Si la valors es de pretz desgarnida.
>
> Mos sirventes, Cotellet, sia ditz
> Mo senhor N Oth qu' es lauzatz e grazitz.....
> E donar t' a rossin a la partida.
>   NO SAI QUI M SO.

Millot, III, 391.

AUZERS FIGERA figure dans une tenson ; ce couplet paraît lui appartenir :

> Bertran d' Aurel, se moria
> N Aimerics anz de martror

Digatz a cui laissaria
Son aver e sa ricor
Qu' a conques en Lombardia,
Sufertan freit e langor,
Com dison l' arbergador?

Aimeri de Péguilain, un des interlocuteurs, nomme Figera :

Bertran d' Aurel, s' avia
N Auzers Figera doptor,
Digatz a cui, etc....

Millot, III, 390.

Azalaïs de Porcairagues, t. III.

N'Alazais de Porcairagues si fo de l'encontrada de Monpeslier, gentils domna et enseignada. Et enamoret se d'EN Gui Guerreiat, qu'era fraire d'EN Guillem de Monpeslier. E la domna si sabia trobar, e fez de lui mantas bonas cansons.

Hist. gén. du Languedoc, II, 519. Millot, I, 110. Hist. Litt. XIII, 422. P. Occ. 27.

Azars. Ces vers sont tirés d'une pièce qui est sous son nom :

Qui ben se vol d'amor jauzir
De proesa si deu garnir;
Mas mal s'en penon li plusor
Quar fan lor meteis escarnir....

Dompna plaz.

Azemar le Noir.

N Azemar lo Negres si fo del Castelvieil d'Albin. Cortes hom fo e gen parlans; e fo ben honrat entre las bonas gens, per lo rei Peire d'Aragon e per lo comte de Tolosa, per aquel que fon dezeretatz, qu'il donet maisons e terras a Tolosa.

Dans l'une de ses pièces il dit :

> Per so m' ausi deziran,
> Quan la remir en pensan,
> C' ades la cuig vezer nuda
> En aissi com l' ai veguda.
> DE SOLATZ E DE.

Une autre est adressée à l'infant de Castille :

> Chanzos, l' enfant me saluda
> De Castella, qu' eu enten
> C' om no 'l val de son joven.
> ERA M VAI.

Crescimbeni, 201. Papon, II, 383. P. Occ. 359.

BARTHÉLEMI ZORGI, t. IV. Environ vingt pièces.

EN Bertolome Zorgi si fo un gentils home de la ciutat de Venise. Savis hom fo de sen natural, e saup ben trobar e cantar. E si avenc una sazon qu'el anet per lo mon, e li Genoes, qui guerreiavon ab los Venisians, si lo preiron e lo meneron pres en soa terra. Et estagan la en prison, EN Bonifaci Calbo si fez aquest sirventes que comensa :

> Ges no m' es greu s'ieu no sui ren prezatz.

blasman los Genoes car il se lasavon sobrar Venesian, digan gran vilania d'els. De que EN Bertolome Zorgi fetz un autre sirventes loqual comensa :

> Molt me sui fort d' un chant meraveillatz.

escusan los Venesians et encolpan los Genoes. De que EN Bonifaci Calbo se ten encolpatz de so qu'el avia 'n ditz ; e per so se torneron l'un a l'autre, e foron grans amis. Longa sazon estet EN Bertolome Zorgi en prison, entorn VII ans; e quant el fu issitz for de prison, el s'en anet en Venise; e'l seu comun lo mandet per castellan en un castel qui ven apellat Coron; e lai definet.

Ce troubadour est auteur d'une sixtine : en voici le premier couplet ; elle est sur les mêmes rimes que celle d'Arnaud Daniel :

<blockquote>
En tal dezir mos cors intra
Ni s' en depart plus com la chars de l' ongla,
Qu' ieu vau doptan que leis en perda l' arma.
E cil qu'o fer ab l' amorosa verja,
Si per laissar morir amic ni oncle,
Pod arm' intrar inz en l' enfernal cambra.
</blockquote>

Dans une pièce il s'adresse à l'Amour :

<blockquote>
Quar l'us tenetz del serpen
Que s loingna del home nut,
E 'l vestit mostr' esfortz gran.....
M' auretz meillz que dieus Abel
Non ac a son mandamen.....
E s' en trop vauc esperan
Que m deia valer pidatz,
Pois per leis fon jois donatz
    A 'N Adam,
Si ben toic lo frug d' el ram.
</blockquote>

ATRESSI COM LO.

Fragments d'une pièce sur la croisade de saint Louis :

<blockquote>
Non lassarai qu' en chantar non atenda
D' aisso don sui entr' alegr' et iratz,
Pueis qu' alegriers tan gen l' ira m' esmenda
Qu' eu en romanc en aissi meitadatz
</blockquote>

Qu'inz el cor ai dolorosa penzanza,
Penzan quals es l'antius decbazimenz
Del saint paes on deus fon mortz e natz,
E m sobr' al cor alegres jauzimenz
Quar penre l' auz reis Lois venjanza.....

Qu'ab sol pensar com es greus l'aunimenz
M'es vis del dol qu'el cors dedins mi fenda.....

Qu'ab lui s'en van bel feridor de lanza,
Peceiador de cambas e de bratz,
Envazidor per far faig d'agradanza,
Sbarailhador, quant l'estors es mesclatz,
Bon sofridor, s'esfortz n'a qui s defenda,
Tan avondos de totz bels garnimens
Qu'eu non cuig ges qu'om, qui 'ls vei acesmatz
Ni gen garnitz en bels destriers corenz,
Aus sol mostrar semblan que leur contenda.....

E s'om hi mor, tan n'ira plus breumenz
L'arma jauzir l'enteira benananza.

Per que lauz reis navars, cui pretz enanza,
Conpaingna 'l rei tan gent aconpaingnatz
Que ben sembl' aver cor e deziranza
De servir deu, fazen rics faigz honratz,
Qu'el en fai plus que no ill quer la fazenda;
E l' honratz coms de Toloz' eisamenz
Qu'outra poder s'es per deu esforsatz
De far acors, qu'a lui si' onramenz,
Tant ama far so que deus en grat prenda.

Mas ges non taing q'om l'engles rei reprenda,
S'un petit es per non poder tarsatz,
Quar ben s'acor que sa promez' atenda
E 'n faza mais tan qu'en sia lauzatz,

Ni no s cuion qu' el faza tal tarsansa
Qu' us n' ai' asaut qu' el no y sia prezens.....
Qu' autre socors al sieu non sobravanza.....
NON LASSARAI QU' EN.

Passages d'une complainte sur la mort du jeune Conradin et sur celle de Frédéric, duc d'Autriche :

Si 'l monz fondes a maravilla gran,
Non l' auria a descovinenza;
S' escurzis tot sivals so que resplan,
Pueis qu' onratz reis per cui reingnet vaillensa
 E valc jovenz
 E rics pretz e toz bes,
E d' Austorica l' auz ducs Federics
Qui d' onrat pretz e de valor fon rics,
 Tan malamenz
 Son mort.
 Hai! quals danz n' es!
Mas car pres a 'l segle tan de damnage,
 Taing qu' om l' azir,
 E car erguoill ha pres
 Fortz e consir
 D' aunir pretz e paratge...

Qu' el reis, en cui non eron anc vint an,
Amava deu, dreig, mezur' e sienza,
De que y hanet pauc Salomos enan.....
Tan qu' el plus larcs semblav' ab lui mendics,
E fon amics als pros, et enemics
 Als desplazenz,
 Ses tort
 Qu' anc lur fezes.....

Et el pro duc eron tant aib prezan
Qu' el ac de mout la reial chaptenenza,

Qu'adreg foron sei dig e sei semblan
E 'ls afars ac dans totas parts plazenza,
 Si qu' anc formenz
 Non faillic ni mespres,
Don cuig qu' a deu fon lurs mortz grans fasties :
Mas car sofric qu' avengues tals destrics,
 Tot fermamenz
 M' acort
 Que il remembres
Qu'el mon per els non avi' aut estatge.
 E que grazir
 Deuri' om per un tres
 L'entier jauzir
Per lur bel conpaingnatge.
Si 'l monz fondes.

Fragments d'une pièce où il s'accuse de ses fautes :

 Que m sembla pesanza
 Viur' en est segle venal,
  Desleial
 On reingnon trastuit li mal.....

 Qu'estiers ai certanza
 Qu'eu aurai pen' eternal,
  Enfernal;
Tal son fag tuit mei jornal;
Mas tan mi vauc conortan
Quar repentizon ai gran.....

Mas per meillz trobar merce,
 A l'encomensanza
Dic qu'els mals qu'ai faitz al be
 Ses tot comt' avanza;
Qu'a lei de fol natural.
  Cui non cal

S'aura dol perpetual,
Sol qu'el segl' a plazer an,
Ai viscut.....
JESU CRIST PER SA.

Bastero, 78. Cescimbeni, 174. Millot, II, 344. P. Occ. 209.

BÉRENGER DE PALASOL, t. III.

Berengiers de Palazol si fo de Cataloingna de la terra del comte de Rossillon. Paubres cavalliers fo mas adregz et enseignatz e bons d'armas; e trobet bonas cansons; e cantava d'EN Ermessen d'Avignon, moiller d'EN Arnaut d'Avignon, que fon fils de NA Maria de Peiralata.

Fragments de deux de ses pièces :

Dona, si totz temps vivia,
Totz temps vos serai aclis;
Estranhamen m'abellis
Qu'ie us am, qualque dans m'en sia....
DONA SI TOTZ TEMPS.

Mas tant ai sofertat
Gran dezir, e sai be
Que, si m n'avetz desgrat,
A mon tort s'esdeve.....

Per vos ai oblidat,
E non per autra re,
Tot quant avi' amat
Que de pauc m'en sovê.
Si ai per vos camjat,
Camjatz, dona, per me
Vostre cor abdurat;
Vulhatz ma companhia
Aissi cum ieu volria
Vos e vostr' amistat.

Me avetz enbernat
En vostra senhoria
Mielhs qu'om ja non auria
Ren que agues comprat.

Chansos, a sa Maria
Vai dir qu'ieu chantaria,
S'ieu en sabi' aver grat.
AB LA FRESCA.

Nostrad. 239. Millot, III, 392. Hist. Litt. XV, 442. P. Occ. 442.

BÉRENGER DE PUIVERT. Il ne reste de ce troubadour que deux couplets; en voici un:

Mal' aventura don deus a mas mas,
Car an perdut cenz solz de malgones.
E refer ne als datz malas merces
C'anc no m'en valc soitils zitars ni plas
De que pogues comprar una camisa
Ab que cobris mos codes c'ai rognos;
E pois de datz no sui aventuros,
Ben degra aver calque domna conquisa.

BERNARD. Une tenson, t. IV. Dans une autre pièce de ce genre, il dit:

N Elias, de dos amadors
Me digatz quals ama pus fort:
L'us non pot a dreg ni a tort
Mudar que non parle soven
De sa dona a tota gen;
L'autre no 'n parl' a nulha res que sia,
Mas en son cor remira nueg e dia,
Pensan com leys puesca servir en grat;
Aras chauzetz lo plus enamoratz.
N ELIAS DE DOS.

Millot. III, 393. P. Occ. 362.

BERNARD ALAHAN DE NARBONNE. Fragment d'une pièce :

>Quascus a far ben se triga
>E de mal far nulhs no s laissa,
>Don tenem via biayssa,
>E no ns remembra ges l'anta
>Ni 'ls greus turmens que Ihesus trays
>Entr' els vils felhs Juzieus savays.

>Lo mons es si cum la triga
>Que, miran se, sos natz layssa;
>Atressi erguelhs nos bayssa
>Don perden la ciutatz sancta
>On foram alegres e guays,
>Si 'l plazer de dieu fessem mays.

>Verais dieus, on ver' amors nays,
>Fai nos venir al ver palays.
>   NO PUESC MUDAR.

Millot, III, 393.

BERNARD ARNAUD D'ARMAGNAC. Voyez LOMBARDE.

BERNARD ARNAUD DE MONTCUC, t. II et IV.
Millot, I, 97. Hist. Litt. XIII, 420. P. Occ. 23.

BERNARD D'AURIAC, dit MAITRE DE BEZIERS, t. IV. Fragment d'une pièce adressée à Guillaume Fabre :

>EN Guillem Fabre sap fargar,
>Et anc nulh temps fabres no fo,
>Quar ges de fers no sap obrar,
>Mas obras fa d' aital faisso
>Que de valor, de pretz, de cortezia
>Ab bel solatz ten obrador tot l'an,
>E si voletz obras d'aital semblan,
>A Narbona vos n' anatz dreita via.....

Qui de Fabre volgues ostar
La quarta letra, fora bo
Qu'adoncx lo pogratz apellar
En Guillen FABRE per razo,
Quar el fa be, qu'al res far no sabria.
Et en be far a mes tot son talan;
Pros es e larcx, cortes, e non dic tan
Que vers no fos, si dos tans en dizia.
EN GUILLEM FABRE.

Il termine une de ses pièces par ces vers relatifs au jeu des échecs :

Aisso 'n volgra, ses mal entendemen,
Ab ma domna jogar en sa maizo
Un joc d'escacx, ses autre companho
Que no s'ancs del joc entremeten,
E qu'ieu 'l disses un escac sotilmen
En descubert, quar plus belhs juecx seria;
Pero volgra, quar sa honor volria,
Que quan fora nostre juecx afinat
Qu'ieu remazes del juec vencutz e matz.
S'IEU AGUES TAN.

Millot, III, 176. P. Occ. 298.

BERNARD DE LA BARTHE, t. IV. C'est vraisemblablement à lui qu'appartient un fragment inscrit sous le nom de Bernard de la Barata :

Qu'els pros fez hom rics al comensamen;
E ges no m par sia dregz ni razos
Qu'aian l'avol so que fo dat als pros;
Qu'avers no s taing mas a cel que despen,
Ni granz ricors mas a leial coratge.
FU NON CUGEI.

Millot, II, 202.

BERNARD DE LA FON. Une seule pièce attribuée par un autre manuscrit à Bernard de Ventadour ; en voici quelques vers :

> Totz hom qui leu vol reprendre
> Leu er repres de parlar ;
> E qui trop leu vol contendre
> Ben leu trobar n'a son par.....
>
> L'escut e'l basto vuelh rendre
> E m vuelh per vencut clamar,
> Ans que ves domnas defendre
> M'avenha, ni guerreyár.
> Per sola leys, cui homs so,
> Dei aver franc cor e bo
> Per totas domnas honrar.
> LEU CHANSONETA.

P. Occ. 395.

BERNARD MARTIN. Dans une de ses pièces il se désigne ainsi :

> Bernard Martin lo pintor
> Que ditz e trai guirentia.
> COMPANHO.

Il y a dans ses autres pièces des traits assez remarquables :

> Aman viu et aman morrai,
> C'ab bon cor et ab bona fe
> Am la meillor dona qu'ieu sai.
> BEN ES DREITZ.

> Selh qui plus gent sap mentir
> Es ben segurs de garnir
> D'escarlat' ab vert vestir,
> Et esperos ab sotlar ;

Mais lor vey deniers offrir
Qu' en a negun de l' autar.
A SENHORS.

Dans le quatrain suivant est rendu avec élégance et précision le passage d'Horace : FUNGAR VICE COTIS, etc.

Ab so qu' ieu sembli be la cot
Que non tailh' e fa 'l fer talhar;
Aquo de qu' ieu no sai un mot
Cugi ad autrui ensenhar.
FARAI UN VERS AB SO.

Millot, III, 136.

BERNARD DE ROVENAC, ou ROVANAS, t. IV. Passages d'un sirvente contre RAINIER :

Una sirventesca,
EN Raynier, tota fresca
Vos metrai en cabal,
Quar tan gent anatz en tresca
E d' armas no us cal....

Per rauba rompuda
Donetz lans' aguda,
Pero be us o val,
Quar vostra lengua es crezuda
Trop mais qu' el senhal.....

Quan per joglaria
Detz cavallairia,
Fes sen natural;
Ben prezetz so que us tanhia,
Joglar vernassal,
Quar ges armars no us plazia
Mas vos plac la trichairia.
UNA SIRVENTESCA.

Millot, II. 312.

BERNARD DE LA SALA. Une aubade de trois couplets ;
en voici un :

>Sus levatz,
>Drutz c'amatz,
>Que sens pars
>Er belhs jorns e gays,
>E 'l comjatz
>Sia datz
>Ab dos faitz
>Et ab plazens bays.
>Enselatz
>E puiatz,
>Car l'estars
>Non es bos hueymays;
>Qu'els maritz
>Ai vist vestitz
>Venir garnitz.
>L'alb' e 'l jorn
>Clars et adorn
>Ven, dieus aidatz !
>L'alba par,
>E 'l jorn vey clar
>De lonc la mar,
>E l'alb' e 'l jorn par.
>>DIEUS AIDATZ.

Millot, III, 394.

BERNARD SICARD DE MARJEVOLS, t. IV.

Millot, III, 394.

BERNARD TORTIS. Une seule pièce, dont voici quelques vers :

>Selhas qu'al prim son d'amoros semblan,
>E pueys si van tot ades encarzen,

D'aquellas mov tan gran galiamen,
Per qu'els fis van ves las finas duptan.....
Qu'aissi quo 'l ferr la peira d'ariman,
Tira ves si fin' amors solamen.

PER ENSENHAR.

Millot, III, 394.

BERNARD DE TÓT LO MON. Trois pièces, dans l'une desquelles il dit :

Lo reys dels reys per sa doussor
Punisca los reys deschauzitz
E 'ls croys baros sejornaditz,
Selhs que non an de lui temor,
E selhs cuy desplay joglaria,
E selhs cuy desplay cortezia,
E totz aquelhs a cuy be far desplay,
De cor l'en prec, e creza m'en, si 'l play.

BE M'AGRADA.

Millot, III, 394.

BERNARD DE VENTADOUR, t. III et IV. Ce troubadour est un des plus féconds et des plus agréables; son style est facile et élégant, et ses pensées souvent ingénieuses.

Bernart de Ventadorn fo de Limozi, del castel de Ventadorn. Hom fo de paubra generatio, filhs d'un sirven del castel que era forniers qu'escaudava lo forn a coser lo pa. Bels hom era et adregz e saup ben cantar e trobar et era cortes et ensenhatz. El vescoms, lo sieu senher, de Ventadorn s'abelic molt de lui e de son trobar, e fes li gran honor. El vescoms si avia molher mot gentil domna e gaia, et abelic se mot de las cansos d'EN Bernart, e s'enamoret de lui et el de la domna, si qu'el fes sas cansos e sos vers d'ella e de l'amor qu'el avia d'ella e de la valor de leis. Lonc tems duret lor amor ans qu'el vescoms ni l'autra gens s'en aperceubes; e quan lo vescoms s'en aperceup, el s'estranhet de lui, e fes fort serrar e gardar la domna. E la domna fes dar comjat a'N Bernart, que s partis e s lunhes de tota aquela encontrada. Et el s'en partit e s'en anet a la dugessa de Normandia, que era joves e de gran valor, e s'entendia en pretz et en honor, et en ben dig de lauzor: e plazion li fort las cansos e'ls verses d'EN Bernart. Et ella lo receup e l'aculhi mot fort. Lonc temps estet en sa cort, et enamoret se d'ella et ella de lui; e'n fes motas bonas cansos. Et estan com ella, lo reis Anricx d'Angleterra si la pres per molher, e la trais de Normandia e la'n menet. En Bernartz remas de sai tristz e dolens: e venc s'en al bon comte Raimon de Toloza, et ab el estet tro qu'el coms mori. Et EN Bernartz, per aquela dolor, si s'en rendet a l'orde de Dalon; e lai definet. E lo coms N Ebles de Ventadorn, que fo filhs de la Vescomtessa qu'EN Bernartz amet, comtet a mi'N Uc de San Circ so que ieu ai fait escriure d'EN Bernart.

* Nostradamus, 70. Crescimbeni, 51. Bastero, 79. Hist. de Langued. II, 518. Millot, I, 18. Papon, II, 430. Hist. Litt. XV, 467. P. Occ. 3.

BERNARD DE VENZAC, ou VENZENAC, t. IV. Cinq pièces:

Hueymais pus s'azombra 'l trelha
E vey espandir la bruelha,
E quecx dels auzelhs s'esvelha
E chanta desotz la fuelha,
Pel temps qu'es belhs e s'estuga,
E 'l prat son belh e vermelh,
No m tolray no m'aparelh
D'un vers faire. Far l'ai ieu? hoc.

HUEYMAIS PUS

Millot, III, 225.

BERTRAND. Les vers suivants sont tirés d'une tenson avec Jausbert :

> Ben sai que son dan esplecha
> Drutz qu'en dona jove s pren;
> Mas qui en veilla s'enten
> Mort ades, quan lo fols lecha.
>
> Jausbert, drudari' es morta
> En las joves, qu'ieu ho sai,
> E proeza non es mai,
> Abans n'es la clau estorta :
> Mas qui ab veilla si deporta
> Soavet sejorn' e jai.....
>
> JAUSBERT RAZON.

Millot, III, 395.

BERTRAND D'ALLAMANON Ier. On lui attribue une tenson avec Raymond de Miraval ; celui-ci demande :

> Digatz cal au plus pretz cabal
> Li Lombart o li Proensal.

Bertrand répond :

> Lombart voill esser a estors,
> Quar de Proensa mi non cal;
> Per qu'ieu chausic sai, quar mais val,
> Lombardia on trob cavaliers bos
> Francs e cortes, e platz lor meissios.....
>
> Raimons, trop lor datz d'onramen
> Qu'a Belcaire en lor honor
> Lor fetz Symons tan de paor,
> E si eron dos tans de gen;
> En apres a gran mesprisson

Renderon li sa garnison ;
Per qu'en totz faitz son li Lombart meillor,
E plus honrat e meillz combatedor.

BERTRAN SI FOSSETZ.

Bastero, 79. Crescimbeni, 118. Papon, III, 437. Hist. Litt. XV, 445.

Bertrand d'Allamanon IIIe, t. IV. Quinze pièces.

Bertrans de Lamanon si fo de Proensa, fills d'en Pons de Brugeiras. Cortes cavalliers fo e gens parlans, e fetz bonas coblas de solatz et sirventes.

Lorsque le pape Innocent IV s'arrogeait le droit de disposer de l'empire, et le faisait espérer à divers princes, ce troubadour fit un sirvente dont les vers suivants sont tirés :

Que m meravelh car ill an esperansa
Que a negun en fas' autreiamen,
Puois qu'el a d'els renda d'aur e d'argen....

Ja aicest platz non er sentenziatz,
Puois que li rei volon abreviamen.
Ab cavaliers et ab cavals armatz
Et ab vasal bon de conquerimen
 Vegna cascus apoderamen,
Et en un camp fasan un' aital dansa
C'al departir gazagne l'uns l'onransa;
Puois decretals no i noseran nien,
Puois troberan lo papa ben disen.

Aicelh sera fil de dieu apelatz
 C'aura fait al camp lo vensimen.
 Pelos clergues er leu coronatz
Car il veiran c'auran l'afortimen;
Adonc seran tut a son mandamen;

Car ades an clergues aital uzansa
Que, quan trobon pairo de gran puisansa,
Tut cant il vol fan ben et umilmen,
E puois son dan, quan veison que deisen.....

Asas ai dic a cascun, si m' enten,
Dels autz princes, et ai ferma speransa
Que, s'il pasan ses longa demoransa,
Cristiandat garderan d' aunimen
Gazainhan dieu e pres e salvamen......
Del papa sai que dara largamen
Pro del perdon e pauc de son argen.....

D'UN SIRVENTES MI.

Une tenson avec Guigo offre ces vers :

Amicx Guigo, be m'assaut de tos sens,
Car de mestiers vols apenre cals son,
Que trotiers fos una longa sazon
Pueys auza dir que pugiest a sirven,
Qu' emblavas buous, bocxs, fedas e moutos,
Pueis fos joglars de dir vers e chansos ;
Ar est poiatz a maior onramen.....

E can iras, Guigo, cridar la gen,
Gelosia crida per Puimeisso
E cobeitat per lo duc de Torcho,
E Miullon per parlar sotilmen,
E per beure sel cui es Corteso,
E per engan lo senher de Selo,
E cridaras Lunel per sobresen,
E Castelnou per ceb' e per formatje.

AMICX GUIGO.

Dans un sirvente relatif au refus que les Marseillais

faisaient de payer au comte de Provence certains revenus, on lit:

> Pueis chanson far no m' agensa,
> Farai un nov sirventes
> Qu' er de l'afar de Proensa
> E trametrai l' als Frances;
> Que, si fai lonja bestensa
> Cel qui es coms e marques,
> Tart li rendran per temensa
> Sas rendas li Marseilhes
> De so qu' el prendia el port
> E de l' al que il fan tort.
> PUEIS CHANSON FAR.

L'aubade suivante est une des plus jolies pièces de ce genre :

> Us cavaliers si jazia
> Ab la re que plus volia,
> Soven baisan li dizia :
> Doussa res, ieu que farai,
> Qu' el jorn ve e la nueyt vai?
>   Ay!
> Qu'ieu aug que la gaita cria :
> Via sus, qu'ieu vey lo jorn
>   Venir apres l' alba.

> Doussa res, s' esser podia
> Que jamais alba ni dia
> No fos, grans merces seria,
> Al meyns al luec on estai
> Fis amicx ab so que 'l plai.
>   Ay! etc., etc.

> Doussa res, que qu' om vos dia,
> No cre que tals dolors sia

Cum qui part amic d'amia,
Qu'ieu per me mezeys o sai.
Ailas! quan pauca nueyt fai!
　　　Ay! etc., etc.

Doussa res, ieu tenc ma via;
Vostres suy on que ieu sia;
Per dieu, no m'oblidatz mia.
Qu'el cor del cors reman sai,
Ni de vos mais no m partrai,
　　　Ay! etc., etc.

Doussa res, s'ieu no us vezia
Breumens, crezatz que morria.
Qu'el gran dezirs m'auciria;
Per qu'ieu tost retornarai
Que ses vos vida non ai,
　　　Ay!
Qu'ieu aug que la gaita cria:
Via sus, qu'ieu vei lo jorn
　　Venir apres l'alba.

Nostradamus, 168. Bastero, 79. Crescimbeni, 118. Millot, I, 390. Papon. III, 438. P. Occ. p. 110.

BERTRAND D'AUREL. Couplet sur Aimeri de Péguilain, en réponse à Guillaume Figueiras :

N Aimeric laissar poria
A 'n Coanet lo menor
L'enjan e la tricharia,
Car el viu d'aital labor;
E l'enoiz e la folia
A 'n Auzet lo feignedor,
Et a 'n Lambert la putia.....

Crescimbeni, 178.

BERTRAND D'AVIGNON, t. IV.

Millot, III, 34. Papon, II, 410.

BERTRAND DE BORN t. II, III et IV.

BERTRANS DE BORN si fo un castellans de l'evescat de Peiregors, vescoms d'Autafort, un castel que avia prop de mil homes. Et avia fraires e cuiava'l deseretar, si no fos lo rei d'Englaterra. Totz temps ac guerra ab totz los sieus vezins, ab lo comte de Peiregors, et ab lo vescomte de Lemoges, et ab son fraire Constanti, et ab EN Richart tan quan fo coms de Peitieus. Bons cavalliers fo e bons guerriers, e bon domneiaire, e bons trobaire; e savis e ben parlans; e saup ben tractar mals e bens. Seingner era, totas ves quan se volia, del rei Enric d'Englaterra e del fils de lui; mas totz temps volia que ill aguesson guerra ensems lo paire e lo fils, e'l fraire l'un ab l'autre. E totz temps volc que lo reis de Fransa e'l reis d'Englaterra aguesson guerra ensems; e s'il avian patz ni treva, ades se penava e s percassava ab sos sirventes de desfar patz e de mostrar com cascuns era desonratz en aquella patz. E si n'ac de grans bes e de grans mals d'aisso qu'el mesclet entre lor. Mot fe be sirventes, et anc no fes mas doas cansos. El rei d'Arago donet per molher las cansos d'EN Guiraut de Bornelh als sieus sirventesc. Et aquel que cantava per el avia nom Papiol. Et era azautz e cortes; e clamava Rassa lo coms de Bretanha; e'l rei d'Englaterra Oc e No; e'l rei jove so filh, Marinier. E metia tot son sen en mesclar guerras: e fes mesclar lo paire e'l filh d'Englaterra, tan qu'el rei jove fo mortz d'un cairel en un castel d'EN Bertran de Born.

EN Bertran si s vanava qu'el cuiava tan valer, que no s

pensava que tot son sen l'agues mestier. E pueis lo rei lo pres; e, quan fo pres, el li demandet si avia tot son sen, que aras vos aura ops. Et el respos, qu'el avia tot lo sen perdut; quar tot lo perdet quan lo rei jove mori. Adoncs se ploret lo rei de so filh; e perdonec li, e'l vesti, e'l donet terras et honors. E visquet longamen el segle, e pueis se rendet en l'orde de Cistel.

De ci en avan son escrits dels sirventes d'en Bertran de Born loscals an la rason per qu'el fon faits lo sirventes, e la rasons l'un' apres l'autre.

Bertrans de Born si era drutz d'una domna gentil e jove e fort prezada, et avia nom ma domna Maenz de Montaingnac, moiller d'en Talairan qu'era fraire del comte de Peiregors, et ella era filla del vescomte de Torena, e seror de ma domna Maria de Ventedorn e de n'Elis de Monfort, et en son chantar l'apellava Dalfi; e segon qu'el dis en son chantar, ela 'l parti de si, e 'l det comjat, don el fon mout tritz et iratz, e fetz razo que jamais no la cobraria, ni autra non trobava que il fos tan bella ni tan bona ni tan plazens ni tant enseignada; e penset, pois qu'el non poiria cobrar neguna que ill pogues esser egals; e la soa domna li conseillet qu'el en fezes una en aital guiza, qu'el soiseubes de las autras bonas domnas et bellas de chascuna una beutat, o un bel semblan, o un bel acuillimen, o un avinen parlar, o un bel captenemen, o un bel garan, o un bel taill de persona; et en aissi el anet queren totas las bonas domnas que chascuna li dones un d'aquest dos qu'en avetz auzitz nomnar a refar la soa domna c'avia perduda. Et el sirventes qu'el fetz d'aquesta razon vos auziretz nomnar totas las domnas a lasquals el anet querre socors et ajuda a far la domna soiseubuda. El sirventes qu'el fetz d'aquesta razon si comensa :

Domna, pois de mi no us cal.

Bertrans de Born si era drutz de ma domna Maenz de Montaingnac, de la moiller d'EN Tallairan que era aitals domna com vos ai dig en la razon del sirventes de la domna soiseubuda. E, si com eu vos dis, ela'l parti de si, e det li comjat; et encusava lo de ma domna Guiscarda, de la moiller del vescomte de Comborn, d'una valen domna que fon de Bergoingna, soror d'EN Guiscart de Beljoc, avinens domna et enseingnada; era complida de totas beutatz; si la lauzava fort en comtan et en chantan. Bertrans, enans qu'el la vis, era sos amics per lo ben qu'el auzi d'ella; et enans qu'ella fos venguda, si fetz aquestas coblas que dizion :

> Ai! Lemozis, franca terra corteza,
> Mout me sap bon, car tals honors vos creis,
> Que jois e pretz e deportz e gaiessa,
> Cortezia e solatz e domneis
> S'en ven a vos e'l cor estei anceis.
> Be s deu gardar, qui a drutz se depeis,
> Per cals obras deu domna esser conquisa.

> Dons e servirs e garnirs e larguesa
> Noiris amor com fai l'aiga lo peis,
> Enseingnamens e valors e proessa,
> Armas e cortz e guerras e torneis;
> E qui pros es ni de proessa s feis
> Mal l'estara, s'aoras non pareis,
> Pois NA Guiscarda nos es en sai tramesa.

E, per aquesta domna Guiscarda, si parti de si ma domna Maenz, qu'ella crezia qu'el li volgues meills que ad ella, e qu'ella li fezes amor. E per aquest departimen el fetz la domna soiceubuda, e'l sirventes que dis :

Eu m'escondic, domna, que mal no mi er.

Bertrans de Born si fo acomjadatz de soa domna, ma domna Maenz de Montaingnac, e no ill ten pro sagramen ni esditz qu'el fezes en comtan ni en chantan, qu'ela volgues creire qu'el non ames NA Guiscarda. E si s'en anet en Saintonge vezer ma domna NA Tibors de Montausier qu'era de las plus presadas domnas que fossen el mon, de beutat, de valor e d'enseingnamen. Et aquesta domna era moiller del seingnor de Chales e de Berbesil e de Montausier. EN Bertrans si'l fetz reclam de ma domna Maenz que l'avia partit de si e no'l volia creire per sagramen ni per esdich que li fezes qu'el non volgues ben a NA Guiscarda. E si la preguet qu'ela lo degues recebre per cavalier e per servidor. Ma domna NA Tibors, com savia domna qu'ella era, si'l respondet en aissi : « Bertrans, per la razon que vos etz vengutz sai a mi, eu en son mout alegra e gaia, e tenc m'o a grant honor; e d'autra part, si me desplatz, ad honor m'o tenc, car vos m'etz vengutz vezer ni preiar qu'eu vos prenda per cavalier e per servidor; e desplatz me mout si vos avetz faich ni dich so per que ma domna Maenz vos aia dat comjat, ni per que sia irada ab vos. Mas eu sui aquella que sai ben com se cambia tost cors d'amadors e d'amairitz; e si vos non avetz faillit vas ma domna Maenz, tost en sabrai la vertat; e si vos retornarai en la soa gracia, s'en aissi es; e si en vos es lo faillimens, eu ni autra domna no vos deu mais acuillir ni recebre per cavalier ni per servidor; mas eu farai ben aitan qu'eu vos penrai a mantener et a far lo concordi entre vos et ella. » Bertrans si s'en tenc mout per pagatz de la responsion de la domna NA Tibors, e promes li qu'el non amara mais autra domna ni servira sinon ma domna NA Tibors, si causa er qu'el non pogues recobrar l'amor de ma domna Maenz. E ma domna NA Tibors promes a 'N Bertrans que, s'ella no 'l podia acordar ab ma domna Maenz, qu'ela 'l recebria per cavalier e per servidor. E non anet longa sazo que ma domna Maenz saup qu' EN Bertrans non avia colpa, et escoutet los precs que ill eron faich per EN Bertrans de Born, et si 'l tornet en gracia de vezer lo e d'auzir sos precs; et el li comtet e 'l dis lo mantenemen que ill avia faich ma domna NA Tibors, e la promession que ella avia faich ad el; don ma domna Maenz li dis qu'el prezes comjat de ma domna NA Tibors, e que s fezes absolver las promessions e 'ls sagramens que ill avian faich entre lor; don Bertrans de Born fetz aquest sirventes :

S'abrils e foillas e flors.

E si ricordet lo socors qu'anet a demandar a ma domna NA Tibors e l'acoillimen qu'ella li fez dins son repaire en una cobla qu'el dis :

Domna, s'ieu quezi socors.

Et en las autras coblas blasmet los rics baros que, ses donar, per paor volian pretz aver, e c'om non auses retraire los mals que ill fazian, et autres que basten volian se far parer rics, autres per tener cans et austors, et autres per guerreiar laisson joi e joven et amor; los autres per los grans que fazian als torneiamens on raubaven los paubres cavaliers e laissavan los grans faitz d'onor; e d'aquestas razos fetz aquest sirventes :

S'abrils e foillas e flors.

Bertrans de Born si era anatz vezer una serror del rei
Richart, que fon maire de l'emperador Oth, laquals avia
nom ma domna Eleina, que fo moiller del duc de Sansoi-
gna. Bella domna era e molt cortesa et enseignada, e fazia
gran honor en son acuillimen et en son gen parlar. En Ri-
chartz qu'era adoncs coms de Peiticus, si s'aissis l'onor sa
serror, e si 'l comandet qu'ella ill disses e il fezes plazer e
gran honor; et ella per la gran voluntat qu'ella avia de pretz
e d'onor aver, e per qu'ella sabia qu'EN Bertrans era tan
fort prezatz hom e valens, e qu'el la podia fort enansar,
si 'l fetz tan d'onor qu'el s'en tenc fort per pagatz, et ena-
moret se fort de leis, si qu'el la comenset lauzar e grazir. En
aquella sazon qu'el l'avia vista, el era ab lo comte Richart
en un'ost, el temps d'ivern, et en aquel ost avia gran des-
aise. E cant venc un dia d'una domenga, era ben meitz
dias passatz que non avian manjat ni begut, e la fams lo
destreingnia mout, et adoncs fetz aquest sirventes que dis :

Ges de disnar non for' oimais matis.

Bertrans de Born si s'appellava Raissa ab lo comte Jaufre
de Bretaingna qu'era fraire del rei jove e d'EN Richart
qu'era coms de Peitieus. En Richartz e 'n Jaufre si s'enten-
dion en la domna d'EN Bertran de Born, NA Maenz de Mon-
taignac, e 'l reis N Anfos d'Aragon, e 'N Raimons lo coms de
Tolosa; et ella los refudava totz per EN Bertran de Born que
avia pres per entendedor e per castiador; e per so que ill
remansessen dels precs d'ella, el vole monstrar al comte
Jaufre quals era la domna en cui el s'entendia, e si lauzet
en tal manieira que par qu'el l'agues vista nuda e tenguda;
e vole ben c'om saubes que NA Maenz era la soa domna,
aquella que refudava Peiteus, so era EN Richartz qu'era

coms de Peitieus, EN Jaufre qu'era coms de Bretaingna, e'l rei d'Aragon qu'era seigner de Sarragoza, e'l comte Raimon qu'era seingner de Tolosa, e per so dis EN Bertrans :

> Rassa, als rics es orgoillosa
> E faitz gran sen a lei de tosa,
> Que no vol Peitieu ni Tolosa
> Ni Bretaingna ni Saragosa,
> Anz es tan de pretz enveiosa
> Qu'als pros paures es amorosa.

E d'aquesta razon que us ai dicha, el fetz son sirventes de blasmar los rics que re non donon e que mal acoillon e sonan, e que senes tort ochaisonen, e qui lor requier merce que non perdonen, ni servizi non guierdonen; et aquels que mais non parlon sinon de volada d'Austor, ni mais d'amor ni d'armas non auson parlar entre lor. E volia qu'el coms Richartz guerreies lo vescomte de Lemogas, e qu'el vescoms si defendes proosamen. E d'aquestas razos si fetz lo sirventes que dis :

> Rassa, tan creis e mont' e pueia.

Bertrans de Born, si com eu vos ai dich en las autras razos, si avia un fraire que avia nom Constanti de Born; e si era bos cavallier d'armas, mas non era hom que s'entremeses molt de valor ni d'onor; mas totas sazos volia mal a'N Bertran e ben a totz cels qui volian mal a'N Bertran, e si'l tolc una vetz lo castel d'Autafort qu'era d'amdos en comunailla. En Bertrans si'l recobret e si'l casset de tot lo poder; et aquel si s'en anet al vescomte de Lemogas qu'el degues mantener contra son fraire, et el lo mantenc; e'l reis Richartz lo mantenc contra EN Bertran. E Richartz si guerriava ab N Aimar, lo vescomte de Lemogas. E'N Richart

e 'n Aimar si guerreiavon ab EN Bertran, e ill fondian la soa
terra e la il ardian. Bertrans si avia faich jurar lo vescomte
de Lemozin, e'l comte de Peiregors que avia nom Taillaran
ab cal Richartz avia tota la ciutat de Peiregors, e no il en
fazia negun dan, car el era flacs e vils e nuaillos. En Richartz
si avia tolt Gordon a 'N Guillem de Gordon, et avia promes
de jurar ab lo vescomte et ab EN Bertran de Born, et ab los
autres baros de Peiregors e de Lemosi e de Caercin, los-
quals EN Richartz deseretava; don Bertrans los repres fort,
e fetz de totas aquestas razos aquest sirventes que dis :

 Un sirventes que mot non faill.

Bertrans de Born, si com vos ai dig, en la sazon qu'el
avia guerra ab lo comte Richart, el fez si qu'el vescoms de
Ventedorn, el vescoms de Comborn, el vescoms de Segur,
so fo lo vescoms de Lemogas, e 'l vescoms de Torena, se
jureron ab lo comte de Peiregors et ab los borges d'aquel-
las encontradas et ab lo seingnor de Gordon et ab lo sein-
gnor de Monfort, e si se sarreron ensems per qu'il se
deffendesson d'al com Richart que los volia deseretar, per
so car il volion ben al rei jove son fraire, ab cui el se
guerreiava, alqual el avia toltas las rendas de las caretas,
de lasquals caretas lo reis joves prendia certa causa, si com
lo paire l'o avia donat, e no'l laissava neus albergar segur
en tota la soa terra. E per aquest sagramen que tuich
aquist avian fait de guerreiar EN Richart, Bertrans de Born
si fez aquest sirventes :

 Puois Ventadorns e Comborns, etc.

Per assegurar totas las gens d'aquela encontrada per lo
sagramen que aquill avian faich contra 'N Richart, e repren-
den lo rei jove, car el en guerra non era plus prosperos :

remembran a lui com EN Richart l'avia toltas las rendas de las caretas, e com el avia fait levar un castel el miei loc de la terra qu'el paire li avia dada, e lauzan lo seingnor de Puoiguillem e de Clarensa e de Gragnol e de Saint Astier, qu'eren quatre baron de Peiregors, e lauzan si mezeis e Torena et Engolmeza; e dis que si 'l vescoms de Born e de Gavaudan, so era EN Gastos Bearn qu'era caps de tota Gascoingna, EN Vivians de Lomaingna, EN Bernados d'Armaingnac e 'l vescoms de Tartartz venion sai ad el que volion mal a 'N Richart, assatz avia el que far, e si 'l seingner de Malleon, so era EN Raols de Malleon, lo paire d'EN Savaric, el seingner de Taunai, el vescoms de Siorai, el seingner de Taillaborc, el vescoms de Toratz, que tuit aquist l'ajudaravon, si lor fossen de pres per lo gran tort qu'en Richart lor fazia; e tuit aquist eron gran baron de Peitieu. E de totas aquestas razos, si fez EN Bertrans aquest sirventes que comenssa:

Puois Ventadorns e Combors ab Segur.

Al temps qu'EN Richartz era coms de Peitieus, anz qu'el fos reis, Bertrans de Born si era sos enemics, per so qu'EN Bertrans volia ben al rei jove que guerreiava adoncs ab EN Richart qu'era sos fraire. EN Bertrans si avia fait virar contra 'N Richart lo bon vescomte de Lemogas que avia nom N Aemars; e 'l vescomte de Ventedorn; e 'l vescomte de Gumel; e 'l comte de Peiragors e son fraire; e 'l comte d'Engoleime e sos dos fraires; e 'l comte Raimon de Tolosa; e 'l comte de Flandres; e 'l comte de Barsolona; EN Centoill d'Estarac, un comte de Gascoingna; EN Gaston de Bearn, comte de Bigora; e 'l comte de Dijon. E tuich aquistz si l'abandoneron e feiron patz ses lui, e si s perjureron vas lui. E𝙽 Aemars, lo vescoms de Lemogas, que plus l'era tengutz d'amor e de sagramen si l'abandonet e fetz patz ses lui. E𝙽 Richartz cant saup que tuich aquist l'avion abandonat, el s'en venc denant Autafort ab la soa ost, e dis e juret que jamais no s'en partiria si 'l no ill dava Autafort, e no venia a son comandamen. Bertrans quant auzi so qu'𝙴𝙽 Richartz avia jurat, e sabia qu'el era abandonatz de totz aquestz que vos avetz auzit, si 'l det lo castel, e si venc a son comandamen. E 'l coms Richartz lo receup, perdonan li e baisan lo ; e sapchatz que per una cobla qu'el fetz el sirventes locals comensa :

Si 'l coms m' es avinens e non avars,

lo coms Richartz li perdonet son brau talan, e rendet li son castel Autafort e venc sos fin amic coral; e vai s'en 𝙴𝙽 Bertrans e comensa a guerreiar 𝙽 Aemar lo vescomte que l'avia desamparat, e'l comte de Peiregors ; don Bertrans receup de grans dans, et el a lor fetz de grans mals. E𝙽 Richartz, quant fon devengutz reis passet outra mar, e 'N Bertrans remas guerreian. Don Bertrans fetz d'aquestas doas razos aquest sirventes :

Ges ieu no m desconort.

En la sazos qu'el reis joves ac faita la patz ab son fraire Richart et el ac fenida la demanda que il fazia de la terra, si com fo la voluntat del rei Henric lor paire; e'l paire li dava certa liurazon de deniers per vianda, e per so que besoigna l'era. E neguna terra non tenia ni possezia ; ni negus hom a lui no venia per mantenemen ni per secors de guerra; 𝙴𝙽 Bertrans de Born, e tuit li autre baron que l'avian mantengut contra Richart foron molt dolen. E 'l reis joves si s'en anet en Lombardia torneiar e solasar ; e

laisset totz aquestz baros en la guerra ab EN Richart. EN
Richartz asega borcs e chastels, e pres terras, e derroca
et ars et abrasa. E 'l reis joves si sojornava, torniava e
dormia e solasava ; don EN Bertrans si fetz aquest sirventes
que comensa :

D' un sirventes non cal far longor ganda.

Lo plainz qu' EN Bertrans de Born fetz del rei jove non
porta autra razon sinon qu'el reis joves era lo meiller del
mon. EN Bertrans li volia meills qu'a home del mon, e lo
reis joves ad el meills qu'a home del mon, e plus lo crezia
que home del mon ; per que lo reis Enrics sos paire e 'l
coms Richartz sos fraire volian mal a 'N Bertran. E per
la valor qu'el reis joves avia, e per lo gran dol que fon
a tota gen, el fetz lo plaing de lui que dis :

Mon chan fenis ab dol et ab mal traire.

Lo reis Henrics d'Engleterra si tenia assis EN Bertran
de Born dedins Autafort, e 'l combatia ab sos edeficis,
que molt li volia gran mal, car el crezia que tota la guerra
qu'el reis joves, sos fillz, l'avia faicha qu' EN Bertrans la il
agues faita far ; e per so era vengutz denant Autafort per
lui desiritar. E 'l reis d'Aragon venc en l'ost del rei Hen-
ric denant Autafort. E cant Bertrans o saub, si fo molt
alegres qu'el reis d'Aragon era en l'ost, per so qu'el era
sos amics especials. E 'l reis d'Aragon si mandet sos mes-
satges dins lo castel, qu' EN Bertrans li mandet pan e vin
e carn ; et el si l'en mandet assatz ; e per lo messatge per
cui el mandet los presenz, el li mandet pregan qu'el fezes
si qu'el fezes mudar los edificis e far traire en autra part,
qu'el murs on il ferion era tot rotz. Et el, per gran aver
del rei Henric, li dis tot so qu' EN Bertrans l'avia mandat

a dir. E'l reis Henrics si fes metre dels edificis en aquella part on saub qu'el murs era rotz, e fon lo murs per terra, e'l castels pres; e 'N Bertrans ab tota sa gen fon menatz al pabaillon del rei Henric. E'l reis lo receup molt mal; e'l reis Henrics si 'l dis : « Bertrans, Bertrans, vos avetz dig que anc la meitatz del vostre sen no vos besognet nulls temps, mas sapchatz qu'ara vos besogna ben totz. — Seingner, dis Bertrans, el es ben vers qu'eu o dissi, e dissi me ben vertat. » E'l reis dis : « Eu cre ben qu'el vos sia aras faillitz. — Seingner, dis EN Bertrans, ben m'es faillitz. — E com, dis lo reis? — Seingner, dis EN Bertrans, lo jorn qu'el valens joves reis, vostre fills mori, eu perdi lo sen e'l saber e la conoissensa. » E'l reis quant auzi so qu'EN Bertrans li dis, en ploran, del fill, venc li granz dolors al cor de pietat et als oills, si que no s pot tener qu'el non pasmes de dolor. E quant el revenc de pasmazon, el crida e dis en ploran : « EN Bertrans, EN Bertrans, vos avetz ben drech, et es ben razos, si vos avetz perdut lo sen per mon fill, qu'el vos volia meils que ad home del mon; et eu per amor de lui vos quit la persona e l'aver e 'l vostre castel, e vos ren la mia amor e la mia gracia, e vos don cinc cenz marcs d'argen per los dans que vos avetz receubutz ». EN Bertrans si 'l cazec als pes, referren li gracias e merces. E'l reis ab tota la soa ost s'en anet. EN Bertrans, cant saup qu'el reis d'Aragon l'avia faita si laida felonia, fon molt iraz ab lo rei 'N Anfos. E si sabia com era vengutz al rei Henric esser soudadiers logaditz, e sabia com lo reis d'Aragon era vengutz de paubra generacion, de Carlades d'un castel que a nom Carlat que es en Rosergue, en la seingnoria del comte de Rodes; EN Peire Carlat, qu'era seingner del castel per valor e per proessa, si pres per moiller la comtessa de Millau qu'era caseguda en eretat, e si n'ac un fil que fon valens e pros, e conquis lo comtat de Proensa, et us sos fils si conquis lo comtat de Barsalona, et ac nom Raimon Berrengier, loquals conquis lo regisme d'Aragon e fo lo primiers reis que anc fos en Aragon, et anet penre corona a Roma, e cant s'en tornava, e fon al borc Saint Dalmas, el mori; e remanseron ne trei fill, Anfos loquals fo reis d'Aragon, aquest que fetz lo mal d'EN Bertran de Born, e l'autre don Sancho, e l'autre Berengiers de Besaudunes. E saup com el avia traida la filla de l'emperador Manuel, que l'emperaire l'avia mandada per moiller ab gran tresor et ab gran aver et ab molt onrada compaingnia, e los raubet de tot l'aver que la domna e ill Grec avian; e com los enviet per mar marritz e consiros e desconseillatz; e com sos fraire Sanchos l'avia tota Proensa, e com se s perjuret per l'aver qu'el reis Henrics li det contra 'l comte de Tolosa. E de totas aquestas razons fetz EN Bertrans de Born lo sirventes que ditz:

Pois lo gens terminis floris.

Si com vos avetz maintas vetz auzit, EN Bertrans de Born e sos fraires EN Constantis agren totz temps guerra ensems et agren gran malvolensa l'us a l'autre, per so que chascuns volia esser seingner d'Autafort lo lor comunal castel per razo. Et avenc se que com so fos se causa qu'EN Bertrans agues presa e tolguda Autafort, e casset Constanti e sos fills de la terra. EN Constantis s'en anet a 'N Aemar lo vescomte de Lemogas et a 'N Amblart comte de Peiregors et a 'N Taillaran seingner de Montaingnac querre lor merce qu'il lo deguesson ajudar contra son fraire EN Bertran qui malamen tenia Autafort qu'era mieiz seus, e no l'en volia dar neguna part, anz l'avia malamen deze-

retat ; et ill l'ajuderon e conseilleron contra EN Bertran,
e feiron lonc temps gran guerra ab lui ; et a la fin tolgren
li Autafort. EN Bertrans s'en escampet ab la soa gent e
comenset a guerreiar Autafort ab totz sos amics e parens.
Et avenc si qu'EN Bertrans cerquet concordi e patz ab son
fraire, e fon faicha gran patz, e vengron amic. Mas quant
EN Bertrans fon ab tota la soa gen dins lo castel d'Auta-
fort si'l fetz faillimen, e no ill tenc sagramen ni conven, e
tolc lo castel a gran fellonia a son fraire ; e so fon un dia
de diluns en loquals era tals ora e tals poinz que segon la
razon dels agurs ni de poinz e d'estrolomia non era bon
comensar negun gran faich. EN Constantis s'en anet al rei
Henric d'Englaterra et a'N Richart lo comte de Peitieus
querre mantenemen contra 'N Bertran. El reis Henrics per
so qu'el volia mal a 'N Bertran per so qu'el era amics e
conseillaire del rei jove son fill loquals avia avuda guerra ab
el, e crezia qu'EN Bertrans n'agues tota la colpa ; si'l pres
ad ajudar, e'l coms Richartz sos fills, e feiron gran ost, et as-
setgeiron Autafort, et a la fin preiseron lo castel, e 'N Ber-
tran fon pres ; e can fon menatz al pavaillon denan lo rei
ac gran paor, mas per las paraulas lasquals el membret al
rei Enric del rei jove son fill, lo reis li rendet Autafort e
perdonet li, e'l coms Richartz totz sos mals talans, si com
vos avetz auzit en l'istoria que es escrita denan sobre lo
sirventes que dis :

Puois lo gens terminis floritz.

Mas quan lo reis Henrics li rendia Autafort dis solazan ves
de Bertran : Sia toa, ben la des tu aver per razon, tan
gran fellonia fezis tu de ton fraire. Et EN Bertrans s'enge-
noillet denan lui e dis : Seingner, gran merces, be m platz

aital jutgamenz. E̲n̲ Bertrans intret el castel, e'l reis Henrics
e 'l coms Richartz s'en torneron en lor terra ab lor gen.
Quan li autre baron qu'ajudavon Constanti auziron so, e
viron qu' e̲n̲ Bertrans avia ancaras lo castel, foron molt do-
len et irat, e conseilleron Constanti qu'el se reclames d' e̲n̲
Bertran denan lo rei Enric qu'el mantenria ben en razon. E¹
el si fetz. Mas Bertrans mostret al rei lo jutgamen qu'el avia
fait, car el s'avia ben fait escrire; e 'l reis s'en ris, e s sollas-
set. E̲n̲ Bertrans s'en anet ad Autafort, e Constantis non ac
autra razo. Mas li baron que adjudavon Costanti feiren ab lui
lonc temps gran guerra a 'n̲ Bertran et el ad els; e tant com
visquet, no il volc rendre lo castel ni far patz ab son fraire
ni treva. E can fon mortz, acorderon se li fill d' e̲n̲ Bertran
ab e̲n̲ Constanti lor oncle et ab sos filz lor cosins. E per
aquestas razos fetz e̲n̲ Bertrans aquest sirventes que dis :

 Ges de far sirventes no m tartz.

Ben avetz entendutz los mals qu' e̲n̲ Bertrans de Born
remenbret qu'el reis d'Aragon avia faitz de lui e d'autrui,
et a cap d'una gran sazon qu'el n'ac apres d'autres mals
qu'el avia faitz si lo 'l volc retraire en un autre sirventes;
e fon dig a e̲n̲ Bertran c'un cavallier avia en Aragon que
avia nom n̲ Espaingnols, et avia un bon castel molt fort que
avia nom Castellot, et era proprietat d' e̲n̲ Espaingnol, et era
en la forteressa de Sarrazins, don el fazia gran guerra als
Sarrazis; e'l reis si entendia molt en aquel castel; e venc un
jorn en aquela encontrada per servir lo e per envidar lo al
sieu castel, e menet lo charament lui ab tota soa gen. E 'l
reis quant fon dedins lo castel lo fetz penre e menar deforas,
e tolt li lo castel. E fon vertatz que, quant lo reis venc al
servizi del rei Henric, lo coms de Tolosa si 'l desconfis en

Gascoingna, e tolt li ben cinquanta cavalliers; e 'l reis Henrics li det tot l'aver que ill cavallier devian pagar per la reenson, et el no 'l paguet l'aver als cavallier, ans l'enportet en Aragon; et ill cavallier isseron de preisson e pagueron l'aver. E fon vertatz c'us joglars que avia nom Artuset, li prestet dos cens marabotis, e menet lo ben un an ab si, e no ill en det denier; e cant vene un dia Artuset joglars, si se mesclet ab un Juzieu, e ill Juzieu li vengron sobre e nafreron malamen lui et un son compaignon; et Artuset et us sos compaingz si auciseron un dels Juzieus, don li Juzieu ancron a reclam al rei e pregueron lo qu'el fezes vendeta e que lor des Artus e 'l compaignon per aucire, e que ill darian CC. Marabotis; e 'l reis los lor donet amdos e pres los CC. Marabotis, e ill Juzieu los feiron ardre lo jorn de la nativitat de Crist, si com dis Guillems de Berguedan en un sieu sirventes dizen en el mal del rei :

> E fetz una mespreison
> Don om no 'l deu razonar,
> Qu'el jorn de la naision
> Fetz dos crestias brusar,
> Artus ab autre son par,
> E non degra aici jutgar
> A mort ni a passion
> Dos per un Juzieu fellon.

Don us autre que avia nom Peire joglar li prestet deniers e cavals, et aquel Peire joglars si avia grans mals dig de la veilla reina d'Englaterra, laquals tenia Fontebrau que es una abadia on se rendon totas las veillas ricas; et ella lo fetz ausire per paraula del rei d'Aragon. E totz aquetz laich faich remembret EN Bertrans de Born al rei d'Aragon en aquest sirventes que dis :

> Quan vei per vergier despleiar.

En lo temps et en la sazon que lo reis Richartz d'Englaterra guerreiava ab lo rei Felip de Fransa, s'il foron amdui en camp ab tota lor gen. Lo reis de Fransa si avia ab se Franses e Bergoingnos e Campanes e Flamans e cels de Berrion; e 'l reis Richartz avia ab se Engles e Normans e Bretos e Peitavis e cels d'Anjeu e de Torrena e del Maine e de Saintonge e de Lemosin; et era sobre la riba d'un flum que a nom Gaura loquals passa al pe de Niort. E l'una ost si era d'una riba e l'autra ost era de l'autra; et en aissi esteron XV jorn; e chascun jorn s'armavan et appareillavan de venir a la batailla ensems. Mas arcivesque et evesque et abat et home d'orde que cercavan patz eran en miech que defendian que la batailla non era. Et un dia foron armat tuit aquill qu'eran ab lo rei Richart et esqueirat de venir a la bataille e de passar la Gaura; e li Franses s'armeren et s'esqueirerent; e li bon home de religion foron ab las crotz en bratz, pregan Richart e 'l rei Felip que la batailla non degues esser. E 'l reis de Fransa dizia que la batailla non remanria, si 'l reis Richartz no ill fazia fezeutat de tot so que avia de sai mar, del ducat de Normandia e del ducat de Quitania e del comtat de Peitieus, e que il rendes Gisort loqual lo reis Richartz l'avia tolt. Et EN Richartz quant auzi aquesta paraula qu'el reis Felip demandava, per la gran baudesa qu'el avia, car li Campanes avian ad el promes que no ill serion a l'encontra, per la gran cantitat dels esterlins que avia semenatz entre lor, si montet en destrer e mes l'elm en la testa, e fai sonar las trombas e fai deserrar los sieus confanos encontra l'aiga per passar outra, et aordena las esqueiras dels baros e de la soa gen, per passar outra a la batailla. E 'l reis Felip cant lo vi venir montet en destrer e mes l'elme en la testa, e tota la soa gens monteron en destriers, e preseron lor armas per venir a la batailla, trait

Campanes que no meteron elmes en testa. E 'l reis Felips quant vi venir EN Richart e la soa gen ab tan gran vigor, e vi que ill Campanes no venion a la batailla, el fon avilitz et espaventatz, e comensa far apareillar los archivesques e li evesques et homes de religion, tot aquel que l'avion pregat de la patz far; e preguet lor qu'il anesson pregar EN Richart de la patz far e del concordi, e si lor promes de far e de dir e de recebre aquella patz et aquella concordia del deman de Gisort e del vassalatge que ill fazia EN Richart. E li saint home vengron ab las crotz en bratz encontra lo rei Richart, ploran, qu'el agues pietat de tanta bona gen com avian el camp, que tuit eron a morir, e que s volgues la patz, qu'ill li farian laissar Gisort, e 'l rei partir de sobre la soa terra. E li baron, quant auziron la grant honor qu'el reis Felips li presentava, foron tuich al rei Richart, conseilleron lo qu'el preses lo concordi e la patz; et el per los precs dels bos homes de religion e per lo conseill dels sieus baros si fetz la patz e 'l concordi, si qu'el reis Felips li laisset Gisort quitamen, e 'l vassalatges remas en penden si com el estava; e partit se del camp; e 'l reis Richartz remas; e fon jurada la patz d'amdos los reis a detz anz; e desfeiron lor ostz, e deron comjat als soudadiers. E vengron escars et avars ambedui li rei e cobe; e no volgron far ost ni despendre, sino en falcos et en austors et en cans et en lebriers, et en comprar terras e possessions, et en far tort a lor baros; don tuit li baron del rei de Fransa foron trist e dolen, e li baron del rei Richart, car avian la patz faicha; per que chascuns dels dos reis era vengutz escars e vilans. EN Bertrans de Born si fo plus irat que negus dels autres baros, per so car no se dellectava mais en guerra de si e d'autrui, e mais en la guerra dels dos reis; per so que,

quant il avian li dui rei guerra ensems, el avia d'EN Richart-
tot so qu'el volia d'aver e d'onor, et era temsutz d'amdos
los reis per lo dire de la lenga. Don el, per voluntat qu'el ac
que il rei torneson a la guerra e per la voluntat qu'el vi als
autres baros, si fetz aquest sirventes loquals comensa :

Pois li baron son irat e lor pesa.

Quant EN Bertrans ac faich lo sirventes que dis :

Pois als baros enoia e lor peza,

et ac dich al rei Felips com perdia de cinc ducatz los tres,
e de Guiort la renda e 'l perchatz, e com Caercis remania
en guerra et en barata, e la terra d'Engolmesa, e com Fran-
ses e Bergoingnos avian cambiat honor per cobezesa, e com
lo reis Felips avia anat pleideian sobre la riba de l'aiga, e
com el non avia volguda la patz cant fon desarmatz, et si
tost com el fon armatz, perdet per viutat l'ardimen e la
forsa, e que mal semblava del cor Henric l'oncle de Raols
del Cambrais qui desarmatz volc que la patz si fezes de Raols
son nebot ab los quatre fils N Albert, e de puois que fon
armatz non volc patz ni concordi; e com totz reis era aunitz
e desonratz pois comensava ad autre rei per terra qu'aquel
reis li tolgues, quant el fazia patz ni treva tro la demanda
que il fazia agues conquista, e recobrat so que fos dreitz e
razos don li autre rei lo tenion desiritat, e per far vergoingna
als Campanes dels esterlins que foron semenat entre lor per
so que ill volguesson tornar a la guerra; tuit li baron de
Peitieus e de Lemosin en foron molt alegre que molt erent
tristz de la patz per so que meins n'eron onrat e car tengut
per amdos los reis. Lo reis Richartz si creisset molt d'orgoill
d'aquesta patz, e comenset fart tortz e desmesuras en las
terras del rei de Fransa que marcavon ab las terras d'EN Ri-

chart; e'l reis Felips venia a reclam ad aicels que avian faita
la patz entre lor dos. En Richartz no volia per lor tort ni
dreg far, don fon ordenatz per lor uns parlamens on foron
ensems en la marcha de Torena e de Berrieu ; e'l reis Felips
si fetz mains reclams d'en Richart, don amdui vengron a
grans paraulas et a malas, si qu'en Richartz lo desmenti
e'l clamet vil recrezen ; e si s desfizeron, e si s partiron mal.
E cant Bertrans de Born ausi que il eron mal partit, si
fo molt alegres ; et aisso fon el temps al comensamen d'es-
tieu ; don Bertrans fetz aquest sirventes que vos aras au-
ziretz :

   Al dous termini blanc
   Del pascor vei la elesta.

Et en aquel sirventes el poins fort lo rei Felip qu'el degues
comensar la guerra ab lo rei Richart a fuoc et a sanc; e
dis qu'el reis Felips volia mais patz c'uns morgues, e'n
Richartz, ab cui el s'apellava Oc e Non, mais guerra que
negus dels Algais qu'eron quatre fraire gran raubador e
prezador, e raubaven e menaven ben ab lor mil raubadors
a caval e ben doa milia a pe, e no vivion d'autra renda ni
d'autre perchatz.

Ancmais per re qu'en Bertrans de Born disses en coblas
ni en sirventes al rei Felip ni per recordamen de tort ni
d'aunimen que ill fos ditz ni faitz, no volc guerreiar lo
rei Richart; mas en Richartz si sailli a la guerra, quant el
vit la frevoleza del rei Felip, et raubet e prenet et ars cas-
tels e borcs e villas, et aucis homes e pres, don tuich li ba-
ron, a cui desplasia la patz, foron molt alegre. En Ber-
trans de Born plus que tuich, per so qu'el plus volia guerra
que autr'om, e car crezia que, per lo seu dire, lo reis

Richartz agues comensada la guerra, ab loqual el s' apellava Oc et Non, si com auziretz el sirventes qu' el fetz, sitost com el auzi qu' EN Richartz era saillis a la guerra, et el fetz aquel sirvente que comensa :

Non puosc mudar un chantar non esparja.

Quan lo reis Richartz s' en fon passatz outra mar, tuit li baron de Lemozi e de Peiregors se jureron ensems e feiron gran ost, et aneren als castels et als borcs qu' EN Richartz lor avia tout. Et en aissi combateron e preseron totz aquels que s deffendion; et en aissi cobreron gran re d'aquel qu' EN Richart lor avia tout. E quant EN Richartz fon vengutz d' outra mar et issitz de preison, molt fo iratz e dolens dels castels e dels borcs que il baron l' avian tols; e comenset los a menassar fortmen de deseretar los e de destruire los. E 'l vescoms de Lemogas e 'l coms de Peiregors per lo mantenemen qu' el reis de Fransa lor avia fait e fazia, si 'l tengron las soas menassas a nien, e il manderon dizen qu' el era vengutz trop braus e trop orgoillos; e que ill, mal son grat, lo farian franc e cortes et humil; e que ill lo castiarian guerreian. Don Bertrans de Born, si com cel que non avia autra alegressa mas de mesclar los baros de guerra, cant auzi qu' el reis menassava aquels baros que no 'l prezavan ren e metion per nien lo sieu dig, e que ill l'avion mandat dizen que ill lo chastiarion e 'l farion mal son grat tornar, franc e cortes, EN Bertrans si 'n fo molt alegres. E sabia qu' el reis en era fort dolens et iratz d' aisso que ill dizion, e del castel de Montron e d'Azgen que ill avian tout, el fez un son sirventes per far saillir lo rei Richart a la guerra. E cant el ac fait son sirventes, el lo mandet a 'N Raimon Jauzeran qu' era del comtat d' Urgel, seingner de

Pinos, valens hom e larcs e cortes e gentils; e non era nuls hom en Cataloingna que valgues lui per la persona, et entendia se en la marquesa qu'era filla del comte d'Urgel e moiller d'EN Girout de Cabrieras qu'era lo plus rics hom e'l plus gentils de Cataloingna, trait lo comte d'Urgel son seingnor. E comensa en aissi lo sirventes :

Quant la novella flors par el vergan.

Bastero, 79, 140. Crescimbeni, 174. Millot, I, 210. P. Occ. 64.

BERTRAND DE BORN, LE FILS; t. IV.

Quan lo reis Richartz fo mortz, el remas us sos fraire que avia nom Johan Ses Terra per so qu'el non avia part de la terra, e fon faitz reis d'Englaterra et ac lo regisme e'l ducat de Quitania e'l comtat de Peitieus. E tan tost com fon faitz reis e seingner del comtat et del ducat de Peitieus, el s'en anet al comte d'Engolesma que avia una mout bella filla piucella que avia ben XX ans, laqual avia fata jurar EN Richartz a 'N Ago lo Brun qu'era coms de la Marqua et era neps d'EN Jaufre de la Seingna et era sos vassals; e'l coms d'Engolesma l'avia jurada la filla a moiller, e receubut per fill, qu'el non avia plus ni fill ni filla. E dis al comte d'Engolesma qu'el volia sa filla per moiller e fez se la dar, et esposet la ades, e montet a caval et anet s'en ab sa moiller en Normandia. E quand lo coms de la Marqua saup qu'el reis l'avia touta sa moiller fon molt dolens, et anet s'en reclamar a totz sos parens et a totz sos amics; e tuit en foron mout irat, e preiron conseill que ill s'en anesson en Bretaingna e tolguessen lo fil del comte Jaufre que avia nom Artus e qu'en fezessen lor seingnor; que per razon o podion far, qu'el era fils del comte Jaufre qu'era enanz

7

natz qu' el reis Johans. Et en aissi o feiren. E feiron d'Artus lor seingnor, e jureren li fezeutat; e meneron lo en Peitieu, e tolgron al rei Peitieus, traitz al canz castels e bores fortz que avia EN Peitius. Et el s'estava ab sa moiller en Normandia que noit ni jorn mais de leis no s partia ni manjan, ni beven ni durmen ni veillan; e menava la en cassa en forest et en ribeira ab austors et ab falcos. Et aquist baron li tollion tota la terra. Ben s'avenc qu' un jorn lor venc grans desaventura; que ill avion sa maire assissa en un castel que a nom Mirabel; et el per confort d'autrui si la socors a no saubuda, e venc si celadamen c'anc non saubron novellas tro qu'el fon jos al borc ab els. E trobet los durmen e pres los totz, Artus e sos baros e totz aquels que se tenion ab el. E per jelosia de la moiller, car non podia viure ses leis, el abandonet Peitieu e tornet s'en en Normandia, e laisset los preisoniers per sagramenz e per ostages; e passet s'en en Englaterra; e menet ab si Artus et EN Savaric de Maleon e'l vescomte de Castelarraut; e fetz negar son nebot Artus, et EN Savaric de Maleon fetz metre en la tor Corp, lai on om mais non manjava ni bevia; e'l vescomte del Castelarraut atressi. E tan tost com lo reis de Fransa saup que lo reis Johans ab sa moiller era passatz en Englaterra, el intret ab gran ost en Normandia e tolc li tota la terra. E ill baron de Peitieu se reveleron e tolgron li tot Peitieu trait la Rochella. EN Savarics de Maleon, com hom valens e savis e larcs, si s'engeingna, si qu'el escampet foras de la preison, e pres lo castel on el estava pres; e'l reis Johans fetz patz ab el, qu'el lo laisset anar e det li en garda tota la terra qu'el non avia perduda de Peitieu e de Gascoingna. EN Savarics s'en venc e comenset la guerra ab totz los enemics del rei Johan, e tolc lor tot Peitieu e tota Gascoingna. E'l reis se sejorna en Englaterra en cambra ab sa moiller, ni non donava socors ni ajutori a 'N Savaric de Maleon d'aver ni de gen. Don Bertrans de Born lo joves, lo fils d'EN Bertran de Born d'aquel que fez aquels autres sirventes, per lo besoing qu'era a 'N Savaric e per lo reclam que tota la genz de Quitania e del comtat de Peitieu en fazian, si fetz aquest sirventes :

>Cant vei lo temps renovelar.

On trouve dans les manuscrits une autre pièce de ce troubadour, mais elle est aussi attribuée au Dauphin d'Auvergne.

>Pos sai es vengutz Cardaillac
>D' un novel sirventes vos pac
>Que portes N Eliam Rudel
>Que, s' anc ab bona domna jac
>Per s' amor, vos don un poudrel.
>
>E si lo us don en Braierac
>N Elias, Perbost lo estac
>E done vos sell' e panel...
>
>Pos sai es.

Bastero, 80. Crescimbeni, 185. Millot, I, 210.

BERTRAND CARBONEL, t. IV. Dix-sept pièces. Ce troubadour cite souvent les poëtes latins :

>Aisi, dona, co ieu dic ses falhensa
>Vos ai amad' e us am de cor plenier,
>Mas tan m' aura dat fin' amors temensa
>De dir a vos que, qui m des Monpeslier,
>Non parlera qu' ieu truep en l'escriptura
>Qu' Ovidis dis qu' ieu feira desmezura.
>
>Aisi m'a dat.

>So dis un versetz de Cato
>Que senher es fols sertamen

Can no vol creyre son sirven...
Therensis dis, que savis fo,
Que cascuna test' a son sen.
Cor digtas.

Il composa sur la mort d'un ami la complainte suivante :

S'ieu anc nulh temps chantiei alegramen,
Ar chant marritz et ay en ben razo,
Car mortz m'a tout mo fizel companho,
En P. G., don ai mon cor dolen.
Ay! mortz falsa, co m'avetz laissat blos,
Car tout m'avetz l'ome pus grassios
E 'l pus cortes et ab mais de bo sen
Del sieu afar c'anc fos de nulh lengatje.

Las! qui sabra mais tan complidamen
Faire tot so que tanh ad home bo?
El avia tot jorn s'entensio
En aculhir e 'n far onramen;
E cant era ab pecx ni ab janglos,
El er aitals, et ab los savis pros.
Hueymais no m cal qu'ieu an amicx queren
Qu'ab el mori amors de fin coratje.

Li sieu dechat, ben faitz maistralmen,
Mostron que ieu non puesc dir lauzor pro :
Qui non agues d'una fort questio
L'entendemen e 'l cortezamen,
Ab yssemples et ab belas razos
Lo mostrava, e totas questios
El solvia, el dava jutjamen
Si que a totz era mais d'agradatge.

Ay! bel conpanh, plazen a tota gen,
Oc, ben plazens qu'anc pus plazens non fo,

Que farai ieu que jamais be ni pro
Ni gaug, ni ren c' a mi sia plazen
Ieu non auray ses vostre cors joios?
Car onran mi percassavatz mos pros,
E m' anavatz tans bels plazers dizen
C' autres m' en so contra 'ls vostres salvatje.

A Ieshum Crist, lo pair' omnipoten,
Prec, si li plai, que 'l fassa ver perdo
E qu' el meta sus el sobeyra tro,
Col meilhers homs qu' ieu anc vis ses conten.
Maire de Dieu, car gran fe ac en vos,
Prec vos pregues vostre filh glorios
Que sa pena l' adug' a salvamen,
Si c' a sos pes el aia son estaje.

Amors ferma de dos bos conpanhos
Es pus ferma, e dis o Salomos,
C' amors carnals, dieu en trac per guiren
C' anc non amey res tan de mon linhatje.

Dans le ms. de Durfé, fol. 116, col. 1, v°, on lit en tête de divers couplets recueillis par Bertrand Carbonel :

Aiso so coblas triadas esparsas d' EN Bertran Carbonel de Marcelha.

Nostrad. 189. Millot, II, 432. Papon, II, 403. P. Occ. 240.

BERTRAND FOLCON, t. IV.

Crescimbeni, 177.

BERTRAND DE GORDON. Premier couplet d'une tenson avec Pierre Raimon :

Totz tos afars es niens,
Peire Raimon, e 'l sens frairis;

E no val dos angevis
Tos sabers mest bonas gens,
E teing per desconoissens
Qui ben ni honor ti fai :
E sapchas qu' eu no t darai
Per nuill mestier qu' en ti sia
Mas car venguist per mi sai.
              Totz tos afars.

Bastero, 80. Millot, I, 442.

Bertrand de Paris de Rouergue. Un sirvente adressé à Gordon :

Anc no saupes chansos ni sirventes,
Vers ni descort qu' en cortadis fezes,
Que no sabers nos marris e us cofon;
Soven dizez so qu' es d' aval d' amon...
Ni no sabetz las novas de Tristan
Ni del rey Marc ni d'Absalon lo bel...
Ni no sabetz per que selet son nom
Polamides sul palaitz al prim som;
Ni no sabetz que fos l'assaut de Tyr,
Ni d'Argilen lo bo encantador,
Ni com bastic lo palaitz ni la tor
Devan Laon, per lo bon rey trair;
Ni no sabetz del senhor de Paris
A cals esfors pres Espanh' e conquis...
Ni ges non cug que sapiatz d' Ivan
Que fo 'l premier c' adomesjet auzel...
Ni no sabetz d' Ariel lo cortes
Que pres per cors de cabrols dos e tres,
E qui s tos temps aventura s pel mon,
E car clardatz de jorn tol resplendensa

E volc saber cant a mar de prion.
Jes de Merli l'engles no sabetz re
Que sapchatz dir com renhet ni que fe...
Ni de Guio de Mayensa 'l valens,
Ni de la ost qu' a Tebas fe venir....
Ni no sabetz novas de Floriven
Que pres premier de Fransa mandamen...
Ni no sabetz novas del rey Gormon
Ni del cosselh qu' Izambart det sul pon...
De Constanti l'emperador m'albir
Que non sabetz com el palaitz maior
Per sa molher pres tan gran deshonor,
Si que Roma 'n volc laissar, e gurpir,
E per so 'n fon Constantinoples mes
En gran rictat, car li plac qu' el bastig,
Que CXX ans obret, c' anc als no s fe,
E jes d' aisso non cug sapiatz re...
A la valen comtessa de Rodes,
Car es sos cors pros e gai e cortes,
Portatz mon chan, non tematz freg ni son,
Guordo, qu' ieu l' am may de dona del mon.
      Guordo ie us ai.

Millot, II, 446.

Bertrand du Puget-Teniers, t. IV.

Bertrans del Pojet si fo un gentils castellans de Proensa, de Teunes, valenz cavalliers e larcx e bons guerriers. E fes bonas cansos e bons sirventes.

Dans une tenson avec sa dame, il lui dit :

Domna, ieu soi lo vostr' amics aitals,
Francs et humils, vers, adreiz e leials;
E serai vos de servir tan venals

Que ja no m' er afans a sofrir mals ;
E vos, domna, si com etz de bon aire,
Retenetz me, que ben er vostre sals
Ab tan qu' ieu ja de re vas vos non vaire.

BONA DOMNA.

Bastero, 80. Crescimbeni, 178. Millot, III, 395. Papon, III, 454. P. Occ. 364.

BERTRAND DE SAINT-FELIX, t. IV.

BERTRAND DE LA TOUR. Un couplet avec le Dauphin d'Auvergne.

Lo Dalfinz fetz aquesta cobla d' EN Bertran de la Tor, e mandet la il per Mauret, qu' era uns joglars, en la saison que Bertrans ac laissada valor e largessa.

Mauret, Bertrans a laisada...
Valor don fo mout honratz
E l' anar d' autr' encontrada,
E sojorna a la Tor,
E ten faucon et austor,
E cre far pasca o nadal,
Quant son XX dinz son ostal.

Bertrans respondet al Dalfin en aquesta cobla :

Mauret, al Dalfin agrada
Qu' en digan qu' eu son malvatz,
E 'l reproiers es vertatz
Del cal seignor tal mainada ;
Que fui bon tant quant aic bon seignor,
Que a lui plac ni so tenc ad honor,
Et aras, Mauret, pos el no val,
Si era bon, tenria so a mal.

Millot, I, 313.

BIERRIS DE ROMANS. Cette dame adresse une pièce à une autre dame qu'elle nomme Marie.

>E car beutatz e valor vos enansa
>Sobre totas qu'una no us es denan,
>Vos prec, si us plaz, per so que us es onransa.
>Que non ametz entendidor truan.
>
>Bella domna, cui pretz e joi enansa
>E gent parlar, a vos mas coblas man;
>Car e vos es gaess' et alegransa
>E tot lo ben qu'om en domna deman.
>
>NA MARIA PRETZ.

P. Occ. 376.

BLACAS, t. III et IV.

EN Blancatz si fo de Proensa, gentil bars et autz e rics. E plac li dons e donneis e guerra e messios e cort e mazans e bruda e chanz e solatz, e tuich aquels faich per qu'om bons a pretz e valor. Et anc no fo hom a qui tant plagues prendre com a lui donar. El fo aquel que maintenc lo desmantengutz et anparet los desanparatz. Et on plus venc de temps, plus crec de larguessa, de cortezia e de valor, d'armas e de terra e de renda e d'onor, e plus l'ameren li amic, e li enemic lo tensen plus : e crec sos sens e sos sabers e sa gaillardia e sa drudaria.

Dans une tenson avec Peyrols, il dit:

>Peirols, pois vengutz es vas nos
>Vai tost, et er rics tos chaptals
>Vas la domna qu'es bella e pr[...]
>Franch' e cortes' e leials,
>Lai vas Trez, e don te per des[...]re
>Un dels seus dons, e seras ric[...] mendre:

La parentat volgra donar o vendre
Sol que m pogues latz son bel cors estendre.
Peirols pois.

Dans une autre pièce, il parle ainsi de sa dame :

Per merce il prec c' en sa merce mi prenda
Liei cui om soi, per aital convinen
Si troba aman que m venza ni m contenda
Ab tan cor d'armas ni d'ardimen,
Ni tan larc sia ab tan pauc de renda,
Ni tan sotil en parlar avinen
A lui s'altrei e de mi se defenda,
Que ben es drec c'il am lo plus valen
Aissi com il es la gensor que port benda.
Per merce.

Nostrad. 175. Crescimbeni, 120. Millot, I, 447. Papon, II, 396. P. Occ. 119.

BLACASSET, t. III et IV.

En Blacassetz fo fis d' en Blacatz, que fon meillor gentil hom de Proensa, el plus onratz baros, el plus adreitz, el plus larcs, el plus cortes, el plus gracios. Et el fon ben adreichamen sos fils en totas valors et en totas bontatz et en totas larguesas. E fon grant amador; et entendia se de trobar e fon bon trobador, e fes mantas bonas cansos.

Un troubadour appelé Guillaume ayant comparé sa dame à la lune, Blacasset l'en blâma par les vers suivants :

Amics Guillem, lauzan etz mal dissens,
Qu' en luna ven del soleill resplandors;
Donc, pos luna l' apellatz, ven d' aillors
En lieis beutatz et enluminamens;
E car clardatz de jorn tol resplandensa

A la luna, o negra noitz l'agensa,
Certz sui, Guillem, segon que dises vos,
Qu'en scur loc luz, per qu'el laus non es bos.....

Amics Guillem, quan luna ha pres creissensa,
Pos ill merma, per qu'el laus no m'agensa;
Luna non es cil cui appellatz vos,
Pos, ses mermar, creis sos pretz cabalos.
Amics Guillem.

La pièce BE M PLAY LO DOUZ TEMPS DE PASCOR, imprimée tome II, page 210, sous le nom de Bertrand de Born, est attribuée par d'autres manuscrits à Guillaume de Saint-Gregori, Guillaume Auger, Lanfranc Cigala, et à Blacasset.

Le manuscrit de la Laurenziana, qui attribue ce sirvente à celui-ci, contient un envoi dont les vers suivants font partie :

Pros comtessa, per la meillor
Que hom puesca el mon chausir
Vos ten hom per la gensor
Qu'anc se miret ni anc se mir.

Beatrix d'aut paratge,
Bona domna en ditz e 'n fatz,
Fons on sorzon totas beutatz,
Bella ses maiestratge,
Vostre fin pretz es tan poiatz
Que sobre totz es enansatz.....

No[...] Crescimbeni, 120, 242. Bastero, 131. Millot I, 248. Papon, [...] P. Occ. 121.

BONFILS. Dans une tenson avec Giraut, il répond :

> Guiraut, ieu chan per mon cors alegrar
> E per amor de ley que m ten jauzen,
> E car me platz pretz e joy e joven;
> Mas ges no chan per aver acaptar,
> Ni ges no quier, enans t' en donaria,
> C' a mans ne do per amor de m' amia
> Qu' es cuend' e pros e gay' e benestans,
> E chan per lieys, car mi fa bels semblans.
> AUZIT AY DIR.

BONIFACE CALVO, t. III et IV. Voyez BARTHÉLEMI ZORGI. Dix-sept pièces, parmi lesquelles on trouve plusieurs sirventes :

> Una gran desmezura vei caber
> Entre las gens, qu' ieu non puesc ges suffrir,
> Que s' om mezave, fazen son dever,
> Es encolpatz e repres de faillir;
> Et autra 'n vei caber que plus grieu m' es,
> Que s' om gazanh' aver ab faillimen
> Dizon de lui qu' el es valens e pros,
> E qu' el sap far sos faits saviamen.
> UNA GRAN.

Nostrad. 109. Crescimbeni, 76. Bastero, 80. Millot, II, 344. P. Occ. 206.

BONIFACE DE CASTELANE, t. IV. Dans un sirvente, il dit du roi d'Angleterre et du roi d'Aragon :

> Lo reis engles cug qu' a 'l sanglut,
> Car tan lo ve hom estar mut
> De demandar sas eretatz.....
> Degra si menar daus totz latz
> Coredors e cavals armatz
> Tro cobres sas possessios......

E 'l flacs reis cui es Aragos
Fa tot l' an plach a man gasos,
E fora ilh plus bel, so m' es vis,
Que demandes am sos baros
Son paire qu' era pros e fis
Qui fon morts entre sos vezis.
ERA PUEIS.

Voici des passages d'un autre sirvente :

Un sirventes farai ab digz cozens
En cui diray contra totz recrezens
Als Proensals paubres e cossiros
   Que non lur laysson braya
Esti Frances a l' avol gen savaya.....

Alqus tolon de lur possessios
E ges per so non es francx lur argens,
E 'ls tramet hom cavaliers e sirvens
Cum si eron trotiers o vils cussos,
   En la tor dreg ves Blaya.....

De trahidors, de fals e de glotos
Si son partitz de mi ab lurs fals gens,
E non o planc, qu' ieu non valray ja mens ;
Et attendrai, qu' enquer ai fortz maizos
   Et ai ma gent veraya,
E 'ls trahidors van s' en, dieus los deschaya.....

L' evangelis dis aquesta razos
Que qui auci murir den eyssamens,
E si 'l coms es d' avol balay sofrens
Alcunas vetz trobaran ocayzos.....

S' ieu m' encontre un jorn ab sos bailos
Que m guerreyo, ieu los faray dolens ;

Tant hi ferray que mos brans n' er sanglens
E ma lansa n' er per un pauc tronchos.....
SITOT NO M' ES FORT.

Nostrad. 136. Crescimbeni, 95. Bastero, 80. Millot, II, 344. Papon, II, 418. P. Occ. 144.

BONNEFOY. Deux tensons avec Blacas :

Seingn' EN Blacatz, pois per tot faill barata
E si clam a deu de vos gentz hermitana,
Tant es la riquesa grantz qu' a vos s' aplata,
Qu' anc aiolz non sai mener maior ufana,
 Tan vos guerrion guerer
 Que ves Alms fuion li archer,
 E non a ren al carner
 On sol ayer maint quartier.
SEINGN' EN BLACATZ POIS.

Seign' EN Blacatz, de nuoitz a la lumeira
Es plus temsutz que laire ni lobeira,
Tan ric assaut fezes a la Cadeira
C' al Torronet sentiron la fumera,
Que il hermitan e 'l genz hospitaleira
Sabon ades vostra maior paubreira.
SEINGN' EN BLACATZ TALANT AI.

Bastero, 80.

CADENET, t. II, III et IV. Vingt-huit pièces, dont quelques-unes sont attribuées à d'autres troubadours.

Cadenetz si fo de Proensa, d'un castel que a nom Cadenet, qu' es en la riba de Durensa el comtat de Forcalquier. Fils fo d'un paubre cavallier; e quant el era enfans lo castels de Cadenet si fo destruitz e raubatz per la gent del comte de Toloza, e li home de la terra mort, et el pres e menat en Tol-

san per un cavalier qu'avia nom Guillem del Lantar; et el
lo noiric e 'l tenc en sa maison. Et el venc bos, bels e cortes,
e si saup ben trobar e cantar e parlar; et apres a trobar co-
plas e sirventes. E parti se del seignor que l'avia noirit, et
anet s'en per cortz; e fez se joglars e fazia se apellar BAGUAS.
Lonc temps anet a pe, desastrucs per lo mon. E venc s'en
en Proensa, e nuillz hom no lo conoissia; e fetz se clamar
CADENET; e comenset a far cansos e fetz las bonas e bellas.
EN Raimonz Leugier, de Dosfraires del evesquat de Nissa,
lo mes en arnes et en honor. EN Blancatz l'onret e 'l fetz
grans bens. Longa sazon ac gran ben e gran honor; e pois el
se rendet a l'Ospital e lai definet. E tot lo sieu faig eu saubi
per auzir e per vezer.

Fragment d'une pièce:

> S' ieu trobava mon compair' EN Blacatz
> Un bon conseill leial li donaria,
> Mas per mon grat ses conseill o faria,
> Qu' enanz qu' el fos del segle trespassatz
> S' en departis, qu' el temps que n'es passatz
> No il fara ges al maior obs secors,
> Anz hai paor qu'inz en enfern no 'l pegna,
> Si tan no fai qu' a Jesu Crist si vegna,
> Que l' ufana d'aquest segl' e 'l lauzors
> Es en l'autre marrimenz e dolors
> S' IEU TROBAVA.

Crescimbeni, 108. Bastero, 80 et 121. Millot, I, 416. Papon, II, 385.
P. Occ. 113.

LA DAME CASTELLOZE, t. III.

NA Castellosa si fo d'Alvergne, gentils domna, moiller
del Truc de Mairona; et amet N Arman de Breon, e fetz de

lui sas cansos. Et era una domna mout gaia e mout enseïgnada, e mout bela.

<small>Crescimbeni, 179. Bastero, 81. Millot, II, 464. P. Occ. 245.</small>

CAVAIRE. Réponse à un couplet qui lui est adressé par Bertran Folcon:

> Cavaliers, cui joglars vest,
> De cavalaria s devest,
> C'us joglaretz del marques d'Est,
> Falco, vos a vesti ab si,
> Per que m demandatz que m feri,
> Que noca us deman qui us vesti?

CERCAMONS. Cinq pièces.

Cercamons si fos uns joglars de Gascoingña, e trobet vers e pastoretas a la usanza antiga. E cerquet tot lo mon lai on poc anar, e per so fez se dire Cercamons.

Dans une de ses pièces, il adresse des reproches aux troubadours:

> Ist trobador entre ver e mentir
> Afollon druz e moilliers et espos,
> E van dizen c'amors va en biais
> Per que 'l marit en devenon gilos
> E dompnas son intradas en pantais.....
>   <small>POIS NOSTRE TEMPS.</small>

Et dans une autre il dit:

> E cel que bon pretz oblida
> Sembla fols que l'autrui abais;
> Et es razos deschausida

Qu'om veia 'l pel en l'autrui oill
Et el sieu no conois lo trau.
GES PER LO TEMPS.

Crescimbeni, 179. Bastero, 81. Millot, II, 474. P. Occ. 250.

CERTAN. Interlocuteur dans une tenson, il propose de la soumettre au jugement du roi d'Aragon :

N Ugo, lo rei valentz e fis
D'Aragon, en cui pres s'aizis,
   El entendra ben lausor;
   Sa s que dira, tan sap d'amor.....

Millot, III, 396.

LE CHEVALIER DU TEMPLE, t. IV.

Millot, II, 467.

CLAIRE D'ANDUZE, t. III.

Millot, II, 477. P. Occ. 252.

COMINAL, t. IV.

LE COMTE D'EMPURIAS. Une seule pièce, dont le texte est altéré dans le manuscrit; c'est une réponse à Frédéric III, roi de Sicile :

A l'onrat rei Frederic terz vai dir...
Que dels parenz qu'aten de vas Espagna
Secors ogan non creia qu'a lui venia.....

Ni no s cug ges qu'el seus parenz desir
Qu'el perda tan qu'el regne no il remagna.
N'el bais d'onor per Franzeis enrechir
Qu'en laiseron lo plan e la montagna......

Del joven rei me platz car non s'esmaia
Per paraulas, sol qu'a bona fin traia
So qu'el paire conquis a lei de sert,
E si 'l reten, tenrem l'en per espert.
A L'ONRAT REI.

Bastero, 81. Crescimbeni, 180. Millot, III, 23.

LE COMTE DE FLANDRE. Un couplet adressé à Folquet de Roman ; en voici la fin :

Pero conseill li darai gen,
Et er fols s'el no l'enten,
C'ades tegna son viatge
Dreit lai vas son estage ;
Que sai van las genz dizen
Que per cinc cenz marcs d'argen
No il calria metre gatge.

Bastero, 81. Crescimbeni, 180.

LE COMTE DE FOIX.

Mas qui a flor se vol mesclar
Ben deu gardar lo sieu baston,
Car Frances sabon grans colps dar
Et albirar ab lor bordon.
E no us fizes en Carcasses
Ni en Genes
Ni en Gascon, quar no l'amon de res
De pos vas mi ai faita la falhensa.
En breu de temps veirem mos Brogoignon
Cridar Montjoi, e 'l criden Aragon.
MAS QUI A.

Voici le commencement d'une autre pièce :

Frances, c'al mon de gran cor non a par
E de saber, de fortz', e Bergoignon

Los Patarin a Roma auzan menar;
E qui clamar se fara d'Aragon
A lo gran foc seran menatz apres,
    Com rason es,
    E tuit bruisat seran
    E lor cenes gitad' al vent.
                    FRANCES C'AL MON.
Millot, II, 470. P. Occ. 291.

LE COMTE DE POITIERS, t. III et IV.

Lo Coms de Peitieus si fo uns dels maiors cortes del mon, e dels maiors trichadors de dompnas; e bons cavalliers d'armas, e larcs de dompneiar. E saup ben trobar e cantar : et anet lonc temps per lo mon per enganar las domnas. Et ac un fill que ac per moiller la duquessa de Normandia, don ac una filla que fo moiller del rei Enric d'Engleterra, maire del rei jove, e d'EN Richart e del comte Jaufre de Bretaingna.

Ce troubadour étant le plus ancien de tous ceux dont les ouvrages sont parvenus jusqu'à nous, il a paru convenable d'en extraire les divers fragments qui peuvent donner une idée de l'état de la langue et de la poésie de l'époque où il a écrit.

    Companho farai un vers covinen,
        Et aura i mais de foudatz no y a de sen;
    Et er totz mesclatz d'amor e de joi e de joven.

        E tenguatz lo per vilan qui no l'enten
        O dins son cor voluntiers no l'apren;
    Greu partir si fai d'amor qui l'atrob a son talen.

        Dos cavals ai a ma sclha ben e gen;
        Bos son et ardit per armas e valen
    E no'ls puesc amdos tener, que l'us l'autre no cossen.

Si 'ls pogues adomesgar a mon talen,
Ja no volgr' alhors mudar mon garnimen,
Que miels foren cavalguatz de nul home viven.

L'uns fon dels montaniers lo plus corren,
Mas tan fera estranheza ha longuamen,
Et es tan fers e salvatges que del ballar se defen.

L'autre fon noyritz sa jos pres Cofolen
Et anc no vis bellazor, mon escien ;
Aquest non er ja camjatz per aur ni per argen.....

Cavalliers, datz mi cosselh d'un pessamen ;
Ancmais no fui issarratz de cauzimen
E no sai ab qual mi tengua de n'Agnes o de n'Arsen....
Companho farai.

Ben vuelh que sapchon li plusor
D'est vers, si 's de bona color,
Qu'ieu ai trag de mon obrador,
Qu'ieu port d'ayselh mestier la flor
    Et es vertatz,
E puesc en trair lo vers auctor,
    Quant er laissatz.

Ieu conosc ben sen e folhor
E conosc ancta et honor
E ai ardimen e paor
E, si m partetz un juec d'amor.
    No suy tan fatz
Non sapcha triar lo melhor
    Entr' els malvatz.

Ieu conosc ben selh qui be m di
E selh qui m vol mal atressi,
E conosc ben selhuy qui m ri

E s'ill pro s'azauton de mi,
    Conosc assatz,
Qu'atressi dey voler lor fi
    E lor solatz.

Mas ben aia cel qui m noiri,
Que tan bon mestier m'eschari,
Que anc a negun no falhi,
Qu'ieu sai jogar sobre coysi
    A totz tocatz;
Mais en sai que nulh mon vezi,
    Qual qu'emveiatz.

Dieu en laus e sanh Jolia;
Tant ai apres del juec doussa
Que sobre totz n'ai bona ma;
E selh qui cosselh mi querra
    No l'er vedatz,
Ni nuils de mi non tornara
    Descossellatz.

Qu'ieu ai nom maiestre certa;
Ja m'amigu' a nueg no m'aura
Que no m vuelh' aver lendema,
Qu'ieu sui be d'est mestier sobra
    Tant ensenhatz
Que ben sai guazanhar mon pa
    En totz mercatz.....
            BEN VUELH QUE.

Pus vezem de novelh florir
Pratz, e vergiers reverdezir
Rius e fontanas esclarzir,
    Auras e vens,
Ben deu quascus lo joy jauzir
    Don es jauzens.

D'amor non dei dire mas be,
Quar non ai ni petit ni re,
Quar ben leu plus no m'en cove :
    Pero leumens
Dona gran joi qui be maute
    Los aizimens.....

Per tal n'ai meins de bon saber,
Quar vuelh so que no puesc aver
Aicel reproviers me ditz ver
    Certanamens :
A bon coratg' e bon poder
    Qui 's ben sufrens....

Obediensa deu portar
A mantas gens qui vol amar,
E coven li que sapcha far
    Faigz avinens,
E que s guart en cort de parlar
    Vilanamens.

Pus vezem de.

En Alvernhe, part Lemozi,
M'en aniey totz sols a tapi ;
Trobey la moler d'EN Guari
    E d'EN Bernart :
Saluderon me francamen
    Per sant Launart.

Una mi dis en son latin :
Deus te salve, dom pelegrin,
Molt me pareis de bel eisin,
    Meu esient,
Mais trop en vai per est camin
    De folla gent.

Auiatz ieu que lur respozi,
Anc fer ni fust no y mentaugui
Mas que lur dis aital lati :
  Tarrà babart
Marta babelio riben
  Sara ma hart.

So dis n' Agnes e n' Ermessen :
Trobat avem qu' anam queren,
Alberguem lo tot plan e gen,
  Que ben es mutz ;
E ja per el nostre secret
  Non er saubutz.

La una m pres sotz so mantelh ;
Meneron m' en a lur fornelh,
Et a mi fon mout bon e belh ;
  Lo foc fo m bo
Et ieu calfei me voluntiers
  Al gros carbo.

A manjar me deron capos ;
El pan fon cautz, e 'l vin fon bos ;
Et ieu dirney me volentos
  Fors et espes,
Et anc sol no y ac coguastros
  Mas que nos tres.

« Sors, aquest hom es enginhos
E laissa son parlar per nos :
Aportatz lo nostre eat ros
  Tost e corren,
Que li 'n fara dir veritat,
  Si de res men. »

Quant ieu vi vengut l'enuios
Qui a grant onglas e lonc grignos,
Ges son solatz no mi fon bos;
 Totz m'espaven;
Ab pauc no'n perdi mas amors
 E l'ardimen.

Quan aguem begut e manjat
Despulley m'a lur voluntat;
Derreire m'aportero'l cat
 Mal e fello;
Et escorgeron me del cap
 Tro al talo.

Per la coa'l pres n'Ermessen
E tira el cat escoyssen;
Plaguas me feyron mays de cen
 Aquella ves;
Coc me, mas ieu per tot aque
 No m mogui ges.

Après avoir exagéré ses prouesses dans un récit que la décence ne permet pas de transcrire, et auquel il serait difficile de croire, quand même, selon un couplet qui se trouve seulement dans le manuscrit de Mac-Carti, on admettrait qu'il passa huit jours avec ces deux dames, le comte de Poitiers termine la pièce par ces vers adressés à son jongleur :

Monet, tu m'iras al mati,
Mo vers portaras el Borssi
Dreg a la molher d'en Gari
 E d'en Bernat;

E diguas lor que per m'amor
Auoizo 'l cat.

EN ALVERNHE.

Dans une pièce licencieuse, il fait la comparaison suivante :

E cels qui no volran creire mos casteis
Anho vezer pres lo bosc en un deveis;
Per un albre c'om hi tailla, n'y naison dos o treis;
E quan lo bosc es taillatz, nais plus espes;
E 'l senher no 'n pert son comte ni sos ses.

COMPANHO TANT AI

Crescimbeni, 190. Bastero, 81. Millot, I, 1. Hist. Litt. XI, 37; XIII, 42. Papon, II, 422. P. Occ. 1.

LE COMTE DE PROVENCE. Une pièce en forme de tenson, avec CARN ET ONGLA :

Carn et Ongla, de vos no m voill partir
Tan vos trob ferm en plan et en montagna,
E poira m'en, qui s volra escarnir,
Qu'eu vos partrai ogan de ma compaigna,
Ni negun temps, mentre que guerra aia,
Pro sabra d'art toz homs que us me sostraia;
Tan bon caval no sai ni tant espert,
Per que m'er mal si ses armas vos pert.

CARN ET ONGLA.

Une tenson avec Arnaud :

Amics, N Arnaut, cent domnas d'aut paratge
Van outra mar e son en mieja via,
E non podon ges complir lo viatge
Ni sai tornar per nulla res que sia,
Si non o fan per aital convinen
Q'un pet fassatz, de que mova tal ven

Per que la naus venga s a salvamen :
Faretz l'o no, que saber o volria?

AMICS N ARNAUT.

Nostrad. 103. Bastero, 81 et 92. Crescimbeni, 180. Millot, II, 212. Papon, II, 417. P. Occ. 166.

LE COMTE DE RODEZ.

Lo coms de Rodes si era mout adreitz e mout valens, e si era trobaire; e 'N Uc de Sain Sir fetz aquesta cobla :

Seigner coms, no us cal esmeiar, etc.

E lo coms si respondet aquesta cobla :

N Uc de San Cir, be m deu grevar
Que us veia que ojan sai fos
Paubres e nutz e d'aver blos,
Et eu vos fi manent anar;
Mais me costes que dui arquier
No feiron o dui cavallier;
Pero ben sai, si us dava un palafre,
Dieus que m'en gar, vos lo prendriatz be.

Le comte de Rodez a une autre tenson avec Hugues de Saint-Cyr, dans laquelle il lui dit :

E vostr' ais me farai vezer,
N Uc de San Cir, anz del pascor,
Si que i farai de roca tor
Et aut mur e fossatz chazer;
Que trop menon gran bobansa
N Uc et Arnautz, si deus mi gar;
Mas eu la lor farai baissar,
E no voill aver honransa
Ni portar escut ni lansa.

E VOSTR' AIS ME.

Bastero, 81. Crescimbeni, 180. Millot, II, 174.

Le comte de Toulouse. Couplet en réponse à Gui de Cavaillon :

Lo coms de Tolosa li respondet :

> Per deu, Gui, mais ameria
> Conquerre prez e valor
> Que nuill' autra manentia
> Que m tornes a desonor;
> Non o dic contra clerzia
> Ni m' en esdic per paor,
> Q' eu no voill castel ni tor
> S' eu eis no la m conquerria;
> E mei honrat valedor
> Sapchan qu' el gazainz er lor.
>
> Seigner coms.

Bastero, 81. Crescimbeni, 180. P. Occ. 271.

La comtesse de Die, t. III.

La comtessa de Dia si fo moiller d' en Guillem de Peitieus, bella dompna e bona; et enamoret se d' en Raembaut d' Aurenga, e fetz de lui mains bons vers. Et aqui sont escriutas de las soas chansos.

Nostrad. 47. Crescimbeni, 30. Bastero, 81. Millot, I, 161. Papon, II, 381. P. Occ. 54. Hist. Litt. XV, 446.

La comtesse de Provence. Un couplet :

> Vos que m semblatz d' els corals amadors,
> Ja no volgra que fosses tan doptans;
> E platz mi molt car vos destreing amors,
> Qu' atressi sui eu per vos malananz.
> Et avetz dan en vostre vulpilhage,
> Quar no us ausas de preiar enhardir.

E faitz a vos et a mi gran damnage;
Que ges dompna non ausa descobrir
Tot so q' il vol per paor de faillir.
Vos que m semblatz.

Millot, II, 222. P. Occ. 167.

DALFINET. Une pièce.

Del mieg sirventes ai legor
E voill lo far a toz auzir,
E penrai ivern per pascor
E trauchar per pro dormir
   Et estar el boscage,
Et irai sovenet armatz,
E pren per flor la neu e 'l glaz,
   C' ab honrat vasalatge
Menarai si las mans e 'ls braz
Tro paus tot mon afar en paz.

Elle a trois couplets et cet envoi :

Domna, d'onrat lignatge
Per vos sui al Dalfin cazaz,
E tenc totas mas cretaz.
Del mieg sirventes.

LE DAUPHIN D'AUVERGNE, t. IV. Cinq pièces.

Lo Dalfins d'Alverne si fo coms d'Alverne, uns dels plus savis cavalliers et dels plus cortes del mon, e dels larcs; e 'l meiller d'armas, e que plus saup d'amor e de domnei e de guerra e de totz faitz avinens; e 'l plus conoissens e 'l plus entendens, e que meils trobet sirventes, coblas e tensos; e 'l plus gén parlans hom que anc fos a sen et a solatz. E per larguesa soa perdet la meitat e plus de tot lo sieu comtat; e per avareza e per sen o sab tot recobrar, e gazaignar plus que non perdet.

Lo Dalfins d'Alvernhe si era drutz d'una domna d'un son castel et avia nom domna Maurina; et un dia ella mandet al baile del Dalfin que ill des lart ad ous frire; e 'l baile si l'en det un metz bacon. E l'evesques lo saup e fetz n'aquesta cobla, blasman lo baile, car no il det lo bacon tot entier, e blasman lo Dalfin que lo feisetz dar metz.

> Per Crist, si 'l servens fos meus,
> D'un cotel li dari' al cor,
> Can fez del bacon partida
> A lei que l'il queri tan gen.
> Ben saup del Dalfin lo talen,
> Que s'el plus ni men no i meses,
> A la ganta li dera tres,
>   Mas posc en ver dire
> Petit ac lart Maurina als ous frire.

L'evesques si era drutz d'una fort bella dompna qu'era moiller d'en Chantart de Caulec qu'estava a pescadoiras, e 'l Dalfins si 'l respondet a la cobla:

> Li evesque troban en sos breus
>   Mais volon Chaulet que por,
>   E pesca que li coda
>   A pescadoiras fort soven
>   Per un bel peisson que lai pren;
>   E 'l peissos es gais e cortes;
>   Mas d'una re l'es trop mal pres
>   Car s'es laissatz ausire
> Al preveire que no fais mas lo rire.....

Lo Dalfins fetz aquesta cobla d'EN Bertran de la Tor

e mandet la il per Mauret, qu'era uns joglars, en la sazon que Bertrans ac laissada valor e larguessa.

Mauret, Bertran a laissada, etc.

Bastero, 81. Crescimbeni, 182. Millot, I, 303. P. Occ. 84.

Deudes de Prades, t. III. Vingt-deux pièces.

Deude de Pradas si fo de Rosergue, d'un borc que a nom Pradas, qu'es pres de la ciutat de Rodes quatre legas; e fo canorgues de Magalona. Savis hom fo mot de letras e de sen natural, e de trobar. E si saup mout la natura dels auzels prendedors. E fes cansos per sen de trobar; mas no movian ben d'amor. Per que non avian sabor entre la gen, ni no foron cantadas, ni grazidas.

Il dit dans deux de ses pièces :

> Ja non creirai que dieus oblit
> Bon drut ni belh dompneiador,
> Si per autre peccat maior
> Pus colpable non l'a cauzit.
> No m puesc.

> Tan sen al cor un amoros dezir...
> Que no vuelh ges esser en paradis
> Per so que mais no pogues car tener
> Lay on beutatz e jovens senhoreia.
> Tan sen al cor.

Ce troubadour est auteur d'un poëme intitulé : Dels Auzels Cassadors, d'environ trois mille six cents vers; en voici quelques passages :

Aissi comensa lo pologre dels auzels cassadors.

Daudes de Pradas non s'oblida.....

Car dels austors e dels falcos,
D'esparviers e d'esmerillos
Dirai de cantas manieras son,
Per tal c'om tria lo plus bon
E per tal c'om meills son cor meta
A ben tener et a noirir;
Pos sabra lo meillor chauzir,
Car totz auzels qui autres prendon
En dreit solatz gran loguier rendon
A sels que los noirisson ni 'ls amon;
Et aisi com lainh cascun reclamon,
E segon so qu'ieu ai legit
E sai per mi e n'ai auzit.
Ieu mostrarai las conoisensas
Dels auzels e las mais valensas;
Aprop dirai com hom los tenga;
E si s deve que mal lur venga,
Consi lur fasson guerizo
Ab polvera et ab poizo
O ab autra calque metzina
Que lur sia bona e fina.

Lo pologres es fenitz, e comensa lo romans; e dis premeiramen d'austor de cantas maneiras son :

De tres maneiras son austor
Car l'un son gran, l'autre menor,
L'autre petit de bona guiza
Si com natura los deviza.
Aisel qu'es mager es pus gros,
Es plus domesges e plus bos,
Los huells a bels, clárs e lusens,
E los pes gros e covinens,
Onglas longas, ale grenolt,
Cueindamen vol manjar molt,

Ab auzels cautz fort s'esjauzis,
Per nuill auzel no s'alentis,
L'aigla no ill fai nuilla paor,
Per so tenh ieu sest per meillor.
Lo meians a rossas las alas,
Pes cortz et onglas breus e malas,
Los hueills a gros e cais escurs,
A far domesge es fort durs;
Ges al premier an no val gaire
Mas al ters torna de bon aire.
La rest linhatges es petitz,
A lei de tersol eisernitz,
E vola tost, pro es maniers
E de manjar fort ufaniers,
Leugiers es a enauzelar,
E pot n'om dese gazanar.
Lo grans e 'l paucx son pro domesge
Mas lo meians si te foresge;
Pero ab totz pot hom far joc
Si gardes be sazon e loc....

Cossi deu hom conoisser austor sa :

Cui vol austor triar per sa
Lev lo ab la senestra ma
La coda lo d'amon d'aval,
E si s ten gras, e si s fa cal,
Si non bat fort, e 'l bec non bada
Ni te la coa eissalatada
Sas es de cors, non ja dopte.....

Cossi deu hom conoisser esparvier de bonas faissos :

Aprop l'austor ven esparvier
E degra meills anar premier,
Tant es cortes, pros et adreitz,

Mas trop pauc dura sos espleitz;
Cui 'l vol tener san e mudar,
Tot l'ivern lo deu sejornar
Que non prenda pic ni agassa
Ni autre auzel que mal li fassa;
Esparvier, qu'en tor pren colom,
Se nafra leu, car trop gran tom
Pren can davala del boial.....

Destriansa d'auzel fill d'auzel jove:

    Auzel jove fai auzel ros
    Ab grossa mailla, ab hueills senros;
    Arditz es, mas greu passara
    Cinc ans om tan be no 'l tenra.
    Auzel veill fai sos auzels niers
    Ab hueills colratz, aisi es vers,
    Sist valon mais e vivon pro,
    Sol c'om los tenga per razo.

De cantas maneiras so 'l falco:

    De falcons hi a vii linhatges
    Mas los dos tenc per trop salvatges,
    Car anc non ac en sest pais,
    Ni ieu non vi home qu'en vis.

Del premier linhatge:

    Falcx laniers es primeiras
    De totz los autres cais vilas;
    D'aquetz n'i a doas maneiras,
    Mas ja no 'ls vueillas ni 'ls queiras;
    Mas si vols bon falcon lanier,
    Ab gros cap, ab gros bec lo quier
    Et alas longas, coa breu,
    Pe aiglenti mas ges trop leu....

Lo segons linhatge :

> Lo segons es lo pelegris;
> Leu si te e leu si noiris
> E per so a nom pelegri
> Car hom non troba lo sieu ni,
> Auzels es valens e cortes....

Lo ters linhatge :

> Lo ters es lo falex montaris;
> Sest es assatz nostre vezis,
> Totz proz om lo conois, so cug;
> Pos es privatz, a tart s'en fug.

Lo cart linhatge :

> Lo cart a nom falco gruer
> Ho gentil, car de son mester
> Li don' om nom per que val mais,
> Auzel es de trop gran pantais.
> A ome a pe non val re,
> Car trop a segre lo ill cove....
> Que sel que a lo cap menor
> Deu hom cauzir per lo meillor.

Lo quint linhatge :

> Lo quins es apelatz guirfalc
> Cui auzels de son gran no vale;
> Fort es apres et enginhos
> E de cassar aventuros.

Lo seize linhatge :

> Lo seizes a nom surpunic,
> Aquest es l'un d'aquestz qu'ieu dic
> Que non vi home l'agues vist....
> Grans es et aigla blanca sembla,

Auzel qu'el ve de paor trembla,
Pero a guirfalc retrai d'hueills,
D'alas e de bec e d'ergueills.

Del sete linhatge :

Lo sete apella hom britan;
D'aquest troba hom escrig tan
Que nuills auzels volar non auza
Sotz lui, can vola, mas en pauza
Lo pot hom penre tost a terra....
De totz auzels es lo maistre,
Rei o comte vol per ministre
O ric ome de gran poder,
E s'es pros, fai lo mais valer;
De totz auzels porta la flor
Tos temps fai alegre senhor....
E tug falco comunalmen
Lur senhor rendon plus valen.
Tug falco son d'aital natura
Que lur senhor per els meillura.

Esmerillos, e de lurs conoissensas :

Esmerillo son de tres guisas
Car l'un an las esquinas grizas;
L'autre negras e son petit,
Ramier fort e son abelit;
L'autre son un petit maioret
E coma falc lanier blanquet.....

Cals hom deu tener auzel :

Cui joc d'auzel vol mantener
Ben deu conoisser e saber
Cals hom conve a tal mestier.
Hom avinens, ses cor leugier,

Que non s'irasca ni s trebaill
A totas vetz que l'auzel faill;
Car non er non fassa irat
Alcuna vetz; si per so 'l bat
Ni 'l secot trop fort ni l'estrenh,
No ill tenra pro re c' om l'esenh;
De trop beure si deu gardar,
Qu'el vi no 'l puesca enebriar,
Car nuills hom ibres non a sen...
Qui beu pimen ni vi trop fort
Gart si qu'auzel apres no port.
Car fortor d'erbas e de vi
L'enmalautis e si l'ausi;
Nuills hom qu'es trop luxurios
A tener auzel non es bos;
Trop gran mal si fai si 'l mantuza,
Si fempnas comunals uza....
Mas un conseill hi a fort bo,
Lave las mans e 'ls hucills autressi...
Tot enans que son auzel tenga
Per so que mal de lui no ill venga.
D'ome putnais es ben defuitz
Que no ill cove aitals desduitz.
E dirai vos razo per que,
Car tot l'umplis de son ale...

De cal guiza deu hom paiser auzel, entro sia cregutz del tot.

Auzeletz petitz lur pot dar
Aissi com son li passero
E l'autre menut auzelo;
Carn de galina lur es bona,
Cant hom de fresca la lur dona;
Alcuna vetz cor de mouto;

Qui 'l lur dona, assatz es bo;
Mas qui lur dona trop soven
Carn de mouto, contranhemen
De nervis o trop mal lur fai,
E de creiser trop los retrai;
Pero una vetz la setmana
Lur es assatz bona e sana,
Aiso coven ben a membrar
Que tot an deu hom trisar
Sobr' una post menudamen
So que ill man premeiramen,
E pueisas, ab una broqueta
Que non sia trop agudeta,
Hom los pasca tot belamen,
Non trop ensems ni trop soven;
De catre vetz lo jorn n'a pro.....

D'esperimens d'auzels :

En un libre del rei Enric
D'Anglaterra, lo pros e 'l ric,
Que amet plus auzels e cas
Que non fes anc nuill crestias,
Trobei d'azautz esperimens
On no cove far argumens,
Car non es als mas bona fes
Que sol valer mais c'autra res.

Volatilia tua, domine, sub pedibus tuis.

Cant hom ve de premier issir
Pena d'auzel com deu dir :
Bel senher dieus, per meravilla
Tes sotz tos pes ta volatilia....

Vincit leo de tribu Juda, radix David, alleluia :

Per paor d'aigla vos diretz,

Tot' ora cant en cassa iretz :
Lo leo vens del trep Juda,
Raitz david, alleluia.....

Cant auzels petitz se sent gota en l'ala :

Cant auzel que ferma noiritz
Goteta en l'ala sentitz,
Lo sanc o la graissa prendetz
D'un' auca, e ben lo 'n onhetz
De sotz las alas totz los os,
Los loncx e 'ls breus e 'ls prims e 'ls gros :
Apres de l'auca mange pro,
Qu' en aissi 'l tenra mais de pro ;
Si 'l pendon fort ouhetz las li
Desotz ab de l'oli lauri,
E s' oli lauri no ill trobatz,
Ab fel de porc las li bregatz :
E s' es per natura alapens
E non i val nuills onhemens,
Verbena vert brusaretz fort,
E can n' auretz lo suc estort.
Las alas desotz n'ongeretz
E la carn ins li moillaretz.....

Contra mal de pepida :

Totz auzels, pueis que a pepida,
Mal manja e mal esmofida ;
Et aiso es ben causa serta,
Que ades te la boc' uberta,
Car la pepida ten destreg
E ill fai dezirar l' aer freg.
Pepida es un mal que nais
En la lenga, e cant si pais,
Enbarga lo, non pot trair

So que manja segon dezir;
Desotz es el som de la lenga;
E qui 'l vol gardar que no ill venga,
Gart lo tot' ora de carn grassa....

Cant auzel a febre :

Si vostr' auzel febre destrenh,
Ges d' esser malautes no s fenh....
Per que o conoisseretz leu.
Lo cap te bas et er for greu
Que un pauc non l' aia enflat,
Sa pluma li trembla e ill bat,
E si nocas se te tot dreg,
Ben fai parer que aia freg,
E los hueills te claus per dormir;
So que pren non pot degerir;
Azoras gieta so que manja,
Que re en la gorga no s' estanca;
Un jorn manja coitozamen,
Autre non vol manjar nien....
Cant vostr' auzel veiretz aital,
Sapchatz que febres li fai mal;
Per febre lo sol home sancnar,
Mas qui be o no sap far
No s' en deu per re entremetre....
La camba dreita liaria
Ben estreg ab una coreia,
E ben cove fort clar li veia,
Car las venas son tan sotils
Coma seria uns prims fils;
Per meig de la camba d' avan
A una veneta plus gran
Que las autras venas no so....
Desotz el pe un' autra n' a....

> E dereires sobr' el talo
> N' a un' autra que ill fai gran pro,
> Cant hom per gota sanc l' en trai....

Le poëme est terminé par ces vers :

> Segon so c' avia promes
> Mos romans del tot complitz es....
> Mas tal n' i a que s fan parlier
> E no volon aver mestier
> Mas de mal dir e de blasmar
> So que no sabon esmendar,
> Ni non entendon neis que s' es....
> Per so no m fai nuilla paor
> Vezat, badoc, maldizedor;
> Fat maldizen giet a mon dan
> Et a gen corteza m coman.

Crescimbeni, 183. Bastero, 81. Millot, I, 315. P. Occ. 86.

DIODE DE CARLUS. Dans une pièce il s'adresse à un jongleur :

> En re no me semblaz joglar,
> Vos que us faiz, EN Gi de Glotos,
> E no sia ja schirnitz per vos;
> Mas digaz mi tot vostr' afar,
> O 'l vostr' autre nom vertadier,
> C' al mal me semblaz merchadier ;
> E si vos es, no 'l me celaz per re,
> Que us assegur, et aseguraz me.

Millot, III, 398.

Durand de Carpentras. Un sirvente attribué aussi à P. Bremond Ricas Novas.

>Un sirventes leugier e vernassal
>Vuelh ab vils motz de vil razo bastir,
>E ja tan fort no 'l sabrai envelzir
>Que 'l vill baro messongier, deslial,
>Vill ves elhs eys, vill ves setgl' e ves dieu,
>Vill mil aitan e plus que non dic ieu,
>Per qu'ieu 'l vuelh far vil e desavinen
>Quar tan son vill lur croi captenemen....
>
>E quar no vuelh mos chantars aia sal
>Ni qu'hom lo denh' en bona cort grazir,
>Vuelh hi metre per desasaborir
>Lo vielh senhor del Tor que re no val.
>
>Un sirventes.

Millot, III, 398. Papon, III, 461.

Durand, tailleur de Paernes. Le sirvente Guerra e trebal, t. IV, p. 263, lui est attribué par un manuscrit.

Ce troubadour a fait un autre sirvente contre Jacques Ier, roi d'Aragon, et Henri III, roi d'Angleterre, au sujet du traité fait entre le comte de Toulouse, Raymond VII, et Louis IX. Il dit entre autres :

>En talent ai q'un serventes encoc
>Per trair' a cels q'an mes pres a deroc,
>Qar mantenon no e han faidit hoc,
>E menz qu'ieu ai arbalesta e croc,
>Brocarai lai per trair' al maior loc,
>Al rei engles que hom ten per badoc
>Qar suefr' aunitz q'om del sieu lo descoc,
>Per q'en cor ai que als primiers lo toc.

Tos temps serai malvolens et enics
Al rei Jacme qar mal tenc sos afics....
Al mieu semblan lo tenc meilh n Aimerics
De Narbona, per qu'ieu sui sos amics....

El seu secors foram ric et estort,
E desconfig Frances e pres e mort....

Sai entre nos fan de guerra sembel
Li dui comte, qar non es qui 'ls capdel,
Que ill tengran plait per bon e per bel,
Mas nostra pars en fai pauc de revel,
Mas al pascor veirem qe 'l plus isnel
Cavalgaran per gaug del temps novel,
Don seran pres e fondut man castel,
Mant escut rot, mant elm e man capel.

En talent ai.

Bastero, 82. Crescimbeni, 183. Millot, II, 226. Papon, II, 412.

Ebles de Signe. Une tenson. Il répond à la question que lui propose Guillaume Gasmar:

Guilem Gaimar, quan li deptor
Mi van apres tot jorn seguen,
L'uns me tira, l'autre me pren,
E m'apelon baratador;
Ieu volgr' esser mortz ses parlar,
Qu' ieu no m' aus en plassa baisar,
Ni vestir bos draps de color,
Quar hom no m ve que sa lengua no m traia,
E s'ieu d'amor trac mal, be s tanh que m plaia.

N Eble cauzetz.

Millot, III, 405. Papon, II, 463.

EBLES D'UISEL. Trois tensons, dans une desquelles il dit à Gui d'Uisel :

> Gu', ie us part mon escien
> Un joc don serez conquis,
> En qal cuidatz q' om moris....
> Que tota una nuoit d'avenz
> Jaesez ab lei don es gaiz,
> O us tengues us dels Algais
> En lega lo terz d' un dia ;
> Chausez qal volriaz mais.
>
> Gu' IE US.

Et dans une autre :

> En Gui, digaz laqal penriaz vos,
> E non mentez, sitot vos faiz feignenz,
> Capa de pers un mes denant avenz,
> E grans osas afaitadas ab ros
> Tro a kalenda maia,
> O tot l' estiu dona cortesa e gaia?...
>
> EN GUI DIGAZ.

Nostrad. 100. Crescimbeni, 71. Bastero, 82. Millot, III, 1.

ECUYER DE L'ISLE. Une pièce qui commence ainsi :

> Lonja sazo ai estat vas amor
> Humils e francx et ai fach son coman
> En tot cant puesc, et anc per nulh afan
> Que ieu sofris ni per nulha dolor....
>
> Ay! com cugey fos dins d'aital color
> Com semblet al semblan,
> Et en aissi com es sa beutat gran
> Ni com val mais, gardes mai sa onor;
> En aissi com es de jenser paratge,

Agues en si mais de retenemen,
Et en aissi com es de bel estatge,
Contra son pretz temes far falhimen.
LONJA SAZO.

Millot, III, 398. Papon, III, 462.

Elias de Barjols, t. III. Quatorze pièces.

N Elias de Barjols si fo d'Agenes, d'un castel que a nom Perols. Fils fo d'un mercadier, e cantet meils de negun home que fos en aquella sazon. E fetz se joglars; et accompaingnet se com un autre joglar que avia nom Olivier, et aneron lonc temps per cortz. El coms Anfos de Proensa si los retenc ab se, e det lor moillers a Barjols e terra : e per so los clamavan N Elias et Olivier de Barjols. En Elias s'enamoret de la comtessa ma dompna Carsenda, moiller del comte, quant el fo mortz en Cesilia, e fes d'elleis suas cansos bellas e bonas tant quant ella visquet. Et el s'en anet rendre al hospital de Saint Beneic d'Avignon; e lai definet.

En atretal esperansa
Cum selh que cassa e no pren,
M'aura tengut lonjamen
Amors, que m dona e m'estrai;
Et ieu quo 'l joguaire fai,
Que sec juec perdut e 'l te,
Sec mon dan e fug el be.
EN ATRETAL.

Nostrad. 33. Crescimbeni, 18. Bastero, 82. Millot, I, 378. Papon, II, 279. Hist. Litt. XIV, 38. P. Occ. 38.

Elias Cairels, t. III et IV.

Elias Cairels si fo de Sarlat, d'un borc de Peiregorc,

et era laboraire d'aur e d'argen, e deseignaire d'armas :
e fetz se joglar. Mal cantava e mal trobava, e mal violava
e peich parlava; e ben escrivia motz e sons. En Romania
stet lonc temps; e quant el s'en parti, si s'en tornet a
Sarlat, e lai el moric.

Une autre biographie le présente au contraire comme
fort habile :

Sap be letras e fo molt sotils en trobar et en tot quant
el volc far ni dir. E serquet la maior part de terra habit-
zada, e pel desdeing qu'el avia dels baros e del segle, no
fo tant grazitz com la soa obra valia.

>   Qui saubes dar tan bon cosselh denan
>   Quo fai apres, quan lo damnatg' es pres,
>   Ja negus homs no fora sobrepres.
>   E doncx per que s'en vai negus tarzan
>   Ni eslonhan d'aquelh senhor servir
>   Que volc per nos mort e pena sufrir?
>   Per so no s deu hom tarzar de ben faire,
>   Qu'après la mort lo cosselh no val guaire.
>
>   Guaire no val quant hom a pres lo dan,
>   E de lur dan faire son ben apres
>   Li comt' e 'l rey e 'l baron e 'l marques,
>   Que l'us l'autre s'aucis en guerreyan.
>   Aissi faran crestiantatz perir ;
>   E degran mielhs Turcx e Paias aucir
>   E recobrar lo dreiturier repaire,
>   Iherusalem, e conquistar lo Cayre.
>
>   Qu'al Cayre son Arabitz e Persan,
>   Guarditz e Turcx de paor entrepres;
>   Et anc pays tan leu no fon conques

Cum selh fora, quar tug se van doptan,
Qu'en lor sortz an trobat, senes falhir,
Que crestias devon sobr'els venir,
E la terra conquistar e'l repaire;
E'l termes es vengutz, al mieu veiaire.

Veiaire m'es que negus no sap tan
De gen parlar, que retraire pogues
Las grans honors, las riquezas ni'ls bes
Que auran silh que de lai passaran....
QUI SAUBES

Dans une tenson avec Isabelle sa dame, il répond entre autres :

Domn' Ysabell', en refreitor
Non estei anc matin ni ser,
Mas vos n'auretz oimais lezer,
Qu'en breu temps perdretz la color.
Estier mon grat, mi faitz dir vilania;
Et ai mentit, qu'ieu non crei qu'el mon sia
Domna tant pros ni ab beutat tan gran
Com vos avetz, per qu'ieu i hai agut dan.
N Elias Cairel.

Bastero, 82. Crescimbeni, 183. Millot, I, 378. P. Occ. 108.

Elias Fonsalada.

N Elias Fonsalada si fo de Bargairac, del evesquat de Peiregorc. Bels hom fo molt de la persona, e fo fils d'un borges que se fes joglar : EN Elias fo joglars atressi; no bon trobaire mas noellaire fo; e saup ben estar entre la gen.

Dans une de ses pièces il dit :

Ja no gabarai los Bretos,
Qu'atressi m vauc cum ilh muzan,

E conosc qu'ieu fas d'un dan dos,
Quar tan li sui fis ses enjan;
S'ie m part de lieys, e que faray?
E si remanh, tan pauc o say;
Ben l'amav' ier, huey l'am dos tans,
Aissi s vay doblan mos talans.

DE BON LUEC.

Bastero, 82. Crescimbeni, 184. Millot, III, 398. P. Occ. 366.

ELIAS D'UISEL, t. IV.

Elias d'Uisel si avia un castel que avia nom Casluz, paubre en paubreira de blat e de vin; e quan cavalier ni bon ome i venian, el lor dava bel solatz e bel acuillimen, et en loc de gran cozes lor dizia suas cansos e sos sirventes e suas coblas. EN Gauselms si 'l respondet a 'N Elias, recordan la paubreira del castel e de lui. E si 'n fetz aquesta cobla :

Ben auria obs pans e vis, etc.

Elias d'Uisel respondet a la cobla d'EN Gauselm faidit:

Gauselm, ieu meseis garentis
Que non ai d'aver gran largor,
Que non taing que vos desmentis;
S'ieu sui paubres, vos avetz pro argen,
A Guilelma la pro e la valen,
Jensor pareil non a de lai la mar
A lei de soudadera e de joglar.

Bastero, 82. Millot, III, 1.

ESCHILETA. Couplet en réponse à Guigo de Cabanas :

Guigo, donan sai que conquier
Rics hom pretz e fina valor

Ab qu'el dos faitz si' ab honor
De cel qui 'l da e cel qu'el quier,
Quar dos mal datz desabriza
Valor e prez e 'ls mendiza;
Qu' autretan fai qui dona follamen
Com a bon prez qui dona d'avinen.

ESPERDUT. Dans une pièce il dit à sa dame :

De vos domna, en cui bon pretz s'autreya
Pro serai ricx, si denhatz aculhir
Qu'ieu clam merce en mas chansos jasse,
E si no us play, no m fassatz autre be.
LO DEZIRIER.

Les vers suivants sont tirés d'un sirvente contre le seigneur Lombric :

Lo pecchaz es tan desplazens
Qu'el fai en luoc de drudas druz,
Et es a sa cort ben vengutz,
Tant fort l'es aquel juocs plazens;
Qu'il n'es privaz
E 'n sufre en patz
Sas voluntatz;
Et autr' om natz
Non pot dos.datz
De lui traire.
QUI NON DIRIA.

Millot, III, 399.

ESQUILHA. Tenson avec Jozi, ou Ozi, auquel il propose :

Jozi, diatz, vos qu'es homs entendens,
Si la bela, que us fai voler amors,
Tramet per vos e us vol fayre secors

Que us cole ab se, mas vielha senes dens
Trobaretz lai per aital covenensa,
Que lo i faretz una vetz ses falhensa
Ades enans que 'l bela s colc' ab vos,
O al partir, cal penretz d'aquest dos?

Jozi diatz vos.

Millot, III, 399.

L'évêque de Bazas. Une pièce dans laquelle il fait ainsi le portrait de sa dame:

Bella dompn' ab cors plazen,
Triat col graus de la flor,
Am eu del mon la genzor,
Qe negun ab leis no s pren:
Oilz de falcon trait de muda,
Boca rien per ben dir,
E 'l cor plus dolz per sentir
C' un prims ranzans sus car nuda.

Cor poder saber.

L'évêque de Clermont. Voyez le Dauphin d'Auvergne.

Dans un sirvente adressé à Pierre de Maensac, il dit:

Peire de Maensac, ges lo reis no seria
Tan savis com hom di, s'el el sout retenia
Cavallier cui sos cors trai mais a joglaria
Q' a valor ni a sen ni a cavalaria,
E s'anc jorn vos i tenc, fetz o per cortesia....

Escondre ben deu el, quan dis qu'el rei seguia,
Qu'el no 'l sec ni no 'l pot s'a pe non o fazia;
E qui caval non a mentres que guerra sia
No m sembla ges n'agues, quan guerra non seria;

E cavallier d'a pe qui mal ditz ni fconia
Non deu estar en sout, si tromba non avia.

Peire de Maensac.

Millot, I, 303.

Faidit de Belistar. Une pièce attribuée aussi à Richard de Barbesieux.

Tot atressi com la clartatz del dia
Apodera totas altras clartatz,
Apodera, domna, vostra beltatz
E la valors e 'l pretz e ill cortezia,
Al mieu semblan, totas cellas del mon;
Per que mos cors plus de vos no s cambia,
Bela domna, de servir e d'onrar,
Aissi com cel que pass'un estreit pon
Qui non s'auza nulla part desviar.

Tot atressi com.

Millot, III, 400.

Falco. Tenson avec Gui, auquel il répond:

Senher, a vos que val
Dir enuetz ni foldatz?
Que res no y gazanhatz,
Que us puesc dir atertal
Qu'el vostre paubr'ostal
Viu hom d'avol percatz,
E 'l vestir car compratz
Qu'el coms n Anfos vos fe,
Don n'es clamatz a me,
Car non l'en faytz honor,
Pus per autrui merce
Vivetz a deshonor.

Falco en dire.

FALCONET. Deux tensons, l'une avec Taurel, l'autre avec Faure :

> Faure, del joc vos dey esser tengutz
> Car d'aital joc say a tot home pro,
> Per qu'ieu no soy del jogar esperdutz,
> E joguera ns EN Gui de cavalho,
> Si no fos pros, et agra 'n be razo....
> EN FALCONET.

Millot, III, 399.

FAURE. Une tenson avec Falconet.

> EN Falconet, be m platz car es vengutz,
> Que loncx temps a no fi ab vos tenso;
> E partrai vos un joc qu'er luenh sauputz,
> E ja no cug que m'en diguatz de no;
> A cada joc metam un croy baro....
> EN FALCONET.

Millot, III, 399.

FERRARI DE FERRARE.

Maistre Ferari fo da Feirara e fo guillar et intendet meill de trobar proensal che negus om che fos mai en Lombardia, e meill entendet la lenga proensal e sap molt be letras, escrivet meil ch'om del mond, e feis de volontera servit as baros et as chavalers, e tos temps stet en la casa d'Est; e qan venia que li marches feanon festa e cort e li guillar li vinian che s'entendean de la lenga proensal, anavan tuit ab lui, e clamavan lor maestre, e s'alcus li 'n venia che s'entendes miel che i altri e che fes questios de son trobar o d'autrui, maistre Ferari li respondia ades, si che li era per un canpio en la cort del marches d'Est:

mas non fes mais che 11 cansos e una retruensa, mais serventes e coblas fes et asai de los meillors del mon, e fes un estrat de tutas las cansos dels bos trobadors del mon, e de chadaunas canzos o serventes tras 1 coblas o 11 o 111, aqelas che portan la sentenzas de las canzos et o son tut li mot triat; et aquest estrat escrit isi denan; et en aqest estrat non vol meter nullas de la soas coblas; mais qel de cui es lo libre li 'n fe scriure, per que fos recordament de lui. E maistre Ferari, quan s'era jove s'entendet en una dona ch'a nom ma dona Turcha, e per aqela dona fe el de molt bonas causas. E qan ven ch'el fo veil pauc anava a torn, mais ch'el anava a Trevis a meser Giraut d'Achamin et a sos filz, et il li fazian grand onor e 'l vezian voluntera e molt l'aqulian ben, e li donavan voluntera per la bontat de lui e per l'amor del marches d'Est.

Millot, I, 411.

FOLQUET.

Cobla d'EN Folket e d'EN Porcer del conte de Tolosa.

> Porcier, cara de guiner,
> Nas de gat, color de fer,
> A pauc tang no t sotter,
> Car anc en tu s'en pacet,
> Car meil degra cercar e cher
> Per plan e per poig e per ser,
> E demandar o anet
> Lor truoia ab vostre ver.
>   PORCIER CARA.

Il y a plusieurs tensons sous le nom de Folquet avec

d'autres troubadours ; une, entre autres, avec Giraud Riquier ; en voici le premier couplet :

> Guirautz, don' ab beutat granda
> Tota sol' aiatz
> En un lieg, e selh que 'l platz
> Jatz n'en autre ses demanda
> Que l'us a l'autre no fai,
> Et amo s de cor verai ;
> Si 'l cavaiers se lev ab lieys jazer
> O ilh ab lui, cal li deu mais plazer ?
> Guirautz don' ab.

Folquet de Lunel, t. IV. Huit pièces parmi lesquelles il en est une qui contient plus de cinq cents vers. En voici quelques-uns :

> Car vengutz es temps qu'en la mort
> De dieu hom gatje nos sia,
> C'aras no y vey emperador
> Ni rey ni sancta clersia,
> Ni ducx ni coms ni comtor,
> Ni baro que tenha via
> De ben servir nostre senhor ;
> E ges esser no solia
> Can vivion lur ancessor
> Qu'en la terra de Suria
> No s'en passesson li pluzor
> Per venjar la vilania
> C'a dieu feron Juzieu trachor.
> E nom del paire.

Millot, II, 138. P. Occ. 165.

FOLQUET DE MARSEILLE, t. III et IV. Vingt-cinq pièces, dont quelques-unes sont attribuées à d'autres troubadours.

Folquetz de Marselha fo filhs d'un mercadier de Genoa, que ac nom sier Anfos. E can lo paire moric, si 'l laisset molt ric d'aver. Et el entendet en pretz et en valor, e mes se a servir als valens homes, et a briguar ab lor et anar e venir. E fon fort grazitz per lo rey Richart, e per lo bon comte Raimon de Toloza, e per EN Barral lo sieu senhor de Marselha. E trobet molt be; e molt fo avinens de la persona. Et entendia se en la molher del sieu senhor EN Barral, e pregava la d'amor; e fazia sas cansos d'ela. Mas anc per pretz ni per chansos no i poc trobar merce qu'ela li fezes nuill be en dreg d'amor, per que tos temps se planh d'amor en sas chansons.

Quan lo bos reis Anfos de Castela fo estatz descofitz per lo rey de Marroc, lo qual era apelatz Miramamoli, e li ac touta Calatrava e Salvaterra e 'l castel de Toninas, si fon grans dolors e grans tristeza per tota Espanha, e per totas las bonas gens que o auziro, per so que la crestiantatz era estada desonrada; e per lo gran dan qu'el bos reis era estatz descofitz, et avia perdudas de las soas terras : e soven intravan las gens del Miramamoli el regisme del rei 'N Anfos, et i fazian gran dan. Lo bos reis Anfos mandet sos messatges al papa, qu'el degues far socorre als baros de Fransa e d'Englaterra, et al rei d'Arago, et al comte de Toloza. EN Folquetz de Marselha era molt amicx del rei de Castela, e no s'era encaras rendutz en l'orde de Sistel; si fes una prezicansa per confortar los baros e la bona gen que deguesson socorre al bon rei de Castela, mostran la honor que lur seria lo secors que farian al rei e 'l perdon que ill n'aurian de dieu ; e comensa aysi :

Hueimais no i conosc razo.

Folquetz de Marselha, si com avetz auzit, amava la molher de son senhor EN Barral, ma dona NA Alazais de Roca Martina, e cantava d'ela, e d'ela fazia sas cansos. E gardava se fort c'om non o saubes, per so qu'ela era molher de son senhor, car li fora tengut a gran felonia; e sa dona li sufria sos precs e sas cansos, per la gran lauzor qu'el fazia d'ela. EN Barral si avia doas serors de gran valor e de gran beutat; l'una avia nom NA Laura de San Jorlan, l'autra avia nom NA Mabilia de Ponteves : abdoas estavon ab EN Barral. EN Folquet avia tant d'amistat ab cascuna, que semblans era qu'el entendes en cascuna per amor. E ma domna N'Alazais crezia qu'el s'entendes en NA Laura e que 'l volgues be; e si l'acuzet ela e 'l fetz acuzar a motz homes, si qu'ela li det comjat, que no volia plus sos precs ni sos ditz; e que se partis de NA Laura; e que de leis non esperes mais be ni amor.

Folquetz fo molt tritz e dolens quan sa dona l'ac dat comjat, e layset solas e chan e rire. Et estet longa sazo en marrimen, planhen se de la desaventura que l'era venguda; car perdia sa dona, qu'el amava mays que re del mon, per lieis a cui el no volia be sino per cortezia. E sobre aquel marrimen el anet vezer l'emperairitz, molher d'EN Guillem de Monpeslier, que fo filha a l'emperador Manuel, que fo caps e guitz de tota valor e de tota cortezia e de totz ensenhamens, e reclamet se ad ela de la desaventura que l'era avenguda. Et ela lo cofortet tan quan poc, e 'l preguec que no s degues marrir ni desesperar, e que per la sua amor degues chantar e far chansos. Don el per los precx de l'emperairitz si fetz aquesta chanso que ditz :

> Tan mov de corteza razo.

Et avenc si que ma dona n'Alazais muric, et EN Barral lo maritz d'ela e senher de luy muri ; e muri lo bon rey Richart, e 'l bon coms Raimon de Toloza, e 'l rey 'N Anfos d'Arago ; don el per tristeza de la soa dona e dels princes qu'eron mortz, abandonec lo mon ; e rendec se en l'orde de Sistel, ab sa molher et ab dos fils que avia. E fon fatz abas d'una rica abadia qu'es en Proensa, que a nom lo Torondet ; e pueis fon fatz avesques de Toloza, e lai definet.

<small>Nostrad. 53. Crescimbeni, 33, 240. Bastero, 82. Hist. gén. du Lang. III. Millot, I, 179. Papon, II, 393. P. Occ. 58.</small>

FOLQUET DE ROMANS, t. IV. Seize pièces, dont quelques-unes sont attribuées à d'autres troubadours.

Folquet de Rotmans si fo de Vianes, d'un borc que a nom Rotmans. Bons joglars fo e prezentiers en cort, e de gran solatz ; e fo ben honratz entre la bona gen. E fetz serventes joglaresc de lauzar los pros et de blasmar los malvatz. E fetz molt bonas coblas.

Le comte de Flandre lui ayant adressé des vers,

Folquetz de Roman li respondet :

> Aissi com la clara stela
> Guida las naus e condui,
> Si guida bos pretz selui
> Q'es valens, francs e servire,
> E sel fai gran faillimen
> Que fo pros e s'en repen

Per flac avol coratge,
Qu' eu sai tal qu' a mes en gatge
Prez e valor e joven
Si que la febres lo repren
Qui l' enquer, tan l' es salvatge.

Bastero, 83. Crescimbeni, 186. Millot, I, 460. P. Occ. 121.

FORMIT DE PERPIGNAN. Une pièce dont le couplet qui suit est le premier :

Un dolz desirs amoros
S' es en mon fin cor assis,
Dompna, que m ven deves vos
A cui sui del tot aclis,
Qu' en pensan vei noich e dia
Lo vostre cors car e gen
E 'l bel dolz esgard plazen
E vostr' avinen coindia.
UN DOLZ DESIRS.

Millot, III, 400.

FORTUNIERS. Deux couplets; en voici quelques vers :

Si 'n Aimerics te demanda,
Gasqet, si remas,
Seurs sias e certas
Que tos gatges no spanda,
Que capa ni capeiros
Ni bliauz ni pelizos
No t remanra,
Et al comjat prenden,
Conoisseras s' eu dic ver o si t men.
SI 'N AIMERICS.

Millot, III, 400.

FRÉDÉRIC Ier, empereur. On lui a attribué les vers suivants, qui ne se retrouvent dans aucun de nos manuscrits :

>Platz mi cavalier frances,
>E la donna Catalana
>E l'onrar del Ginoes
>E la cort de Castellana,
>Lo cantar provensales
>E la danza trevizana
>E lo corps aragonnes
>E la perla julliana,
>Las mans e caras d'Angles
>E lo donzel de Thuscana.

Nostrad. 28. Crescimbeni, 16. Bastero, 82.

FRÉDÉRIC III, roi de Sicile. Une pièce à laquelle le comte d'Empurias répondit. Le texte en est altéré ; voici quelques vers :

>Ni no s'es dreiz de mos amis mi plangna
>C'a mon secors vei mos parens venir
>E de m'onor chascuns s'eforza e s lagna.....
>E se neguns par que de mi s'estraia
>No l'en blasmi q'eu menta'l faiz apert
>C'onor e prez mos lignages en pert.....
>Pero el reson dels Catalans auzir
>E d'Aragon puig far part Alamagna
>E fo, qu'enpres mon paire, gent fenir ;
>Del regn' aver crei que per dreiz me tangna.
>   GES PER GUERRA.

Bastero, 82. Crescimbeni, 185. Millot, III, 23.

FRÈRE BARTE. Tenson avec Maître, auquel il adresse les vers suivants :

>Maystre, si us penetratz
>Mil mals com d'un sol be,
>Enqueras trobaratz merce
>Ab dieu, mas mal vo' 'n assematz
>Can dizetz c'ab ma mort voldratz
>Creisser la vostra manentia;
>Bel Maystre, s'aprendiatz
>Un sen de mi, bo us seria :
>Trop a longua via tener
>Totz hom que l'autrui mort esper....
>>FRAIRE.

GARINS D'APCHIER, t. IV. Six pièces.

Garins d'Apchier si fo un gentils castellans de Javaudan, de l'evesquat de Meinde, q'es en la marqua d'Alverne e de Rosergue, e de l'evesquat del Puoi Santa Maria. Valens fo e bons guerrers, e larcs, e bon trobaire, e bels cavaliers; e sap d'amor e de domnei, e tot so qu'en era. E fetz lo premier descort que anc fos fais, lo qual comenset :

>Quan foill'e flor reverdis
>Et aug lo cant del rossignol.

Une de ses pièces se termine par ce couplet :

>Eu no m'apel ges Olivier
>Ni Rothlan, que qu'el s'en dises,
>Mas valer los cre maintas ves,
>Quan cossir de leis qu'eu enquier;
>E non sai el mon cavalier
>Qu'eu adoncs no 'l crezes valer;

E volria, tal sieu, aver
A partir regisme o empier.
L'AUTR' IER.

On trouve dans une autre:

Veillz Comunal, plaides....
E ill malvaz serventes
Que vos aug far e dir
Me tornon en azir;
E ill vostra janglosia,
Don vos faiz escarnir,
Me desplaz chascun dia;
E m n' es vos enoios....
Gals e sems e falcos·
Am mais auzir que vos....

Membrari' us del jornal,
Quan perdes vostres cuissos
A Monfort, e messes vos
Dins en la boissera;
Granz esmais
Vos veng e granz esglais,
Qu' els draps vos traisses denan;
Be us gari deus per semblan
Car no us torques en carn nuda....
VEILLZ COMUNAL.

Bastero, 83. Crescimbeni, 146. Hist. gén. de Langued. II, 519. Millot, I, 39. Hist. Litt. XIV, 565. P. Occ. 10.

GARINS LE BRUN, t. IV.

Garins lo bruns si fo un gentils castellans de Neillac de l'evesquat de Puoi Sainta Maria; e fo bons trobaire; e fo a maltraire de las dompnas com deguesson captener. Non fo trobaire de vers ni de chansos, mas de tempsos.

La pièce qui reste de cet auteur, et qui a été imprimée tome IV, page 436, est attribuée par d'autres manuscrits à Rambaud d'Orange et à Gui d'Uisel.

Bastero, 83. Crescimbeni, 186. Hist. gén. de Langued. II, 519, et III, 98. P. Occ. 367. Hist. Litt. XV, 463.

Gaubert Amiels.

Gaubertz Amiels si fo de Gascoingna, paubres cavalliers e cortes e bons d'armas; e sap trobar; e non entendet mais en domna plus gentil de se; e fes los sieus vers plus mezuratz de hom que ancmais trobes.

Voici un couplet de la seule pièce que les manuscrits ont conservée de ce troubadour :

> Mas dei donc amar e mon poing
> Un bel auzelet qu'eu tengues
> Qu'al cel doas gruas o tres
> Qu'eu no prengues; ni no somoing
> Domna d'amar, s'afar no fai;
> Ja 'l fol cabrier no semblarai
> Qu'enques la reina que l'ames.
>   Breu vers per tal.

Bastero, 71. Crescimbeni, 187. Millot, III, 21. P. Occ. 268.

Gaucelm Estuca.
Une seule pièce dont voici deux passages :

> Tant es fina sa beutatz
>   Qu'en lieys ai m'amor
> Meza, e fatz gran follor,
>   Quar sui tant auzatz
> Qu'ieu dezir tant autamen....

Tant es sos fis pretz prezatz
Per qu' ieu m laus d' amor,
E dey lauzar la follor
Don ieu sui senatz,
Que foudatz mesclad' ab sen
Val en amar coralmen
Mais que sen non fai,
Er o dic per so qu' ieu sai
Qu' en amar fatz oltra poder
E no m rancur per lonc esper.

Quor qu' ieu.

Millot, III, 401.

GAUCELM FAIDIT, t. II, III et IV. Plus de soixante pièces.

Gaucelms Faidit si fo d'un borc que a nom Uzercha, qu'es en l'avescat de Lemozi. Fils fo d'un borzes: e cantava piegz d'ome del mon, e fes mot bos sos e bonas cansos. E fes se joglar per ochaison qu'el perdet tot son aver a joc de datz. Hom fo mot larcs e mot glotz de manjar e de beure, per que en devenc gros otra mesura. Mot fon lonc temps desastrucs de dos e d'onor a penre, que plus de XX. ans anet per lo mon qu'el ni sas cansos no foro grazitz ni volgutz. E pres per molher una soudadeira que menet ab si lonc temps per cortz, que avia nom Guilhelma Monja. Fort fo bella et ensenhada; et esdevenc si grossa e grassa com era el. Ella fo d'un ric borc que a nom Alest, de la marca de Proensa, de la seingnoria d'EN Bernart d'Anduza. E messier Bonifassi, marques de Monferrat, mes lo en aver et en raubas et en arnes et en gran pres lui e sas cansos.

Vos avetz auzit qui fon Gaucelms Faidit, ni com venc

ni estet. Mas el ac tan de cor que se enamoret de ma dona
Maria de Ventadorn, de la meillor domna e de la plus avinens que fos en aquela sazo, e d'ela fazia sas cansos. E la
pregava en cantan, et en cantan prezicava e lauzava sa
gran valor: et ela lo sufria per lo pretz que li donava. Et
en aissi duret lur amor be sept ans, que anc non ac plazer
en dreg d'amor. E si venc un dia EN Gaucelm denan sa
dona, e dis li o ela 'l faria plazer en dreg d'amor, o ela
lo perdria, e serquaria dona don li venria gran be d'amor.
E pres comjat d'ela iradamen.

E ma dona NA Maria mandet per una dona que avia
nom ma dona Audiart de Malamort, que era bela e gentil,
e dis li tot lo fag d'EN Gaucelm e de si; e que la degues
cosselhar co respondera a 'N Gaucelm, ni col poiria retener ses far amor a lui. Et ela dis que no la cosselharia
del laisar ni del retener; mas ela 'l faria partir de s'amor
que no s'en rancuraria ni seria sos enemicx. E ma dona
NA Maria fo molt alegra cant auzi aisso, e preguet li mot
que o complis. Ma dona N'Audiartz s'en anet; e pres un
messatge cortes, e mandet dizen a 'N Gaucelm que ames
may un petit auzel el punh que una grua volan el cel.
Gaucelm, cant auzi aquel man, montet a caval et anet s'en
a ma dona N'Audiart; et ela 'l receup mot amorozamen.
Et el li demandet per que ela li avia mandat del pauc auzel
e de la grua. Et ela 'l dis que mot avia gran piatat de lui,
car savia que el amava e non era amat : « Mas car l'avetz
montat son pretz, e sapiatz qu'ela es la grua; et ieu soi lo
petit auzel que vos tenetz el punh, per far e per dir totz
vostres comans. E sabes be que ieu soi gentils e auta de
riqueza, e jove d'ans, e si dis hom que ieu soi fort bela.
Et ancmais no dei ni promis, ni enganiei ni fui enganada;

et ai gran voluntat de valer e de esser amada, per tal que ieu gazanh pretz e lauzor. E sai que vos etz cel per cui o puesc tot aver; et ieu sui cela que o puesc tot gazardonar. E vuelh vos per amador; e fas vos don de mi e de m'amor, ab tals covens que vos prengas comjat de ma dona Maria; e que fassatz una canso rancuran d'ela cortezamen, e digas, que pus no vol segre autra via, que vos aves trobada autra dona, franca e gentil, que vos amara. » E can Gaucelms auzi los plazers plazens que 'l dizia, e ves los amoros semblans que 'l mostrava e 'ls precs que 'l fazia, e car era tan bela, fo sobrepres d'amor que no saup on se fon. E can fo reconogut, et el li redet grans gracias aitan com poc ni saup, com fera tot so qu'ela li comandaria, e s partiria de s'amor de ma dona Maria e metria tot son cor en ela. Et aquesta promessios fes la us a l'autre.

Gaucelms s'en anet ples de joia; e penset de far canso que fos entenduda que partit se era de ma dona Maria, e que autra ne avia atrobada que l'avia retengut; e la canso dis :

Tant ai sufert longamen greu afan.

Aquesta canso saup NA Maria, et alegret s'en mot; e ma dona N'Audiart atressi, car conoc qu'el avia partit son cor e son chant de ma dona Maria, car avia crezudas las falsas promessas de lieis per aquesta canso. Et a cap d'una sazo Gaucelms Faidit anet vezer ma dona N'Audiart ab gran alegrier, com sel que esperava intrar en cambra mantenen : et ela 'l receup fort. En Gaucelms fo a sos pes e dis qu'el avia fag son comandamen, e com el avia mudat son cor en ela; e qu'ela li fazes los plazers qu'ela li avia promes, e que fos meritz de so que avia fag per ela. Ma dona n'Audiart li dis : que vos es trop valens e trop prezatz, e que non es dona el mon que no s degues tener per pagada de sa amor; car vos es paire de valor, et ayso que vos promezi non o fi per voluntat de vos amar per amor, mas per vos traire de preso on vos eras, e de aquela fola esperansa que vos a tengut pus de VII ans; e car sabia la voluntat de ma dona na Maria, car ieu sabia que res de vostres volers no vos atendera, car ieu serai vos amiga e bevolens e tot can comandares ses mal estar.

Gaucelms auzi ayso e fo tristz e marritz; e comensa clamar merce a la dona, qu'ela no l'aucizes ni 'l trais, ni l'enganes. Ela 'l dis qu'ela no lo aussiria ni enganaria, ans vos ay trag d'enguan e de mort. Can vi que no valia clamar merce, anet s'en com hom marritz, car vi qu'en aissi era enganatz; car se era partitz de ma dona Maria, e so que l'avia promes o avia fag per engan. E pesset que tornes merce clamar a ma dona Maria, e fes aquesta canso que dis :

> No m'alegra chans ni critz
> D'auzelh mon felh cor engres.

Mas per chansos ni per res del mon non poc trobar perdo, ni foro auzit sos precs.

Can Gaucelms fo partitz de ma dona Maria per ma dona Audiart, aysi com avetz auzit, el estet lonc tems marritz per lo engan que ac pres. Mas ma dona Maria Garida d'Albusso, molher d'en Raynaut, vescoms d'Albusso, lo fey alegrar e chantar; que 'l dis tans de plazers e ill mostret tant d'amoros semblans, per qu'el s'enamoret d'ela e la preguet d'amor. Et ela, per so qu'el la mezes en pretz et en valor, si receup sos precs, e ill promes de far plazer d'amor. Longamen durero los precs d'en Gaucelm, mot la lauzet a son poder : et ela, com se fos cauza qu'ela no s'alegres de las lauzors qu'el fazia d'ela, no l'avia nulh' amor ni nulh semblan no li fez; mas una vez, can prenia comjat d'ela, el li bayset lo col; et ela luy sofri amorozamen, don el visquet ab gran alegrier per aquel plazer. Mas ela amava 'n Uc de la Signa, qu'era filh d'en Uc lo Brun, coms de la Marcha, et era mot amic de Gaucelm. La dona si estava al castel del Busso, on ela no podia vezer n Uc de la Signa ni far negun plazer, per que ela se fes malauta de mort, et vodet se ad anar a Nostra Dona de Rocamador. E mandet dire a 'n Ugo de la Signa que vengues a Uzercha, en un borc on estava en Gaucelm Faidit, e que vengues a furt, e que descavalgues a l'alberc d'en Gaucelm; et ela venria aqui e 'l faria plazer d'amor: et assignet li lo jorn que vengues. Can n Ugo o auzi fo molt alegres, e venc s'en lai al dia mandat; e desmontet en l'alberc d'en Gaucelm : e la molher d'en Gaucelm can lo vi lo receup ab gran alegrier. E la dona venc e desmontet en l'alberc, e trobet 'n Uc rescost en la cambra on ela devia jazer. Et ela can l'ac trobat fo molt alegra et estec dos jorns aqui; e pueys s'en anet a Rocamador. Et el atendet la aqui tro que venc; e pueys estero aqui autres dos jorns, can fo venguda; e cada nueg jazian ensems ab gran joi. E non tardet gayre, can s'en foro tornat, qu'en Gaucelm venc, e sa molher contet li tot lo fag. Can Gaucelm o auzit per pauc no mori de dol, car crezia que non ames autre may lui; e car l'avia colgat en son lieg, fo ne plus dolens. Don fe per aquesta razo una mala canso que di :

S'anc negus hom per aver fin coratge.

Ayso es la derreira qu'el fe.

Nostrad. 62, Crescimbeni, 43, 232. Bastero, 132, 141. Hist. gén. du Langued. II, 518. Millot, I, 354. Papon, II, 246. P. Occ. 99.

GAUSSERAN DE SAINT-LEIDIER. Une pièce.

Gauserans de Saint Leidier si fo de l'evescat de Velaic, gentils castellans, fills de la filla d'en Guillems de Saint Leidier; et enamoret se de la comtessa de Vianes, filla del marques Guillem de Monferrat.

> Puois fin' amors me torn en alegrier,
> Ben dei pensar de far gaia chanso,
> Qu'en tal domna ai mes mon cossirier
> Qu'anc hom non vi tan bella ni tan pro;
> Per qu'eu am mais la soa sospeisso
> De nuill autra que m dones joi entier;
> E tengra m ric ab sol d'un desirier,
> E ill enveios non sabran de cui so.

> Sobre totas a de beutat l'empier;
> Reina es de joi ses contenso,
> E duquessa de valen pretz entier,
> E comtessa de cors e de faisso,
> E marquesa de ben dir sa razo,
> E princessa, que ja nuill mal parlier
> Non puoscan dir ni feigner lausengier
> Qu'en leis aia nuilla res si ben no....

> Auzist o mais oncas de nuill arquier
> Cui armadura non tengues nuill pro?
> Qu'ieu l'ai trobat, que tan duramen fier
> C'outra l'ausberc e 'l perpoing e 'l bleso
> M'a si nafrat inz el cor d'un pilo,
> E ill flecha es d'un bel dig plasentier,
> E l'arcs don moc d'un franc cor presentier.
> Las! d'aquest colp trobarai guariso?....
>   PUOIS FIN' AMORS.

Crescimbeni, 186. Millot, III, 134. P. Occ. 288.

Gavaudan le Vieux, t. III et IV. Onze pièces, dont une est attribuée à Albert Caille.

Les vers suivants sont tirés d'une pièce où Gavaudan le Vieux parle de lui-même :

> Ieu no sui pars
> Als autres trobadors,
> Ans sui trop durs
> A selh que m ten per fraire,
> E mos trobars
> Es blasmes e lausors....
>
> Mos sens es clars
> Als bos entendedors,
> Trop es escurs
> A selh que no sap gaire ;
> Per que cuiars
> Lai on no val valors
> Non es sabers
> Ni sens a mo veiaire....
> Ieu no sui.

Millot, I, 154. P. Occ. 43: Hist. Litt. XV, 445.

Geneys, le jongleur de Lucas. Une pièce religieuse, dont ce couplet est tiré :

> Dieus verays, a vos mi ren,
> Que de la verge fos natz
> E per nos en crotz levatz,
> Vos clam•merce humilmen,
> Que m perdonetz los mortals
> Falhimens e 'ls venials
> Qu' ay faitz en tota ma via;
> Dieus, filhs de Sancta Maria,

Jhezu Crist, on gaug s'espan,
Per la vostra merce gran,
No y gardetz la colpa mia.
Dieus verays.

Geoffroi Rudel de Blaye, t. III.

Jaufres Rudel de Blaia si fo molt gentils hom, princes de Blaia; et enamoret se de la comtessa de Tripol, ses vezer, per lo gran ben e per la gran cortezia qu'el auzi dir de lieis als pelegrins que vengron d'Antiochia, et fetz de lieis mains bon vers et ab bons sons, ab paubres motz. E per voluntat de lieis vezer el se crozet, e mes se en mar per anar lieis vezer. Et adoncs en la nau lo pres mout grans malautia, si que cill que eron ab lui cuideron que el fos mortz en la nau; mas tan feron qu'ill lo conduisseron a Tripol en un alberc com per mort. E fo faitz a saber a la comtessa, e venc ad el al sieu lieich e pres lo entre sos bratz. Et el saup qu'ella era la comtessa, si recobret lo vezer, l'auzir e'l flairar; e lauzet dieu e'l grazi que ill avia la vida sostenguda tro qu'el l'ages vista. Et en aissi el moric entr'els braz de la comtessa; et ella lo fetz honradamen sepellir en la maison del Temple de Tripol. E pois en aquel meteis dia ella se rendet monga, per la dolor que ella ac de lui e de la soa mort.

Nostrad. 23. Crescimbeni, 11. Bastero, 84 et 119. Millot, I, 85. Papon, II, 444. Hist. Litt. XIV, 559. P. Occ. 19.

Germonde de Montpellier, t. IV.

Millot, II, 456.

GIRAUD. Tenson avec Bonfil :

>Auzit ai dir, Bofil, que saps trobar
>E fas coblas, mais saber vuelh breumen,
>Per que can chans as de re espaven,
>O as dona per que o deyas far,
>O si cantas per plag de joglaria
>Ni per aver de nulh home que sia,
>O si chantas que ton pretz s'en enans,
>Car ton chan val, s'as razon per que chans.
>AUZIT AI DIR.

GIRAUD DE BORNEIL, t. III et IV. Environ quatre-vingt-dix pièces.

Guirautz de Borneill si fo de Limozi, de l'encontrada d'Esidueill, d'un ric castel del visconte de Lemoges. E fo hom de bas afar, mas savis hom de letras e de sen natural. E fo meiller trobaire que negus d'aquels qu'eron estat denan ni foron apres lui; per que fo apellatz maestre dels trobadors, et es ancar per totz aquels que ben entendon subtils ditz ni ben pauzatz d'amor e de sen. Fort fo honratz per los valens homes e per los entendens, e per las dompnas qu'entendian los sieus maestrals ditz de las soas cansos. E la soa vida si era aitals que tot l'ivern estava a scola et aprendia, e tota la estatz anava per cortz e menava ab se dos cantadors que cantavan las soas cansos. Non vol mais moiller; e tot so qu'el gasaingnava dava a sos paubres parens et a la eglesia de la vila on el nasquet; laqual glesia avia nom et a encaras Saint Gervasi.

Voici le premier couplet d'une tenson avec le roi d'Aragon :

>Be m plairia, seingner reis,
>Ab que us vis un pauc de lezer.

Que us plagues que m disessetz ver
Si us cuiatz qu'en la vostr'amor
A bona dompna tan d'onor
Si com d'un autre cavallier;
E non m'en tengas per guerrier,
Ans mi respondes franchamen.
Be m plairia.

Nostrad. 145. Crescimbeni, 98, 226. Bastero, 84. Millot, II, 1. P. Occ. 123.

GIRAUD DE CABRIÈRE. Une longue pièce sur l'instruction que doit avoir le jongleur; il en a été imprimé des fragments tome II; en voici un autre:

  Cabra juglar,
  Non puesc mudar
Qu'eu non chan, pos a mi sap bon;
  E volrai dir,
  Senes mentir,
E comtarai de ta faison.
  Mal saps viular
  E pietz chantar
Del cap tro en la fenizon.
  Non sabz fenir,
  Al mieu albir,
A tempradura de Breton.
  Mal t'ensegnet
  Cel que t mostret
Los detz a menar ni l'arson;
  Non saps balar
  Ni trasgitar
A guisa de juglar gascon;
  Ni sirventesc

168 BIOGRAPHIES ET FRAGMENTS

       Ni balaresc
Non t'aug dir e nuilla fazon.
                CABRA JUGLAR.
Millot, II, 495.

GIRAUD DE CALANSON, t. III et IV. Dix-sept pièces, dont quelques-unes sont attribuées à d'autres troubadours.

Guirautz de Calanso si fo un joglars de Gascoingna. Ben sab letras, e subtils fo de trobar; e fes cansos maestradas desplazens e descortz d'aquella saison. Mal abelivols fo en Proensa e sos ditz, e petit ac de nom entr' els cortes.

Ce troubadour est auteur d'une fort longue pièce sur l'instruction que doit avoir un jongleur. Divers passages en ont été imprimés tome II. Les vers suivants en sont aussi tirés :

       Sapchas trobar,
       E gen tombar
E ben parlar e jocx partir,
       Taboreiar
       E tauleiar
E far la sinphonia brugir;
       E paucx pomels
       Ab dos cotels
Sapchas gitar e retenir....
       E sitolar
       E mandurcar
E per catre sercles salhir....
       Sapchas arpar
       E ben tenprar
La gigua, e 'l sons esclarzir;

Joglar leri,
Del salteri
Faras x cordas estrangir.
 ix esturmens,
Si be 'ls aprens
Ne potz a tos ops retenir.
Pueys apenras
De Peleas
Com el fetz Troya destruyr....
FADET JOGLAR.

Bastero, 84. Crescimbeni, 189. Millot, II, 28.

GIRAUD D'ESPAGNE, DE TOULOUSE. Trois pièces, dont l'une est à refrain et commence ainsi :

Pus era suy ab senhor
Qu'es de plazen captenensa.
E coms d'Anjaus e d'onor
E de pretz e de Proensa,
E joys e chantars l'agensa,
Chantarai del mal d'amor
Que m'a tan doussa sabor.
E ja guerir del mal d'amor no vuelh,
Ans m'abellis mais on pus fort m'en duelh.

Tant es la dolors plazens
Qu'el dous mal d'amor mi dona,
Per que mos cors franchamens
De gen servir s'abandona
A la covinen persona
Dont anc jorn no fuy jauzens,
Ni per maltrach recrezens.
E ja guerir, etc. etc.

Totz hom qu'ab fin cor leyal
Am, ni s'enten en amia,
Vol mais soffrir lo dous mal
Per amor, que s'en gueria,
Tant es plazens malautia;
Mas selh que d'amor non cal
No pot tant valer ni val.
E ja gueri», etc. etc.

Pus era suy.

Millot, III, 401.

GIRAUD DU LUC. Deux sirventes, dont l'un se trouve aussi sous le nom de Giraud de Calanson; le couplet suivant est tiré de l'autre :

Gaug n'an las gens d'outra 'l nil,
Car lor fai tant gent socors
C'uns feus de lor ancessors
C'avion conquist li fraire
Vendet, mas gens non pres gaire
Vas qu'era grans la ricors.
Dieus! cal gaug n'an lai part Valensa
Car Pol torne en tenensa
Del rei maroqui qui fai
  Son esquern de lai;
Et anc tan gran descrezensa
No vim pois la leis ebraia;
E Barbaria s n'apaia.

Si per malvatz.

Bastero, 84. Crescimbeni, 189. Millot, 402. Papon, III, 462.

GIRAUD RIQUIER, DE NARBONNE, t. II, III et IV. Plus de quatre-vingt-dix pièces, la plupart datées et très-longues.

On lit dans le manuscrit 7226, fol. 288 :

Aissi comensan los cans d'en Guiraut Riquier de Narbona, en aissi cum es de cansos e de verses e de pastorellas e de retroenchas e de descortz e d'albas e d'autras diversas obras, en aissi adordenadamens cum era adordenat en lo sieu libre; del qual libre escrig per la sua man fon aissi tot translatat; e ditz en aissi cum de sus se conten.

A l'une de ses pièces on trouve ce préambule :

Canson redonda et encadenada de motz e de son d'en Guiraut Riquier, facha l'an M. CC. LXXXII, en abril. El sos de la seconda cobla pren se el mieg de la premeira e sec se tro la fin, pueys torna al comensamen de la primeira, aissi com es senhat; pueys tota la cansos canta se aissi : la primeira e la tersa e la quinta d'una maneira, e la seconda e la quarta e la sexta d'autra maneira, et aquesta cansos es la XXIII.

Elle commence ainsi :

> Pus sabers no m val ni sens.
>
> Ms. 7226, fol. 300 v°.

Dans une pièce il exprime ses regrets au sujet de la mort d'Alphonse, roi de Castille, arrivée en 1287 :

> En la greu mort amara
> Del bon rey es serratz
> Pretz qu'en est mon non platz,
> N Anfos, qu'elh saup culhir
> Bos faitz e 'ls mals fugir....
>
> Res no m val.

Millot, III, 329. P. Occ. 329.

Giraud le Roux. Sept pièces, dont cinq sont imprimées tome III.

Giraudos lo Ros si fo de Tollosa, fills d'un paubre cavalier ; e venc en la cort de son seingnor lo comte Anfos per servir ; e fon cortes e ben chantans ; et enamoret se de la comtessa, filla de son seingnor; e l'amors qu'el ac en leis l'enseignet a trobar, e fetz mantas cansos.

Nostrad. 198. Bastero, 84. Crescimbeni, 133. Hist. gén. du Langued. II, 452. Millot, I, 205. Hist. Litt. XIII, 306. P. Occ. 64.

Giraud de Salignac, t. III.

Girautz de Salaingnac si fo de Caersin, del castel de Salaingnac. Joglars fo, ben adreg hom fo e ben cortes, e trobet ben e gen cansons e descortz e sirventes.

Bastero, 84. Crescimbeni, 189. Millot, III, 402. P. Occ. 371. Hist. Litt. XV, 444.

Granet, t. IV. Quatre pièces, dans l'une desquelles, intitulée Coblas d'en Granet, on trouve cet envoi :

> Per la comtessa de Rodes valen
> Au ras lor cap cavalier mais de cen ;
> E s'en Sordel se vol gardar de failla
> Son cap raira, o ja deus non li vailla.
> Pos al comte.

Crescimbeni, 190. Millot, II, 133. Papon, III, 460.

Gui. Tenson avec Falco, auquel il dit :

> Falco, en dire mal
> Vey qu'es trop abrivatz,
> E fos ne causigatz,

E portatz n' el senhal ;
E digatz me per cal
Fos de claustra gitatz,
Que quan monge senhatz
Laissa l' orde quere,
Pueys prezo i mens sa fe ;
Qu' ieu n' ai auzit clamor ;
E digatz me per que
Issitz del refreitor.
FALCO EN DIRE.

GUI DE CAVAILLON, t. IV.

Guis de Cavaillon fo un gentils bars de Proensa, seingner de Cavaillon, larcs hom e cortes, et avinens cavalliers, e mout amat de domnas e per totas gens ; e bons cavaliers d'armas e bons gerrers ; e fes bonas tensons e bonas coblas d'amor e de solatz ; e si se crezet qu'el fos drutz de la comtessa Garsenda moiller que fo del comte de Proensa que fo fraire del rei d'Aragon.

Ce troubadour adresse un couplet au comte de Toulouse :

Seigner coms, saber volria
Cal tenriatz per melhor
Si l' apostol o us rendia
Vostra terra per amor,
O si per cavalaria
La conquerez ad honor,
Sufertan freit e calor,
Qu' eu sai ben la cal volria,
S' era homs de tan gran valor
Q' el maltraich torn en legor.
SEIGNER COMS.

Bastero, 87. Crescimbeni, 197. Millot, III, 34. Papon, II, 407. P. Occ. 269.

Gui Folquet. Une pièce religieuse ; on lit en titre :

Aquest gautz dechet mo senher Guy Folqueys, e donet C. jorns de perdon, qui los dira, can fon apostolis :

<blockquote>
A te, verge Santa Maria,
Me ren e m coman nueg e dia,
E prec te que pregues per me,
Car mos precx no val re ses te ;
Tan m'an lunhat li miey peccat
De ton filh que ai mescabat,
Parlan, pessan e cossenten,
E tan son gran miey falhimen
Qu'ieu non cug atrobar perdo,
Si tu non prendes ma razo....
Per ver fon la vergenetatz
Clausa, can dieus y fon intratz,
Aisi co la verga flori
Ses tot humor que non senti,
Aguist tu frug que, ses semensa
D'ome, venc a vera naissensa,
E la porta qu'el sant hom vi
Que a lunh home no s'obri
Mai al gran senhor solamen,
Est tu, dona, certanamen....
A TE VERGE.
</blockquote>

Millot, III, 402.

Gui de Glotos. Un couplet en réponse à Diode de Carlus :

<blockquote>
Diode, ben sai mercandeiar,
Mas del vendre sui plus coitos,
Per q'eu soi sa vengutz a vos
Vendre pretz, si 'n voletz comprar ;
</blockquote>

>Pero, si vos faillon dinier,
>Penrai ronzin o blanc o nier,
>E s'el mercat no us agrada be,
>Tal com aurai de vos, aurez de me.

Millot, III, 398.

Gui d'Uisel, t. III et IV. Dix-sept pièces, dont quelques-unes sont attribuées à d'autres troubadours.

Gui d'Uissel fo de Lemozi, gentils castelas; et el e siei fraire e son cozi si ero senhor d'Uissel que es bos castels, e si ne avian motz d'autres. E l'us de sos fraires avia nom n Ebles e l'autre en Peire, e 'l cozin avia nom n Elias. E tug quatre si eron trobador. En Gui si trobava bonas cansos, en Elias bonas tensos, en Ebles las malas tensos, en Peire cantava tot quant els trobavan. En Gui si era canorgues de Brieude e de Monferran, e si entendet lonc temps en ma dona Margarida d'Albusso et en la comtessa de Monferran, don fetz maintas bonas cansos. Mas lo legatz del Papa li fetz jurar que mais no fezes cansos; e per lui laisset lo trobar e 'l cantar.

Nostrad. 100. Crescimbeni, 70. Bastero, 87, 126. Millot, III, 1. P. Occ. 259.

Guigo. Trois tensons, l'une avec Joris ou Jauris, et les deux autres avec Bertrand d'Alamanon. Dans l'une de celles-ci il répond :

Gigo li respondet aisi :

>Si crit, Bertrans, per cels que son valen,
>No cridarai per vos Alamano,

Qu'ieu vey tot l'an, ses honor e ses pro,
C'anatz la cort de Proenza seguen,
E non es faytz per vos condugz ni dos;
Pero de motz vernassalhs, enueios
No sap nulhs homs mielhs de vos far parven;
E ja per me no perdatz vostr' uzatge.
AMICX GUIGO.

Millot, 1, 435.

GUIGO DE CABANAS. Couplet adressé à Esquileta :

N Esqileta, quar m'a mestier,
M'aven a cercar mant seignor,
E sitot non sai entre lor
Cridar a foc per EN Rogier,
Ben eu conosc que prez destriza
E fina valors a briza,
E ses cridar sai en cort conoissen
Ben dir dels pros e mal de l'avol gen.
N ESQILETA QUAR.

Crescimbeni, 197. Millot, III, 403.

GUILLALMET. Une tenson avec un prieur :

Senher Prior, lo sains es rancuros
Quar en aissi l'aves tengut aitan
  Paubre e nu, al mieu semblan;
Lo sains no deu faire vertutz per vos,
Que tan l'aves tengut aunidamen;
  Per vos non ac vestimen
De que pogues cubrir sas paubretatz;
Per so 'n paron a l'autar los costatz.
SENHER PRIOR.

Millot, III, 42.

GUILLAUME Deux troubadours de ce nom ont une tenson ensemble ; l'un dit :

> Guillem, prims iest en trobar, a ma guia,
> Troban vuelh doncx saber ta voluntat....
> Cal volrias mais aver ?
> Esser ricx de terr' e d' aver
> Entr' els pus ricx, o la sciensa aprisa
> Ab lo saber que las VII artz deviza.

Son interlocuteur répond :

> Mais volgr' aver la sciensa conquiza
> Que m degues remaner que la rictat....
> Car ricx pot pauc valer
> E leu pot hom d' aut bas cazer,
> E 'l sciensa non chai, pos es assiza ;
> Sel c' a 'l saber es ricx en sa camiza.

Le premier réplique :

> Sel qu' entr' els ricx a gran ricor pleneyra
> Vol e quer pus en sus,
> Que C. savis pot metr' en una teyra,
> Sol c' a cascun don pus....
> C'Aristotils sobr' els prims e lus
> Pres dons dels ricx, e Virgili
> Que ditz en la ribeyra
> Lay a Napols : May am d' onor que quieyra.

A quoi l'autre répond :

> Aleysandre venquit Porus
> E sa gran ost, e 'l tornet en paubreira
> Ab son saber, per qu' en sec en cadeyra....
> GUILLEM PRIMS.

Millot, III, 403.

GUILLAUME ADHÉMAR, t. III et IV. Plus de vingt pièces, dont quelques-unes se trouvent sous différents noms.

Guillem Azemar si fo de Gavaudan, d'un castel que a nom Merueis. Gentils hom era, filhs d'un cavallier que non era rics ni manens: e'l seingner de Merueis si'l fetz cavallier. Et el era ben valens hom e gen parlans, e fon bos trobaires. E non poc mantener cavalaria, e fes se joglars. E fon fort onratz per tota la bona gen, per los baros e per las donnas; e fes mantas bonas chansos. E cant ac lonc temps vescut, el se rendet a l'orde de Granmon, e la muri.

Il commence une de ses pièces par cette comparaison:

<blockquote>
L'aigua pueia contra mon
Ab fum, ab niul et ab ven,
Et, on pus aut es, dissen;
Eisamen pueia valors
Ab ben fag et ab honors,
E cant es aut, deysendria
Si 'l bes no la sostenia.
</blockquote>

L'AIGUA PUEIA.

Nostrad. 45. Crescimbeni, 28. Bastero, 85. Hist. gén. du Langued. II, 519. Millot II, 497. Hist. Litt. XIV, 567. P. Occ. 258.

GUILLAUME D'ANDUSE. Une pièce, dont voici un fragment:

<blockquote>
Plus fon mon cor que neus per gran calor,
E plus que fuec m'es avis qu'esconprenda;
Sabetz per que dreitz e razos entenda?
Per vos c'avetz sobre totas valor,
</blockquote>

Beutat e sen, ensenhamen e grat,
Qu'ieu cre, si vis vostre cors grail' e gen
Ypolite, que visquet castamen,
Fora floris de cor enamorat.
BE M DITZ

Millot, IV, 408.

GUILLAUME ANELIER, DE TOULOUSE, t.IV. Dans un de ses sirventes on trouve ces vers :

El nom de dieu qu'es paire omnipotens....
Fas sirventes e prec li qu'el m'ampar....
Que no m nogom clercx ab fals mots forbitz
Don mains homes an pel segle trazitz,
Qu'en van faiditz queren d'autrui lur vida,
Quar dreitz no 'ls val ni 'ls es razos auzida.

Tan son lassatz ab Franses fermamens
Qu'om no 'ls auza lur fals ditz contrastar,
Quar en lur cortz fa sayns Marcx acabar
Mais que Ihesus ab totz los autres sens....
EL NOM DE DIEU.

Bastero, 85. Crescimbeni, 190. Millot, III, 404.

GUILLAUME D'AUTPOUL, t. IV. Fragments d'une pastourelle :

L'autr'ier, a l'intrada d'abril,
Per la doussor del temps novelh,
Per gauch del termeni gentil,
M'anava sols, per un pradelh,
En un deves, prop d'un cortil ;
Trobey pastor' ab cors yrnel,
Vestida fon d'un nier sardil,
Ab capa grizeta ses pelh ;

>   Bell' es e genta,
>   S'amors m'atalenta,
>   Tant es covinenta;
>   E fes un capelh
>   De flor ab menta :
>   De motos a trenta :
>   Sola si contenta
>   Jost un arborelh :
>   Ab si meteyssa dis : « Hay !
>   « Sola suy, e 'l temps s'en vay.
>   « Lassa ! be planc ma joventa,
>   « Quar non ay amic veray. »
>   L'AUTR'IER.

Millot, III, 408.

GUILLAUME DE BALAUN. Une seule pièce remarquable par la circonstance qui en fournit le sujet.

Guillems de Balaun fo un gentils castellas de la encontrada de Monpeslier. Mout adretz cavayers fon e bon trobaires. Et si s'enamoret d'una gentil domna de l'evesquat de Gavaudan, que avia nom ma dona Guilhelma de Javiac, moiller d'EN Peire, seignor de Javiac. Mout l'amet e la servi en contan et en cantan; e la dona li vole tan de ben que 'l dis e 'l fetz so qu'el vole en dreg d'amor.

EN Guilhems si avia un companho que avia nom Peire de Barjac, valens e pros e bon e bel; et amava el castel de Javiac una avinen dona, NA Viernetta, la cal tenia Peire de Barjac per cavayer, e n'avia de leis tot cant el volia. Abdui eron drut de lor donas. Et avenc se qu'EN Peire se corrosset ab la soa dona, si qu'ela li det malamen comjat; don el s'en anet dolens e tristz plus que ancmais no fo. En Guilhems si 'l cofortet fort que no s desesperes, qu'el ne faria patz tan tost can tornaria a Javiac. Mot li fons grans lo termes ans que fos tornatz lai; e si tost com EN Guilhems fon vengutz a Javiac, el fetz patz d'EN Peire e de sa dona, don Peire fo alegres pus que quan la conques de premier, don el mezeis o dis a 'N Guilhem. En Guilhem dis qu'el o volia esproar, si 'l joi de recobrar amor de domna era tan grans com lo jois del gazaing premier. E feins se fort iratz com ma dona Guillelma, et estet se que no 'l mandet messatje ni salutz, ni no volc esser en tota l'encontrada on ela estava; don ela li mandet messatje ab letras fort amorosas, com ela s meravilhava com estava tan de lieys veser, o que sos messatges no l'agues mandat. Et el, com fols amans, no volc auzir las letras, e fes donar comjat al messatje vilanamen. El messatjes tornet s'en dolens comtar a sa dona com era estatz. La dona fon mout trista, et adordenet ab un cavayer del castel que sabia lo fag, que s'en anes a 'N Guilhem de Balaun, e que saupes per que era aisi iratz contra ela, e si avia fag res encontra luy que el s'en degues venjar, que ela 'n venria ad esmendamen a son voler.

Lo cavayers s'en anet a 'N Guilhem e fon mal recebutz. E can lo cavayer l'ac dic son voler, el dis que no 'l dissera la occayzo, car el sabia be qu'ela era tals qu'el non volia esmenda ni 'l devia perdonar. Lo cavayers s'en tornet, e dis a ma dona Guilhelma so qu'EN Guillems avia dit, don ella se mes en desesperansa, e dis que mais no il mandaria messatje ni prec ni rasonamen. Adonc ela 'l mes en soan del tot; et en aysi ela estet un gran temps.

E can venc jorn, EN Guilhems se comenset pensar com per son fol sen el perdia per la folia gran joy e gran benanansa; e si montet a caval, e venc s'en a Javiac; et alberget en la maison d'un borzes, que no volc venir en cort; disen qu'el anava en pelegrinatge. Ma dona Guilhelma saup qu'el era en vila; e can venc la nueg, que las gens foron a leit, et ela issi del castel ab una dona et una donzela, e venc a l'alberc on el jazia; e se fe mostrar on jazia Guilhem de Balaun, e venc s'en a la cambra on jazia; e mes se de ginolh denan el, e baisset sa benda per lui bayzar, e querec li perdo del tort qu'ela non avia : et el non la volc recebre ni perdonar, ans batan e feren la casset de denan se; e la domna s'en anet trista e grama e dolenta a son alberc ab cor que mais no'l vis ni'l parles; e penedet se de so qu'amors li avia faich far. Et el atressi remas iratz car avia fach tal folor; e levet se matí, e venc s'en al castel, e dis que parlar volia ab ma dona Guilhelma per querre perdo. E la dona Guilhelma cant o auzi fes li donar comjat, e dis no'l veiria, e fes lo gitar del castel vilanamens. En Guilhem anet s'en trist e ploran; e la dona remas dolenta e penedens de la humilitat c'avia facha. Et en aysi estet Guillems de Balaun ben un an que la dona no'l volc vezer, ni auzir parlar de lui; dont el adonc fes lo vers desesperat que di :

Mon vers mov merceian.

En Bernartz d'Anduza, qu'era'l melhor hom de la encontrada, saup lo fag d'en Guilhem e de la dona; e montet a caval e venc s'en a Balaun. E parlet ab en Guilhem, e dis li co s podia far qu'el ages tant estat de vezer sa dona. En Guilhem contet li tot lo fag e la foldat que li era venguda. En B. cant auzi la razo tenc s'o a gran isquern, e dis li qu'el ne faria patz : don el n'ac mot gran gaug, cant auzi que s'en volia entrametre.

En B. s'en parti e venc s'en a Javiac, e contet tota la razon d'en G. a la dona, e com el era mot trist e dolent per la folia que s'avia pensada : e comtet li tot l'esquern, com o fes per esproansa. E la dona respos que mot s'en tenia per falhida, car tant s'era humiliada ad el. En B. li dis, que per so li era a perdonar enans, per lo dreg que era sieu el tort d'en G., e preget la 'n, aytan caramen co poc ni saup, que per dieu e per merce li perdones; e qu'ela 'n prezes venjansa can li plazeria. E la dona 'l respos que pus el o volia ela 'l perdonaria, en aisi que per la falha qu'el fag avia, que se traisses la ongla del det menor; e qu'el la y degues portar ab un cantar, reprenen se de la folia c'avia facha.

En B. d'Anduza, quan vi que al res far non podia, pres comjat; et anet s'en a 'n G. e dis li la resposta de la dona. En G. quant auzi que perdon trobaria fo molt alegres; e rendet li gracias, car tan li avia acabat ab sa dona. Tan tost mandet per un maestre, e fes se traire la ungla ab gran dolor qu'en sofri; e fes son vers, e venc s'en a Javiac, el e mo senher B. Ma dona Guilhalma issi lor encontra : en G. gitet se de ginolhs denant ela, queren merce e perdo, et prezentet li la ongla. Ela fon piatoza e levet lo sus; et intreron se totz tres en una cambra, et aqui ela lo perdonet baysan et abrassan. E retrais li son cantar, et ela l'entendet alegramen. E pueys ameron se pus fort trop que non avian fag enans.

A la fin de cette vie le manuscrit ajoute :

Et es grans merces d'ome, quant a gran ben e vai mal queren, qu'el trobe, si com fez Guillems de Balaun, qu'en aissi s castia folz com el fetz dan perden.

Voici deux couplets de sa pièce :

> Hailas ! co fui malauros
> Quan per me baisset sa benda
> E m quis franchamens esmenda
> D'aquo don degr' esser cochos;
> Me fis preguar de tal barganh
> Don m'a 'l cor soven dolgut;
> Qu'era m tengr' ieu per errebut,
> Si m saludes cum un estranh.
>
> Domna, sitot no m tanh perdos
> Non laissarai no us mi renda,
> E mas mans no us estenda
> Que pregars vens los mals e 'ls bos;
> E si pietatz tan vos afranh,
> So qu'ieu non esper ni non cut,
> Que m perdonetz tort conegut,
> S'ieu mais chai, no m levetz del fanh.
>
> MON VERS MOV.

Bastero, 85. Crescimbeni, 190. Millot, I, 119. P. Occ. 30. Hist. Littér. XV, 447.

GUILLAUME DE BAUX, prince d'Orange.

Guilems del Bauz, princeps d'Aurenga, si raubet un mercadan de Fransa, e tolc li un gran aver en la sua strada. El mercadans s'en anet a reclam al rei de Fransa; e 'l reis li dis q'el no li podia far dreit, que trop li era loing : Mas te don paraula q'en calqe maneira que tu t'en pos valer, si t'en val. El borges anet e fetz contrafar l'anel del rei, e fetz letras de part lo rei a 'N Guilem del Baus q'el vengues al rei, prometen ad el grans bens e grans honors e grans dons. E quant Guilems del Baus ac las letras, alegret s'en mout, et aparellet se granmen d'anar al rei. E moc, e venc s'en a la ciutat don era lo mercadans qu'el avia raubat, q'el no sabia dont el fos. El borges, qan sap q'EN Guilems era en la ciutat, si lo fetz prendre e totz los compaignos; e si'l coven a rendre tot so que li avia tout, e refar tot lo dan : et anet s'en paubres desasiatz. Et anet s'en presar una terra d'EN Aimar de Pitheus que a nom l'Osteilla; e qant s'en venia per lo Roine en una barca, preiron lo li pescador d'EN Aimar. EN Rambaut de Vaqueiras, qe s'apellava Engles, s'en fes aqestas coblas :

Tuit me pregon, Engles, q'eu vos don saut.

Il reste de lui une pièce dont le couplet suivant est tiré :

E s'ab N Agout vos encontratz,
Conseil que sia faita patz
E que remanhatz amic bon,
E plegassetz vostre leon,
Q'un petit va trop irissatz :
Que si ns avia totz manjatz
A vos no tenria nul pron....
EN GUI A TORT.

En réponse à Rambaud de Vaqueiras, il fit ce couplet :

Be m meraveill de vos, EN Raimbaut,
Com vos es tan contra me irascutz,
Qu'en breu seretz per fol reconogutz
Plus qu'EN Peyrols que hom ten per Arnaut.
Anatz vos en al rei de Barsalona
Et als autres, si com avetz enpres,

Que mais amatz deniers e paubr' arpes
Qu'enconogutz l'amor de NA Falcona.

Bastero, 85. Crescimbeni, 191. Millot, III, 52. Papon, II, 405. P. Occ. 271.

GUILLAUME DE BERGEDAN. Vingt-trois pièces.

Guillems de Berguedan si fo un gentils bars de Cataloingna, vescoms de Berguedan, seingner de Madorna e de Riechs, bons cavalliers e bons guerrers. Et ac gran guerra com Raimon Folc de Cardona, qu'era plus rics et plus grans qu'el. Et avenc se que un dia se trobet com Raimon Folc et ausis lo malamen : et per la mort d'EN Raimon Folc el fo deseretatz. Longa saison lo mantenguen siei paren e siei amic; mas tuit l'abandoneren, per so que tuich los escogosset, o de las moillers, o de las fillas, o de las serrors, que anc no fos negus que lo mantengues, mas d'EN Arnaut de Castelbon, qu'era un valenz hom, gentils e grans d'aquela encontrada. Bons sirventes fetz on disia mals als uns e bens als altres; e se vana de totas las domnas que ill soffrian amor. Mout li vengon grans aventuras d'armas et de domnas, e de grans desaventuras. Pois l'aucis uns peons.

Fragments d'une complainte sur la mort du marquis Pons de Mataplana :

> Consiros cant e planc e plor
> Pel dol que m'a sasit e pres
> Al cor per la mort mon marques
> EN Pons lo preu de Mataplana....

> Paians l'an mort, mas dieus l'a pres
> A sa part, que li sera garens

Del grans forfatz e dels minors,
C' els angels li foron auttors,
Car mantenc la lei cristiana....

E Paradis, el luoc megllior,
Lai o 'l bon rei de Fransa es,
Prop de Rolan sai que l' a mes....
Consiros cant.

Bastero, 85. Crescimbeni, 191. Millot, II, 125. P. Occ. 152.

Guillaume de Beziers, t. III et IV.

Millot, III, 409.

Guillaume de Briars. Une seule pièce, où se trouvent ces vers :

Si quo 'l maiestre vai prendre
Lo jaspi lai on la vist,
M' a fag tant assi atendre
Amors tro que m' a conquist;
Mas per mi er greu conquista
La bella en cuy enten
Celadamen ni a vista,
Si doncx a merce no m pren.
Si quo 'l maiestre.

Millot, III, 405.

Guillaume de Cabestaing, t. III. Sept pièces.

Guillems de Cabestanh fo un gentils castelas del comtat de Rossilhon, qu' es del rei d'Aragon e que confinava com Cataloingna e com Narbones. Mot fo avinens hom de la persona, e presatz d'armas, e de servir e de cortesia, e bos trobaires. Et avia en la soa encontrada una domna que avia nom ma domna Sermonda, moiller d'en Raimon de Castel Rossilho, qu'era mot ric e gentils e braus e mals et orgoillos. Longamen l'amet EN G. de Cabestanh, e 'n fet motas bonas cansos; e la domna 'l volc tan de be que 'l fey son cavayer, et esteron ab gran joi essems lonc temps. E fon dic al marit d'ela, don el n'ac gran gelosia; et enserret la en una tor, e fetz la fort gardar e li foron faitz man desplazer, don G. de Cabestanh intret en gran dolor et en gran tristessa; e fes aquella canso que dis :

    Lo dos cossire
   Que m don amor soven.

E quan R. entendet la canso crezet que fos de sa moiller, quar dis en una cobla :

   Tot quan fas per temensa
    Devetz en bona fei
   Penre, neis quan no us vei.

Et aquest mot entendet : e mandet lo marit a 'N G. que vengues a parlamen. E menet lo ab si foras lonh del castel, et a trassio el li tolc la testa e mes la en un carnayrol; e trais li lo cor del cors, e mes lo en carnayrol com la testa. Et intret s'en el castel, e fes lo cor raustir e fez lo aportar a la taula a la moiller, per so la domna s'agradava fort de cor de salvaizina, e fes lo manjar a sa molher en semblan qu'el ne manjes. E quan l'ac manjat, si levet sus e dis que so que avia manjat era 'l cor d'EN G. de Cabestanh, e mostret li la testa, e demandet li si l'era estat bos a manjar. E la domna conoc la testa d'EN Guillem de Cabestanh, e dis que tan bos li era estat e si saboros, que jamais autre manjars ni autre beures no 'l tolria la sabor de la boca qu'el cor d'EN G. de C. li avia laissada. El marit, quant o auzi, correc li dessus ab l'espaza; e la domna ac paor e fugi al balcon, e se laisset cazer jos, e fo morta.

Et aquest mal fo sauputz per tota Cataloingna e per totas las terras del rei d'Aragon ; e per lo rei 'n Anfos, e per tos los baros de las encontradas fo mot gran tristeza e grans dolors de la domna e d' en G. de Cabestanh. Et ajusteron se los parens d' en G. e de la domna, e totz los cortes cavayers d'aquela encontrada, e guerreieron R. de Castel Rossilhon a foc et a sanc. El rei d'Arago venc en la terra, quan saup lo fag, e pres R. de Castel Rossilho, e desfetz li los castels e las terras, e fes metr' en G. de Cabestanh denan l'us de la gleiza de San Joan a Perpinhan, e la domna ab el. E fon una longa sazo que tug li cortes cavayer e las domnas gentils de Cataluenha e de Rossilho e de Sardanha e de Cofolen e de Narbones, venian far cascun an anoal per lur armas aital jorn quan moriro, pregan nostre senhor que lur agues merce.

Aissi com avetz auzit lo rei pres R. de Castel Rossilho e 'l deseretet, e 'l tolc totz sos castels, e 'l fes morir en sas preisos, e donet totz sos bes als parens d'en G. e de la domna que mori per el.

L'intérêt qui s'attache à ce troubadour exige d'en faire connaître une autre biographie plus circonstanciée qu'on trouve dans un des manuscrits de la Laurentiana.

Monsegnor Raimon de Ronsillion fo un valenz B. aisi com sabetz et ac per moller ma dompna Margarida, la plus bella dompna c'om saubes en aqel temps, et la mais presiada de totz bon pretz, et de totas valors, et de tota cortesia. Avenc si qe Guillem de Cabstaing, qe fu fil d'un paubre cavaliers del castel de Cabstaing, venc en la cort de monsegnor Raimon de Rossillion, et se presentet a lui, se il plasia qe el fos vaslet de sa cort. Monsegnor Raimon q'el vi bel e avinenz, et li semblet de bona part, dis li qe ben fos el vengutz, et qe demores en sa cort. Aisi demoret con el, et saup si tan gen captener, qe pauc et gran l'amavon. Et saup tan enantisar, qe monsegnor Raimon volc qe fos donzel de ma dompna Margharida sa molher; et en aisi fo fait. Adonc s'esforzet Guillem de mais valer et en ditz et en faitz. Mais, ensi com sol avenir d'amor, venc c'amors volc assalir ma dompna Margarida de son assaut, et scalfet la de pensamen; tan li plasia l'afar de G. e 'l dich e 'l semblantz qe non se poc tenir un dia q'el no 'l dizes: Ara m digatz, Guillem, s'una dompna te fasia semblan d'amor, auzarias la tu amar? Guillem, qe se n'era perceubutz, li respondet tot franchamen: S'ieu, ma dompna, saup q'els semblantz fosson vertadier. Per Saint Johan, fec la dompna, ben avetz respondut a guisa de pro; mas eras te volgl proar se tu poras saber et conoisser de semblanz cal son vertadier, o cal non. Cant Guillem ac entendudas las parolas, respondi: Ma dompna tot aisi con vos plaria sia. Et comenset a pensar, et mantenent li moc amors esbaralla et l'intret el cor tot de preon lo pensamen c'amors tramet als sieus; de si en an fo dels serventz d'amor, et comencet de trobar cobletas avinenz et gaias, et danzas et cantas d'avinens cantar era d'asautz et plus a lei per cui el cantava. Et amors qe rend a sos servens sos gasardos, can li ven a plaser, volc rendre de son servisi lo grat. Vai destregnen la dompna tan greumen de pensamen d'amor et consire, qe jorn ni noit non podia pausar, pensan la valor et la proessa q'er en Guillem pausada et messa tan aondosamen. Un jorn avenc qe la dompna pres Guillem, e 'l dis : G. era m digatz, es tu ancara aperceubutz de mos semblanz, si son verais o mensongiers. G. respon : Dompna, si 'n vallia dieus ; de l'ora en sai qe fui vostre servire, no m poc entrar el cor nul pessamen, qe non fossatz la mielz c'anc nasqet, et la mais vertadiera ab diz et a semblanz. Aiso crei et creirai tota ma vida. Et la dompna respos : G., eu us dis, si deus m'en par, qe ja per me non seres galiatz, ni vostre pensamen non er en bada : et tes lo braz et l'abrasetz dousamen inz en la zambra, on ill eron amdui assis, et lai comenseron lor drudaria. Et duret non longamen, qe lausinjers, cui dieus air, comenseron de s'amor parlar, et anar devinan per las chansos qe G. fasia, disen q'el s'entendia en ma dompna Margarida. Tan anneron disen, et jus et sus, c'a l'aurella de monsegnor Raimon venc. Adonc li saup trop mal, et trop greu iratz, per o c'a perdre li avinia son compagnon qe tant amava, et plus de l'onta de sa molher. Un jorn avenc qe Guillem era anat a sparvier ab un escuier solamen. Et monsegnor R. lo fetz demandar on era. Et un valletz li dis c'anatz era a sparvier. Et sel q'el sabia li dis en aital encontrada. Mantenent se vai armar d'armas celadas, et si fec amenar son destrier, et a pres tot sol son chamin vas cella part, on Guillem era annat ; tan chavalquet qe trovet lo. Cant G. lo vi venut, si s'en donet merveilha, et tan tost li venc mal pensamens. Et il venc a l'encontra, et il dis : Senher, ben sias vos vengutz. Com es asi sols ? Monsengnor Raimon respondet : G. quar vos vauc qeren per solazar mi a vos ; et avetz nientz prez ? O ieu, sengnor, non gaire, car ai pauc trobat, et qi pauc troba non pot gaire penre, so sabets vos, si col proverbi ditz. Laissem eimais aqest parlamen estar, dis monsegnor Raimon ; et digatz mi ver per la fe qe m devetz de tot aiso qe us volrai demandar. Per deu, senher, ditz G. s'aiso es de dir, be us dirai. Non voill q'i m metatz nul escondit, so dis monsenhor Raimon, mas tot enteramen me diretz d'aiso qe us demandrai. Senher, pois qe us platz demandatz mi, so dis G., si vos dirai lo ver. Et monsenhor Raimon demandet : Guillem, si dieus et fes vos vallia, avetz dompna per cui cantatz ni per cui amor vos destringna ? Guillem respon : Seigner et com canteria s'amor no m destrigna ? Sapchatz de ver, monsegnor, c'amor ma tot en son poder. R. respon : Ben o voill creire, q'estiers non pogratz tan gen chantar ; mas saber voill, si a vos platz, digatz qi es vostra dona. Ai ! segnier, per dieu, dis G., garatz qi m demandatz, si es raisons c'on deia descelar s'amor, vos me digatz qe sabes q'en Bernard del Ventadorn dis :

> D'una ren m'aonda mos senz
> C'anc nulz hom mon joi non enquis
> Q'eu volentiers non l'en mentis,
> Qar no m par bons ensegnamenz,
> Anz es follia et enfanza,
> Qui d'amor a benenanza
> Q'en vol son cor ad omes descobrir,
> Si no l'en pod o valer o servir.

Monsegnor Raimon respon : Eu vos plevis q'ie us en valrai a mon poder. Tan li poc dir R. qe G. li dis : Senher aitan sapchatz q'eu am la seror de ma domna Margarida vostra molher, et cuig en aver cambi d'amor. Ar o sabetz, e us prec qe 'm' en valhatz, o qe sivals no m'en tengatz dampnage. Prenez man et fes, fet R., q'eu vos jur e us

plevis, qe us en valrai tot mon poder; et aisi l'en fianset;
et qant l'ac fiansat, li dis R : Eu voill c'anam in qua lai,
car prop es de qi. E us en prec, fetz G., per dieu. Et en
aisi prenneron lor cami vas lo chastel de Liet. Et qan
foron al chastel, si foron ben acuilliz per en Robert de
Tarascon q'era maritz de ma dompna Agnes, la seror de
ma dompna Margarida, et per ma dompna Agnes autresi.
E monsegnor R. pres ma dompna Agnes per la man e
mena la en chambra e si s'aseton sobra lo lieg. Et mon-
segnor R. dis : Ara m digatz, cognada, fe qe m devetz,
amatz vos per amor? Et ella dis : Oc, senher. Et cui, fetz
el? Aqest no us dic ieu ges; et qe vos n'a romansan? A la
fin tant la preget, q'ella dis c'amava Guillem de Cabstaing.
Aqest dis ella per zo q'ella vezia Guillem marritz et pensan;
et sabia ben com el amava sa seror; don ella se temia
qe R. non crezes mal de Guillem. D'aiso ac R. gran ale-
gressa. Aqesta razon dis la dompna a son marit; e'l marit
li respondet qe ben avia fatz, et det li parola, q'ella poges
far o dir tot zo qe fos escampamen de G. Et la dompna
ben o fetz, q'ella apella G. dinz sa chambra tot sol, et
stet con el tant, qe R. cuidet qe degues aver d'ella plazer
d'amor, et tot aco li plazia; et comenset a pensar qe so
qe li fo dig d'el, non era ver, et que van dizen. La dompna
et Guillem essiron de chambra, et fo apareillat lo sopar,
et soperon con gran alegressa. Et pois sopar, fet la dompna
apareillar lo lieg d'els dos, prop de l'uis de sa chambra,
et tant feron, qe d'una semblanza qe d'autra, la dompna
et Guillem, qe R. crezia que G. jagues con ella. Et la-
deman disnaron al castel con gran alegressa ; et pois disnar,
s'en partiron con bel comjat, et vengueron a Rossillio.
Et si tost com R. poc, se parti de Guillem, et venc s'en

a sa molher, et contet li zo q'avia vist de G. e sa seror. De zo ac la dompna gran tristessa, tota la nuoig. Et lademan mandet per G., et si lo receup mal, et apellet lo fals e traitor. Et G. li clamet merce, si com hom qe non avia colpa d'aiso q'ella l'acasionava; et dist li tot zo com era stat a mot a mot. Et la dompna mandet per sa seror et per ella; et sap ben qe G. non avia colpa. Et per zo la dompna li dis e 'l comandet q'el degues far una chanson, qal el mostres qe non ames autra dompna mas ella; don el fetz aqesta chanson qe dis :

> Lo dous cossire
> Que m don amors soven, etc.

Et qant R. de Rossillion ausi la chanson qe G. avia facha de sa molher, donc lo fetz venir a parlamen assi fora del chastel, et tallet li la testa, et mes la en un carnarol, et tras li lo cor del cors, et mes lo con la testa. Et annet s'en al chastel, et fet lo cor raustir, et aportar a la taula a sa molher, et fetz lui mangiar antesapuda. Et qant l'ac manjat, R. se levet sus, et dis a la molher qe so qe 'l avia manjat era lo cor d'EN G. de Cabstaing, et mostret li la testa, et demandet li se era estat bon a manjar. Et ella auzi zo q'il demandava, et vi et conoc la testa d'EN Guillem. Ella li respondet, et dist li q'el era estat si bons et saboros que jamais autre manjars ni autres beures no 'l torrian sabor de la boccha q'el cor d'EN G. li avia lassat. Et R. li cortz sobra con la spasa. Et ella li fug aluic d'un balcon jus, et esmondega si lo col. Aqest mal fo sabutz per tota Catalogna, et per totas las terras del rei d'Aragon; et per lo rei Anfos, et per totz los barons de las encontradas gran tristessa fo et grans dolors de la mort d'EN Guillem et de la dompna, q'aisi laidamenz los avia mort R. Et josteron si li paren d'EN Guillem, et de la dompna, et tuit cil qi eron amador, et guerriron R. a foc et a sanc; e'l reis Anfos d'Aragon venc en aqella encontrada, qant saup la mort de la dompna et del chavalier; et pres R. et desfetz li lo chastels et las terras; et fetz G. et la dompna metre en un monimen denan l'uis de la gleiza a Perpignat, en un borc q'es en plan de Rossillion et de Sardogna, lo cals borc es del reis d'Aragon. Et fo sazos qe tuit li cavalier de Rossillion et de Sardogna, et de Cofolen, et de Riuples, et de Peiralaide, et de Narbones lor fasian chascun annoal; et tuit li fin amadors et las finas amaressas pregaven dieus per las lor armas. Et aisi lo pres lo rei d'Aragon R. et deseritet lo, e 'l fet morir en la prison; et det totas las soas possessions als parens d'EN G. et als parens de la dompna que mori per el. El borc en lo cal foron seppellitz G. et la dompna a non Perpignac.

Fragments des deux pièces qui ne sont point imprimées dans le choix de ses poésies :

> Mout m'alegra douza votz per boscage,
> Can retentis sobra 'l ram qui verdeia,
> E 'l rossignol de son chantar chandeia
> Josta sa par el bosc per plain usage,
> Et aug lo chan de l'auzel qui tentis
> Don mi remenbra douza terra e 'l pais....

Il dit de sa belle :

> E si voletz qu'en vos diga son nom
> Ja no trobaretz alas de colomp
> O no 'l trovetz escrig senes falenza.
>
> MOULT M'ALEGRA.

>   Qu'ab un fil de son mantelh var,
>   S'a lieis fos plazen qu'el me des,
>   Me fera plus jauzen estar
>   E mais ric que no m progra far
>   Autra del mon qu'ab si m colgues.
>
>   AL PLUS LEU.

Nostrad. 56. Crescimbeni, 37. Bastero, 86. Millot, I, 134. Papon, II, 261. Hist. Litt. XIV, 210. P. Occ. 38.

GUILLAUME DE DURFORT. Voyez RAIMOND DE DURFORT. Une seule pièce :

>   Quar say petit mi met en razon larga,
>   Quar leu troba qui pesca en estanc,
>   Per qu'ieu quere lay ont trobaray larc
>   Vertadier laus, e dic que cum colum
>   Viu et esta en pretz de que no rum,
>   Lay on se tanh ni s requier per dever
>   Gui, cap de porc, qu'es artitz e cozens
>   Contra mals ayps, q'us viron lui non resta.
>
>   QUAR SAY PETIT.

Millot, 255.

GUILLAUME FABRE, bourgeois de Narbonne. Deux sirventes ; dans l'un on trouve ce couplet :

>   Anc non crec de pretz ni d'onor
>   Alexandres, segon qu'aug dir,
>   Per trop tener thesaur en tor,
>   Mas quar volc ben dar e partir
>   Lo sieu de gran coratge,
>   Don totz homs fazi' abrivatz
>   E voluntiers totz sos mandatz,
>   Mostran manh vassalatge;

Quar, qui ben fes, bes l'era datz,
Per qu'el mon fon sieus conquistatz.
On mais vey.

Dans l'autre sirvente il s'adresse aux princes qui, au lieu d'aller au secours des lieux saints, se font la guerre les uns aux autres :

>Don penran destricx
Tug li amador
De nostre senhor,
Si 'n desamor ven la fe
Don yssaus paganesme.

>La desamors
S'aferma e s'empren
Si que l'us reys cuida tener la clau
D'afortimen, e l'autr' a 'l contraclau,
Que a poder e ric cor d'ardimen;
Mas l'ajustamen
Que fan e 'ls prezicx
Degran als mendicx
Que son en error
Virar ad honor
D'aquel senhor que nos fe,
Per guazanhar sa merce.

>Ar em el cors
On veirem man paren
L'us vas l'autre encaussar per esclau,
Pueis al colpar ab felh cor mal e brau,
Et esvazir veirem maynt guarnimen,
Si Dieus donc no y pren,
Qu'es nostres abricx,
Tal cosselh qu'els ricx

Torn totz en amor,
Pueis do entre lor
Sen e voler que desse
Passon lai si co se cove.

Pus del maiors.

Millot, III, 405.

Guillaume Figueira, t. IV. Onze pièces, dont quelques-unes sont attribuées à d'autres troubadours :

Guillems Figuera si fo de Tolosa, fils d'un sartor, et el fo sartres. E quant li Frances agron Tolosa, el s'en venc en Lombardia. E sap ben trobar e cantar, e fez se joglar entre los ciutadins. Non fo hom que saubes caber entre 'ls baros ni entre la bona gen, mas mout se fez grazir als arlots et als putans et als hostes et als taverniers. E s'el vezia bon home de cort venir lai on el estava, el n'era tristz e dolens; et ades se percassava de lui abaissar e de levar los arlotz.

Les vers suivants sont adressés à Bertrand d'Aurel :

Bertram d'Aurel, si moria
N Aimerics anz de martror,
Digatz a cui laissaria
Son aver e sa ricor
C'a conques en Lombardia,
Suffertan freit e langor....

Il est auteur d'une pastourelle qui commence ainsi :

L'autr'ier cavalgava
Sus mon palafre
Ab clar temps sere,
E vi denan me

Una pastorela
Ab color fresqu' e novela
Que chantet mot gen,
E dizia en planhen :
Lassa ! mal vieu qui pert son jauzimen.
L' AUTR' IER CAVALGAVA.

Nostrad. 150. Crescimbeni, 103. Bastero, 86. Millot, II, 446. P. Occ. 243.

GUILLAUME GASMAR. Une tenson avec Ebles de Saignas :

N Eble cauzetz la meillor
Ades, segon vostr' essien :
Lo cals ha mais de pensamen
De consirier e d' eror
Sel que gran re deu paiar
Ni pot ni vol hom esperar,
Ho sel c' a son cor e son sen
En dona pauzat, e re no fai que ill plaia ?
N EBLE CAUZETZ.

Millot, III, 405,

GUILLAUME GODI. Une seule pièce, dont ces vers sont tirés :

Li ric suau tornon atras
Joven e 'l fan estar d' aut bas,
E son engres per castiar;
Tan lur es gazanhs abelitz
Qu' aissel se ten per pus gueritz
Que mais pot aver amassar.
SI 'L GEN.

Millot, III, 407.

GUILLAUME HUGUES, D'ALBI. Une pièce.

Atressi quo 'l laupartz aucire
Sap en la forest lo leo,

M'a mes tro en plus greu martire
Ab belh semblan silh de cuy so....

Per quo soven ma cara s muella
Ab l'aigua que nays de mon vis,
Tal paor ai plazer no m cuelha
Del gen cors clar, car, blanc e lis....

Per que 'l prec ma dolor li duelha,
Quar tan non dezir paradis
Mas qu'ab son gent bratz blanc m'acuella
Prop de la color e 'l dous ris.
Quan lo braus

Millot, III, 407.

GUILLAUME, D'HYÈRES. Une pièce dont le manuscrit est mutilé :

Tan son greu mey falhimen
Qu'ai faitz tot jorn longamen,
Per que m do gran espaven,
Senher, si no m conortatz,
Que Longis fers, fels e fortz
Aculhis ab ferms conortz,
E queric perdo dels tortz
A vos per cuy fos nafratz.
A dieu en cuy.

Millot, III, 407.

GUILLAUME, DE LIMOGES. Un sirvente.

Mal deu hom dir dels clercx e dels baros,
D'aisselhs qui van tollen e non donan,
E mal dire quan van la gen forsan,
E mal dire car non son vergonhos,

E mal dire quan son desconoissen,
E mal dire quan non an chauzimen,
E mal dire quan an gran cobeitat,
E mal dire quan non an pietat.

Mas hom deu be dire dels paubres pros
E de donas quan fan lor benestan;
Mas de donas non es qui 'ls tragu' enan,
Qu' avol so 'l drut e 'l marit son gelos;
Doncx per donas no s va ges pretz perden.
E 'l vasvassor acuelhon ben e gen,
Qu' ades servon volontiers e de grat
D' aquo petit que 'l ric lor an laissat.

Un sirventes.

Millot, IV, 405.

Guillaume Magret, t. III et IV.

Guillems Magret si fo uns joglars de Vianes, jogaire e taverniers; e fes bonas cansos e bons sirventes e bonas coblas. E fo ben volgutz et onratz, mas ancmais non anet en arnes, que tot quant gazaingnava el jogava e despendia malamen en taverna. Pois se rendet en un hospital en Espaingna, en la terra d' en Roiz Peire dels Gambiros.

Voici un couplet où il fait allusion à une pièce de Marcabrus appelée Lavoir :

Non valon re coblas ni arrazos
Ni sirventes, tant es lo monz deliz;
Que per dos sols serai meillz accollitz,
Si 'ls port liatz en un de mos giros
Que per cent vers ni per dozenz cansos;

> Dels doze aurai ab beure et ab manjar,
> E 'ls oitz daria a foc et a colgar,
> E del quatre tenrai l'ost en amor
> Meillz non fera pel vers del lavador.
>
> NON VALON RE.

Bastero, 86. Crescimbeni, 193. Millot, II, 243. P. Occ. 173.

GUILLAUME DE MONTAGNAGOUT, t. IV. Douze pièces. Sa vie se trouve dans un manuscrit de Florence. Elle a été traduite dans les NOVELLE LITTERARIE, 5 mai 1741 :

Guglielmo de Montanghagout fu un cavaliere di Provenza, e fu bon trovatore e grande innamorato e faceva all'amore con madonna Jauseranda del Castello di Lunel, e fece per lei infinite buone canzoni.

Le manuscrit 7226 le nomme GUILLEMS MONTANHAGOL DE TOLOZA, dans la pièce qui commence par ce couplet :

> Non an tan dig li primier trobador
> Ni fag d'amor lay el temps qu'era gays
> Qu'enqueras nos no fassam apres lor
> Chans de valor, nous, plazens e verays;
> Car dir pot hom so qu'estat dig no sia,
> Qu'estiers non es trobayre bos ni fis
> Tro fai sos chans nous, gais e gent assis
> Ab novels ditz de nova maestria.
>
> NON AN TAN DIG.

'Bastero, 87. Crescimbeni, 195. Millot, III, 92. Papon, II, 215, et III, 443. P. Occ. 278.

GUILLAUME DE MUR. Une pièce sur la croisade :

>D'un sirventes far me sia dieus guitz,
>Quar comensat l'ay per bona razo,
>Quar lo sanh bers on dieus fon sebelhitz
>Volon liurar aissilh qui de lay so,
>E sia certz quals que s'en entremeta
>E n'intr'en mar ab bona ensio
>Que Ihesum Crist en tan luec los meta
>En paradis, quon li siey martir so.
>
>Pero quascus gart quon ira garnitz;
>Quar dieus no vol qu'ab l'autruy garnizo,
>De qu'autre a tort sia despossezitz,
>Lai pas nulh hom ses satisfactio,
>Per qu'ieu non cre qu'aital home prometa
>Dieu son regne ni que s'amor li do,
>Si ben lai vay ab arc ni ab sageta,
>Qu'el sout que pren cobra son gazardo.
>
>Non cre sia per dieu gent aculhit
>Ricx hom que pas ab l'autrui messio,
>Ni selh qu'a tort n'a los sieus descauzitz
>Ni fai raubar per aquelh' ochaizo;
>Quar dieus sap tot que porta en sa maleta,
>E s'ab tortz vay, trebalha s'en perdo,
>Quar dieus vol cor fin ab volontat neta
>D'ome que pas mais per lui que per do.
>
>L'archivesque prec de cui es Toleta
>Qu'amoneste lo bon rey d'Arago
>Que per complir son vot en mar se meta
>E per tener en pes son bon ressos.
>
>   D'UN SIRVENTES.

Millot, III, 107.

GUILLAUME PIERRE DE CASALS OU DE CAHORS. Quatorze pièces, dont deux attribuées à d'autres troubadours.

Dans une de ses chansons il dit :

> A l'avinen mazan
> Que fan entr'els l'auzelh
> Pel joy del temps novelh
> Que lur adui talan,
> M'agrad' e m platz qu'ieu chan;
> Qu'atressi n'i ai razo
> Cum an li auzello
> D'esser guays e vezatz;
> Que mandatz
> E preguatz
> Suy de chant, per qu'el fatz.
>
> Per nien van pessan
> Qu'ieu ab joy no m capdelh,
> Ans aurion un cantelh
> De la luna en lairan
> Qu'ieu ja m n'anes laissan
> Qu'asola la faisso
> Del belh nou, car e bo
> Cors que m suy autreyatz.
>
> A L'AVINEN.

Dans une autre on trouve ces vers :

> De martir pogra far cofes
> Mi dons ab un bays solamens,
> Et ieu fora 'n totz temps jauzens,
> S'a lieys plagues que lo m dones.
>
> JA TANT.

On lit dans un sirvente :

> No m plaz rics hom si non es amoros,

> Ni m plaz domna si gent non acuillis,
> Ni m plaz donzels si de gaug non servis,
> Ni donzela si non a bel respos;
>   Ni m plaz escars manens
>   Ni joglars desplazens....
>   EU CHANTERAI.

Millot, II, 424.

GUILLAUME RAIMOND. Quatre pièces.

Dans une tenson avec Pouzet, il lui dit :

> Pouzet, son fort cor autiu
> Blan domna mais per un tres,
> Quan pren gaire ni pauc ni ges;
> C'adreg ten hom per esquiu
> Penre qui ben so albira,
> Doncx quar fai mais d'onramen
> A sel qui 'l serf qu'al prenden,
> Ben par c'amors lai la tira.
>   DEL JOI D'AMOR.

Bastero, 87. Crescimbeni, 195. Millot, III, 407.

GUILLAUME RAYMOND DE GIRONELLA. Trois pièces, dont l'une commence par ce couplet :

>   Gen m'apareill
> De far leu chanso grazida,
>   D'un sonet garnida;
>   Non ges brau ni veill,
> Aras quan vei l'erba trida,
>   Pels vergiers flurida;
> Ieu chant ab gaug e m'esveill,
> E m luenh de la gent marrida,

Qu'el cor dins son e m crida
C'ab lor farai del be meils.
                    GEN M'APAREIL.

GUILLAUME RAINOLS d'APT. Quatre pièces, dont trois tensons :

Guillem Rainols si fo uns cavalliers de la ciutat d'At, la quals ciutat es el comtat de Folqualquier. Bons trobaire fo de sirventes, dellas razos que corien en Proensa entr'el rei d'Aragon e 'l comte de Tolosa. E si fez a toz sos sirventes sons nous. Fort fo tempsutz per totz los baros per los cosens sirventes qu'el fazia.

Dans l'une des tensons avec Maigret, il lui dit dans le premier couplet :

> Maigret, puiat m'es el cap
> So qu'inz el ventre no m cap ;
> Bons es per listre e per drap,
> Mas qui be us quer ni us esterna
> Trobar vos pot, si no us sap,
> Pres del vaissel ab l'enap,
> C'ades tendes vostre trap
> Lai on sentes taverna.
>   MAIGRET PUIAT.

Dans une tenson avec sa dame, il dit :

> Farai un vers ses prec e ses somos,
> Ma domn'es tan bell' e cortes' e pros
> Que m fai loirar plus que falcos lanier.
>   QUANT AUG.

Bastero, 87. Crescimbeni, 195. Millot, I, 251. Papon, II, 392. P. Occ. 72.

GUILLELMINE DE ROSERS. Une tenson avec Lanfranc Cigala. Elle répond à sa question :

> Amicx Lanfrancs, mielz complit son viatge,
> Al meu semblan, cel que tenc vas s'amia,
> E l'autres fes ben, mas son fin corratge
> Non pot saber tan ben si dons a tria
> Com cel que vi devan sos oillz prezen,
> C'atendut l'ac sos cavalliers com ven,
> E val trop mais qui so que dis aten
> Que qui en als son coratge cambia.
>   NA GUILLELMA.

Bastero, 85. Crescimbeni, 190.

GUILLAUME DE SAINT-DIDIER, ou SAINT-LEYDIER, t. III et IV. Seize pièces, dont quelques-unes attribuées à d'autres. Voyez GAUSSERAN DE SAINT-DIDIER.

Guillems de San Leidier fo us rics castelas de Noaillac, de l'avescat del Puoi Santa Maria. E fo mot honratz hom e bons cavaliers d'armas, e larcx donaire d'aver, e molt gent ensenhat e cortes, e molt fis amaire, e molt amatz e grazitz. Et entendet se en la marqueza de Polonhac, qu'era sor del Dalfin d'Alverne e de N'Azalais de Claustra, e moiller del vescomte de Polonhac. En Guillems si fazia sas cansos d'ella e l'amava per amor, et appellava se ab ella Bertran, et ab N Ugo Marescalc dizia altresi Bertran, qu'era sos compaing e sabia totz los faitz d'EN Guillem e de la marquesa : e tut trei si clamaven Bertran l'uns l'autre. Esteron en mot gran alegrier lonc temps los tres Bertrans; mas Guillems tornet en gran tristessa, car li dui

Bertran feron gran fellonia de lui e gran vilania, si com poires auzir.

Dig vos ai d'EN Guillem qui fo ni don, e de sa dona, ni com duret lor amor de la marquesa e de lui. E molt l'avien menada avinenmen, senes blasme e senes folor, car molt tenion cubert so que fazia a tener cubertz et en crezensa. E molt s'alegravon totas las gens de l'amor de lor, per so que maint fait avinen s'en fazion e s'en dizion per la lor amor. Et en aquela sazo si avia una dona mot bela e mot ensenhada en Vianes, so era la comtessa de Rossilho; e tug li gran senhor e baro li portavon mot gran onor; et EN Guillems mais que tug, car el la lauzava mot e la vezia voluntiers; e la amava, e deleitava se en parlar de lieis, que totz hom crezia que fos sos cavalliers. E la dona se agradava mot de lui.

Tan s'agradava EN Guillems de lieis qu'el n'estava de vezer la marqueza, don ela n'ac gelozia, e crezet cert que fos sos drutz; e tota la gent o crezia, mas non era. Tan que la marqueza mandet per N Uc Marescalc, e s clamet a lui d'EN Guillem, e dis que vengar se volia d'EN Guillem per sen d'EN Uc: Et en aisi qu'ieu vuelh far mon cavallier de vos, per so car sai qui es; e car non trobaria cavallier que m convengues mai de vos, ni de cui EN Guillems degues esser tan irat com de vos; e vuelh anar en pelerinatge ab vos a Sant Antoni en Vianes; et anarai a San Leidier a maio d'EN Guillem, jazer en sa cambra, et el seu leig vuelh que vos jaguatz ab mi. E can N Uc o auzi meravilhet se mot fort, e dis: Dona, trop me dizes d'amor, e veus me a tot vostre mandamen.

La marqueza s'aparelhet gent e be, e mes se en la via ab sas donzelas e sos cavaliers; e venc s'en a San Leidier e i descavalquet. Mais Guillem non era el castel, pero la marqueza fo gen aquilhida a sa voluntat; e can ven la nueg colquet ab si n Uc el lieg d'en Guillem. E si fon saupuda la novela per la terra. E can Guillem o saup fon trist e dolens, mas no li 'n volc mostrar brau semblan a la marqueza ni a 'n Uc, ans fazia semblan que res non saupes. Mas esforset se fort de servir la comtessa de Rossilho, e parti son cor de la marqueza. Et adonc el fe aquesta chanso que dis:

> Pus tan mi fors' amors que mi fai entremetre.

et en la tornada el dis :

> Bertran, Bertran, ben feira a mespendre,
> S' il messonja fos vers et alhors ad apendre.

Auzit aves d'en Guillem de San Leidier qu'amava la comtessa de Polonhac, la cals avia nom Marqueza, et ela no 'l volia retener per cavalier ni far negun plazer en dreg d'amor. Ans, can venc a la parfi, ela 'l dis : En Guillems, si lo vescoms mos maritz no m comandava e no m pregava, no us tenria per mon cavalier ni per mon servidor. E can Guillems auzi la resposta, fo trist e marritz; e pesset en cal manieira poiria penre genh que fezes pregar la marqueza a son marit co 'l retengues per son cavalier : et acordet se que fezes un vers en persona de son marit. Lo vescoms se deleitava mot el cantars d'en Guillem e cantava mot be e bel; e 'n Guillems si fe un vers que ditz :

> Dona, ieu vos soi messatgiers
> Del vers, et entendres de cui.

E quant l'ac fag el lo mostret al vescomte, al marit de la domna, e comtet li la razo per qu'el l'avia fait: q'una soa domna l'avia dit qu'ela no l'amaria, si non la fazia pregar a son marit. El vescoms fo molt alegres cant auzi lo vers, et apres lo voluntiers; e can be lo saup cantet lo a sa molher. E la dona entendet lo tan tost, e recordet se de so c'avia promes a 'n Guillem; e dis a si meteissa : Ueimais no m puesc defendre ad aquest per razo. Et a cap de temps Guillems venc vezer sa dona, e dis li co el avia fag son comandamen, e com l'avia fag pregar a son marit. Et adonc la marqueza lo receup per cavalier e per servidor; e lor amor estet et anet si com ai dig en l'autra razo.

Nostrad. 38. Bastero, 87. Crescimbeni, 20. Millot, III, 119. P. Occ. 281. Hist. Litt. XV, 449.

GUILLAUME DE SAINT GREGORI. Quatre pièces. Ce troubadour a composé une sextine en bouts rimés, comme celle d'Arnaud Daniel.

Ben grans avoleza intra
A 'N Aiemar entre la carn e l'ongla,
E si a 'n pres luoc el cors josta l'arma,
E malveistaz bat l'ades de sa verja;
Mal resembla al bon Prebost son oncle
En cui bon pretz fai per sojorn sa cambra.

N Aimars fai lum en sa cambra
De sef ardent, quan a privat s'en intra,
Ans re non fais al bon pretz de son oncle,
Que cors e sens l'es partiz totz per ongla;
Vist l'agues eu mesurar dura verja
Vas on fos mes lo cors que destrui l'arma.

BEN GRANS.

Bastero, 87. Crescimbeni, 196. Millot, II, 121.

GUILLAUME DE SALONIC. Une pièce dont voici le premier couplet :

>Tot en aital esperansa
>Com cel que cass'e ren non pren,
>M'aura ja tengut longamen
>Amors que dona estrai,
>Et ieu col jogaires fai
>Que sec joi perdut e 'l te,
>Sec mon dan e fug mon be.
>
>TOT EN AITAL.

Millot, III, 408.

GUILLAUME DE LA TOUR, t. IV. Treize pièces.

Guillems de la Tor si fon joglars, e fon de Peiregorc, d'un castel qu'om ditz la Tor. E venc en Lombardia; e sabia cansos assatz, e s'entendia e chantava e ben e gen, e trobava : mas quan volia dire sas cansos, el fazia plus lonc sermon de la razon que non era la cansos. E tolc moiller a Milan, la moiller d'un barbier bella e jove, la qual envolet e la menet a Com; e volia li meils qu'a tot lo mon. Et avenc si qu'ella mori, don el se det si gran ira qu'el venc mat; e crezet qu'ella se fezes morta per partir se de lui; don el la laisset dez dias e dez nueig sobre 'l monimen; e chacun ser el lavava lo monimen, e trasia la fora, e gardava per lo vis baisan et abrasan, e pregan qu'ella li parles e ill disses se ella era morta o viva; e si era viva, qu'ella tornes ad el; e si morta era, qu'ella li disses quals penas avia, qu'el li faria tantas messas dire e tantas alimosinas faria per ella, qu'el la trairia d'aquellas penas.

Saubut fon en la ciutat per los bons omes, si que li ome

de la terra lo feron anar via de la terra. Et el anet cerquan per totas partz devins e devinas, si ella mais poiria tornar viva. Et uns escarniers si 'l det a creire que si el legia chascun dia lo salteri e disia C. e L. patres nostres, e dava a VII paubres elemosinas ans qu'el manges, et aissi fesses tot un an que non faillis dia, ella venria viva; mas non manjeria ni beuria ni parlaria. El fo molt alegres quant el so auzi, e comenset ades a far so que aquest li avia enseingnat; et en aissi o fes tot l'an entier, que anc non failli dia. E quant el vit que ren no ill valia so que a lui era enseingnat, el se desesperet e laisset se morir.

Une pièce de ce troubadour commence par ce couplet qui fait allusion à un roman sur Alexandre :

Plus que las domnas que aug dir
C'Alixandres trobet el bruoill
Qu'eran totas de tal escuoill
Que non podion, ses morir,
Outra l'ombral del bruoill anar,
Non poiri' eu ses mort loingnar
D'amor que m'a noirit ancse ;
E pois en aissi ma mort te
E ma vida el sieu poder,
Ben li dei servir a plaser.

PLUS QUE LAS.

Une autre de ses pièces contient ce couplet :

Una, doas, tres e quatre,
Cinc e seis e set e ueich
M'avenc l'autr'er a combatre
Ab m'osta tota una nuich;
E si m trobes fol ni mal duich,
Fe que dei a deu, bel fratre;

Ben fora toz mos pans cuich,
Si me volgues esbatre.
Una doas tres.

Bastero, 87. Crescimbeni, 196. Millot, II, 147. P. Occ. 156.

Guillaume de Tudela. Il est auteur d'un poëme sur La Guerre des Albigeois. Le manuscrit qui le contient est décrit dans le catalogue de la Vallière, 1re partie, t. II, p. 168, n° 2708, et se trouve à la Bibliothèque du roi.

Guion. Tenson avec Mainard :

En Maenard, vos ab saubuda,
Sai doz cavaliers prezans
Don largueza no s remuda,
Mas l'us a terra dos tans
Et es ses raubor graziz,
L'autre es per raubaria aiziz ;
Chausez al qal fai grazir mais.
En Maenard.

Guionet. Une tenson avec Cadenet, une autre avec Raimbaud, auquel il dit :

En Raimbaut, pros dona d'aut linhatge,
Bell' e valens pregon per drudaria
Dui cavalier, e son d'engual paratge ;
Mas l'uns ha pretz de gran cavalaria
E non ha plus nul autre faig valen,
E l'autres ha totz bes enteiramen
Mas volpils es ; diguatz m'al vostre sen
Del qual deu meils la don' esser amia ?
En Raimbaut.

Millot, III, 31.

GUIRAUT. Une pièce adressée à Hugues de Saint-Cyr :

> N Uc de Sain Circ, ara m'es avengut
> So que m'avetz lonjamen augurat,
> Que s'ieu trobi qui m'aia mantengut
> Ni m voilla re del seu aver donat
> Inesllamen l'ai pres e molt de cors....
> Que si no fos sels que m'a retengut
> E m dona pan e vin e fen e blat
> En agra spes del groing del veragut,
> Sitot lo ai ogan assi provat....
>
> N Uc de Sain Circ.

Millot, III, 409.

HAMEUS ou AMÉDÉE DE LA BROQUERIE. Trois pièces. Voici des fragments de ce troubadour :

> Per leis soi plus leu que trocha
> Ei' amors, si amors;
> Ieu fora plus deleitos
> De burdir e de cantar
> S'ela m volgues acuilhir;
> Mas aquo l'es greus a far :
> C'on plus desir
> Son cors me fui;
> Mas lo joi de leis, quar l'am, me desdui.

> Bels cors gens, dreitz, bela bocha,
> Ei' amors, si amors,
> A blancas dens, hueils amoros
> E veiaire fresc e clar;
> Ins e mon cor vos remir,
> Quar per vos vei pretz levar
> Et enrequir;

Cascus en brui
Mas lo joi de leis, quar l'am, me destrui.
<small>MENTRE QU'EL.</small>

Quan reverdeion li conderc
E la lauzeta puei' al mont,
E li auzelet dui e dui
En lur lati, segon que s'es,
  Fan retendir la calmeilla
Pel fin joi qu'ins en lor s'es mes.

Per ma enemigua m'esperc
Que m te marrit e deziron
Per so quar tos temps si m defui;
Aisi ja l'en penra merces,
  Qu'ieu no sai com si s conseilla,
Quar de leis no ve negus bes.
<small>QUAN REVERDEION.</small>

Millot, III, 4ro. P. Occ. 373.

HENRI. Une tenson avec Aruer :

Amic Aruer, d'una ren vos deman
De dos amantz d'una dompna qu'es pros
Que d'un talent e d'un cor son amdos,
Mas son devis lor preis e lor semblan,
Car l'us es semple e l'autre sobranzier,
L'un pauc prezat e gaire plasentier,
A l'autre par tot lo mont obezir,
Gardas cal deu la domna mais eslir ?
<small>AMIC ARUER.</small>

Millot, III, 4ro.

HENRI, COMTE DE RHODEZ. Giraud Riquier fit un commentaire en vers d'une chanson de Giraud de Calanson (voy. t. II, p. 252); on lit à la suite de ce commentaire :

Aiso que ven apres es testimoin qu'el senher n Enric, per la gracia de dieu, coms de Rodes porta ad esta espozisio ab veritat.

E nos devem, ses esser greu,
Enric, per gracia de dieu,
Coms de Rodes, per gracia de dieu.
Ad esta espozisio
Testimoin qu'el ver sabem;
Nos, el temps qu'el dig, adonem
A catre trobadors per ver
La chanso, qu'em volguem saber
Per cascus d'els l'entendemen;
E Gr. Riquier veramen
Fo ne pus qu'els autres curos,
Car esta espozitios
Nos fon, trop a, per lui renduda :
Mans e may l'avem tenguda,
Lo dig dels autres atenden;
E dels dos sabem veramen
Que mays no s'en entremetran;
E del terz crezem lo semblan,
Tan n'a lonc espazi avut;
En Gr. a requeregut
Eras que aisso li redessem,
O auctoritat li prestassem.
Avut cosselh d'entendedors,
E nos entendem pro qu'el cors
Del entendemen a tocat,

E prestam li auctoritat;
E, per so qu'el crezut en sia,
Volem li 'n portar guerentia,
E mandam que y sia pauzatz
Nostre sagel, so es vertatz;
L'an c'omz comta M. CC.
LXXXV, no may ni mens,
VI jorns a l'intrada del mes
De juli, aisi vertat es
Que fon fag ab gran alegrier
Ins el castel de Monrozier.

Le manuscrit ajoute :

Aiso fon trag veramen de la carta sagelada.

SI M FOS TAN.

Millot, III, 410.

HUGUES. Une tenson avec Bertrand :

Senher EN Bertran, uns cavalier prezatz
Ama una dona et es per leis amatz
Adreitamen e senes tricharia,
Et ha maint jorn durat lur drudaria;
Mas el ha tant estat de lei vezer
Per que non ausa denan lei venir
Que, s'el hi ve, ben sap, senes mentir,
Que perdra la. Ara m diguatz lo ver;
Qual li val mais ho qu'en aissi remanha,
Ho que lai an' e perda sa companha?

SENHER EN.

On trouve sous le même nom d'Hugues une autre tenson avec Baussan ; en voici le premier couplet :

Baussan, respondetz mi, si us platz,
Totz savis es acosselhatz

Et avetz bon' entensio,
Ar entendetz en ma tenso
Que us parc, e vos aiatz los datz,
E cauzetz de catr'amistatz
La cal val mays segon razo.
BAUSSAN RESPONDETZ.

Millot, III, 411.

HUGUES DE LA BACHELERIE, t. II, III et IV. Sept pièces.

N Ucs de la Bacalairia si fo de Limozi, de la on fo Gauselm Faiditz. Joglars fo de pauc valor, e pauc anet e pauc fo conogutz; e si fes de bonas cansos, e fetz un bon descortz e de bonas tensos. E fo cortes home, ben adreich e ben enseingnatz.

Bastero, 101. Crescimbeni, 220. Millot, III, 414. P. Occ. 375.

HUGUES BRUNET, t. III et IV. Sept pièces.

Uc Brunecs si fo de la ciutat de Rodes, qu'es de la seignoria del comte de Tolosa, e fo clergues; et apres be letras e saup ben trobar; subtils era mot e de gran sen natural; e fes se joglars e fes motas de bonas cansos, mas non fetz sons. Et anet ab lo rei 'N Anfos d'Arago, et ab lo comte de Tolosa, et ab lo comte de Rodes lo sieu seignor, et ab EN Bernart d'Anduza, et ab lo Dalfi d'Alvernhe. Et entendet en una borzeza d'Orlhac, que avia nom ma dona Galiana; mas ela non lo volc amar ni retener, ni far negun plazer en dreg d'amor; e tan qu'ela avia fag son drut del comte de Rodes, e donet comjat a 'N Uc Brunec. Et adonc N Uc, per la dolor que el n'ac, mes se en l'ordre de Cartosa; et aqui el mori.

Lanquan son li rozier vermelh,
M'es bel, quant aug dels auzelhos
Refrims e chans e lays e sos,
Que d'un vers m'aparelh
Qu'al re mos cors no m barganha
Mas solatz e cortezia,
Ni no m poiria un dia
Aver joi qu'en mi remanha....

S'om pogues vezer en espelh
Tan be sos ayps cum sas faissos,
Aquelh miralhs fora trop bos,
Qu'els malvatz viran qui son elh;
Que tal se pipa e s'aplanha
Cui malvestatz sobrelia,
Qu'aisselhs miralhs lo faria
Plazen de belha companha.

LANQUAN SON LI.

Voici deux couplets d'une pièce dans laquelle le troubadour s'était imposé la difficulté bizarre de la répétition obligée des mêmes mots :

En est son faz chansoneta novelha,
Novelha es quar ieu chant de novelh
E de novelh ai chauzida 'l plus belha,
Belha en totz sens, e tot quan fay es belh,
E quar m'es belh, ieu m'alegr'e m deport.
Quar en deport val pauc qui no s deporta.

Jois deporta mi quar am dompn'ysnelha,
Ysnelha es selha que m ten ysnelh;
Ysnelh cor n'ay quar tan gent si capdelha
Qu'ilh capdelha mi, ses autre capdelh;

Que mais capdelh non quier mas per conort,
Per gienh conort qu'om no s pes qui m conorta.

Be m conorta selha qu'es fina e franca....
                          EN EST SON FAZ.

Nostrad. 68. Crescimbeni, 48. Bastero, 101. Hist. gén. du Langued. III, 97. Millot, I, 40. P. Occ. 111.

HUGUES CATOLA. Deux pièces, dont l'une est aussi sous le nom de Marcabrus ; l'autre est une tenson avec sa dame, à laquelle il répond :

Bella amiga, ensegnamenz es granz
De dompneiar, qui 'n sap esser gignos,
Que tuit s'ajoston gai e voluntos,
Mas al partir en es chascuns blasmans....

Millot, III, 414.

HUGUES DE L'ESCURE. Un sirvente lacéré dans le manuscrit. Il se compare aux autres troubadours de son temps ; il dit ne pas craindre Pierre Vidal ni Albertet :

Ni 'N Perdigos de greu sonet bastir
Ni 'N Peguilhan de chansos metr'en sal,
Ni de gabar sos chans N Arnaut Romieu,
Ni de lausar Fonsalada son fieu,
Ni 'N Pelardit de contrafar la gen,
Ni 'N Gualaubet de viular coyndamen.
                          DE MOTZ.

Millot, II, 205.

HUGUES DE MATAPLANE. Un sirvente adressé à Raimond de Miraval. Les vers suivants sont tirés d'une tenson :

EN Blacasset, en sui de noit

Vengut a vos per combatre ades....
E voill sachaz qu'eu soi el diable
Lo plus cruel e 'l plus penable.
En Blacasset.

Bastero, 102. Crescimbeni, 220. Millot, II, 118.

Hugues de Murel. Un sirvente dont le couplet suivant est tiré :

No m platz qui pert ses demanda
Lo sieu, e l'autrui deman ;
Ni qui m promet e m fai guanda
No m tenh' a mal, s'ieu li guan,
Qu'ieu no m'azaut de baron truan
Pus ab mentir s'atruanda;
Ni qui ses benfag no me blan,
Ja no s pes que ieu lo blanda.
Jes sitot bon.

Millot III, 415.

Hugues de Pena. Trois pièces.

Ugo de Pena si fo d'Agenes, d'un castel que a nom Messat, fils d'un mercadier. E fes se joglars; e cantet ben, e sap gran ren de las autrui cansos. E sabia molt las generacios dels grans homes d'aquellas encontradas. E fetz cansos. Grans baratiers fo de jogar e d'estar en taverna, per que ades fo paubres e ses arnes. E venc se amoillerar a l'Isla e Venaissi en Proensa.

Dans l'une de ces pièces, il dit :

Cora que m desplagues amors,
Ara m'a conquist franchamen
E fas tot son comandamen;

Per que m deu valer sa valors,
Si s fai que tal m'a faig chauzir
Don tos temps mais l'ai que grazir.
Sol d'un bel semblant amoros
Que m fes cil don son enveios.

CORA QUE M.

Dans une autre :

Anc Lanselotz, can sa dona 'l promes
Que faria per el tot sos coman,
Si 'l mostrava un fin lial aman,
Non poc aver de si eys sovinensa,
Bona domna, tan for s'er oblidatz
Tro que merces lo y ac adregz esguarz
Lai on razos non li valia re,
Per qu'ieu aten de vos aital merce.

SI ANC ME.

Nostrad. 147. Crescimbeni, 101. Bastero, 102. Millot, III, 309. P. Occ. 325.

HUGUES DE SAINT-CYR, t. III et IV. Trente-six pièces, dont plusieurs sont attribuées à d'autres troubadours.

N Uc de Saint Circ si fo de Caersi, d'un borc que a nom Tegra. Fils fo d'un paubre vavassor que ac nom N Arman de Saint Circ, per so qu'el castels don el fo a nom Saint Circ, qu'es al pe de Sainta Maria de Rocamaior, que fo destruichs per guerra e derrocatz. Aquest N Uc si ac gran ren de fraires maiors de se ; e volgron lo far clerc e manderon lo a la scola a Monpeslier. E quant ill cuideron que ampares letras, el amparet cansos e vers e sirventes e tensos e coblas, e ill fach e ill dich dels valens homes e de las valens domnas que eron al mon ni eron estat : e com aquel sabers s'ajoglari. El coms de Rodes e'l vescoms de Torena si 'l leverent molt a la jogloria, com las tensos e com las coblas qu'el feiren com lui e'l bons Dalfin d'Alvernhe.

Et estet lonc temps en Gascoingna paubres, cora a pe cora a caval. Lonc temps estet com la comtessa de Benauges, e per leis gazagnet l'amistat d'EN Savaric de Maleon, lo cals lo mes en arnes et en roba. Et estet lonc temps com el en Peitieu et en las encontradas, pois en Cataloingna et en Aragon et en Espaigna, com lo bon rei Amfos e com lo rei Anfos de Leon e com lo rei Peire d'Aragon ; e pois en Proensa com totz los barons, pois en Lombardia et en la Marcha. E tolc moiller e fez enfans. Gran ren amparet de l'autrui saber e voluntiers l'enseingnet a autrui. Cansos fes de fort bonas e de bons sons e de bonas coblas ; mas no fes gaires de las cansos, quar no fo enamoratz de neguna. Mas se sap feigner enamorat ad ellas ab son bel parlar, e sap ben dire en las soas cansos tot so que ill avenia de lor : e ben las sap levar e ben far cazer, quand el lo volia far, ab los sieus vers et ab los sieus digz. Mas pois qu'el ac moiller non fetz cansos.

> Qu'eras es una sazos
> Que hom ren mal guazardos,
> E servezi son perdut
> E befag desconegut,
> Et amor vol et acuelh
> Aquels que mais an d'erguelh....

> Et on plus elha m'esglaia
> Ni m fai planher ni doler,
> Ilh ri e chant e s'apaia
> E s dona joy e lezer ;

Ilh m'es mala, eu li suy bos
Anhels suy, ilh m'es leos....
Nulha res que.

Nulhs hom no sap d'amic tro l'a perdut
So que l'amicx li valia denan,
Mas quan lo pert, e pueys es a son dan,
E 'l notz aitan cum l'avia valgut,
Adoncx conoys que l'amicx li valia;
Per qu'ieu volgra ma domna conogues
So qu'ieu li vaill, ans que perdut m'agues;
E ja depueis al sieu tort no m perdria.

Ben sai que s'ieu l'agües aitan nogut,
Cum l'ai valgut ni son pretz trait enan,
Ben agra dreyt que m volgues mal plus gran
Qu'a nulha re; per qu'ieu ai conogut
De ma domna que mais me nozeria
Ab lieys lo mals no m valria lo bes,
Per que m'agra mestier, si ja pogues,
Que m'en partis, mas per dieu no poiria.

Que s'amors m'a si doussamen vencut
Que ieu non puesc ni ai negun talan
Que ja de lieys, que m'auci deziran,
Parta mon cor ni l'en vir ni l'en mut,
Ans si enpren e si ferma quec dia
Per que feira chauzimen, s'il plagues,
Pus tan suy sieus, si per sieu mi tengues;
E pueis qu'en fes cum del sieu a sa guia....
Nulhs hom no sap.

Estat ai fort longamen
Vas lieis qu'es falsa leials
Et ai sofertat mos mals.

Per so n'ai pres maint tormen
E non quer don ni esmenda;
Mais no m platz qu'ieu atenda
Acort ni dura merce
Ni plaser ni joi ni be
Que sufren amors mi renda....

Mas autre conseill taing prenda,
Tal qu'ieu voill c'om mi penda,
Si mais l'obedisc en re;
Quar dregz es en leial fe
C'aissi com hom compra venda....
Totz hom qu'en folla s'enten
En fol despen sos jornals.

ESTAT AI FORT.

Aissi cum es cuenda e guaya
E corteza e plazens,
Et azauta totas gens
La belha de cuy ieu chan,
M'es ops que d'aital semblan,
Cum ilh es, fassa chanso
Cuenda e guay' ab plazen so,
  Que la man lay
   Que l'an dire
    Lo desire
   Que ieu n'ai
De vezer son gen cors guai....

Sos amicx e sos servire
E sos homs suy e seray,
Quar tant es de beutatz ray
Quan la vey no sai on so,
Qu'ieu mais volria un cordo
Que ieu l'agues de sa man

Cum si prenia de joi tan
    Quan pren selh
    Que si dons baya;
    Tan m'apaya
    Que cozens
M'es totz autres jauzimens.
AISSI CUM ES.

Bella donna gaia e valentz,
Pros e corteza e conoissentz,
Flors de beltatz e flors d'onors,
Flors de joven e de valors,
Flors de sen e de cortezia,
Flors de pretz e ses vilania,
Flors de totz bes senes totz mals,
Sobre totas fina e leials,
Lo vostre fis amics enters
Que us es fizels e vertaders
Vos saluda, e manda vos
Qu'anc no fo en son cor joios
Pois que denan vos se partit,
Ni anc puois nuilla re no vit
Qui gaires li pogues plazer;
Sitot se cuebra so voler
Ab gen soffrir et ab cellar,
Qar negus jois no ill pod semblar
Contra 'l vostre joi nuilla re,
Ne nuill be contra 'l vostre be
No ill pod plazer ni abellir,
Ni negus bes no ill pod venir
Ses vos; et anc be no ill auet,
Si donc de vos no ill remembret
O del vostr' avinen solatz,
E qar plus tost no es tornatz

Ves vos, prega us per chausimen,
Donna, per vostr' esseinhamen,
Se us platz, que lo i perdonez....
        Bella donna.

Nostrad. 76. Crescimbeni, 54. Bastero, 102. Hist. gén. de Langued. II, 519; III, 328. Millot, II, 174. P. Occ. 161.

La dame Isabelle. Une tenson avec Elias Cairels :

N Elias Cairel, de l'amor
Qu'ieu e vos soliam aver
Voill, si us platz, que m digatz lo ver,
Per que l'avetz cambjat aillor,
Que vostre chanz no vai si com solia;
Et anc vas vos no m sui salvatz' un dia,
Ni vos d'amor no m demandetz anc tan
Qu'ieu non fezes tot al vostre coman....

N Elias Cairel, amador
No vim mais de vostre voler
Qui cambjes domna per aver;
E s'ieu en disses desonor,
Eu n'ai dig tan de be qu'om no 'l creiria....

N Elias Cairel, fegnedor
Resemblatz, segon mon parer,
Com hom qui s fen de dol aver
De so dont el no sent dolor;
Si m creziatz bon cossel vos daria,
Que tornassetz en l'abadia,
E no us auzei anemais dir mon semblan,
Mas pregar n'ei lo patriarcha Jan....

Si us plazia, 'n Elias, ieu volria
Que m disesses quals es la vostr' amia;

E digatz lo m , e no i anetz doptan
Que us en valrai selan ni s'asctan.
N ELIAS CAIREL.

Bastero, 88. Crescimbeni, 198. Millot, I, 382.

LA DAME ISEULT DE CAPNION. Voyez ALMUCS DE CASTELNOU.

Crescimbeni, 201. Millot, III, 417. P. Occ. 356.

ISNARS. Une pièce où il dit de Blacas:

> Quant es del tot armaz
> Es tant gaillarz e pros,
> Per qu'en sui temeros....
> TROP RESPONT.

IZARN. Une longue pièce où il dispute avec un hérétique ; en voici divers fragments :

Aiso son las novas del heretje :

> Diguas me tu , heretje, parl' ab me un petit,
> Que tu non parlaras gaire que ja t sia grazit,
> Si per forsa no t ve segon c'avem auzit ;
> Segon lo mieu veiaire, ben as dieu escarnit,
> Ta fe e ton baptisme renegat e guerpit;
> Car crezes que diables t'a format e bastit,
> E tan mal a obrat e tan mal a ordit,
> Pot dar salvatio; falsamen as mentit,
> E de malvaiz'escol' as apres et auzit,
> E ton crestianisme as falsat e delit.
> Veramen fetz dieus home et el l'a establit,
> E 'l formet de sas mas, aisi com es escrit :
> MANUS TUÆ FECERUNT ME, ET PLASMAVERUNT ME....
> Ar pauzem o aisi com tu dizes que fo

Que t'aia fach diables, del cap tro al talo,
Car et os e membres d'entorn et de viro;
Falsamen as mentit et ieu diray te co.
Nos no trobam escrig el fag de Salomo,
Propheta ni apostol ●●●● non o despo,
Que obra de diable done salvatio,
Ni anc Sant Esperit tan vernassals no fo
Qu'en vaissel de diable establis sa maizo;
E tu fas ne vieutat maior que de baco,
C'aissi ab ma pausada salvas ton companho;
Tu no vols demostrar ta predicatio
En gleyza ni en plassa, ni vols dir ton sermo
Si non o fas en barta, en bosc o en boisso
Lai on es Domergua, Rainaut o Bernado,
Garsens o Peironela que filon lur cano....
L'us teis e l'autre fila, l'autra fai son sermo
Cossi a fag diables tota creatio.
Ancmais aital mainada trobada no fo,
C'anc no saupro grammatica ni de letra que s fo....
Aras veias, heretje, si fas ben trassio
Qu'el home filh de dieu apelas avoutro,
E 'l donas autre paire, aquel don anc no fo,
Falsamen as mentit a guiza de lairo....
Enqueras vuelh que m diguas per que as renegat
Ta fe e ton baptisme ni ta crestiantat,
Per que emblas a dieu la sua poestat,
Que diguas que diable t'a bastit e format;
Non es hom crestias qui aiso a trobat
Que done a diable so que dieus a creat....
Meravilhas me do, cant m'o ay cossirat,
Don as aiut maistre que t'aia ensenhat
Que puescas salvar home aisi ab ma pauzat;
Anc non aguis de dieu aquesta poestat,

S'aquela tua ma que tan mal a obrat,
Si diable la facha puesc' aver dignitat
Que tenga ni m'amble lo nom de dieu sagrat....
Be t volgra convertir, mas tant y ai ponhat,
Et atrobi t tan dur e plen d'iniquitat,
Per que no m'es veiaire que ja t vei' atemprat...
Tu non cres que dieu aia cel ni terra creat
Ni nulha ren c'om veia prezen ni trespassat;
Falsamen as mentit a for de renegat,
San Joan evangelista que pus aut a volat....
E dis en l'avangeli el premier comensat :
OMNIA PER IPSUM FACTA SUNT ET SINE IPSO, etc.
Apres lui vec en autre que t'ai aparelhat,
Sant Paul, lo ric apostol, que ns o a confermat
Per sancta escriptura e per la veritat :
ET TU, DOMINE, IN PRINCIPIO DOMINE TERRAM FUNDASTI, etc...
E s'aquest no vols creyre vec te 'l foc aizinat
  Que art tos companhos.
Aras vuelh que m respondas, en un mot o en dos,
Si cauziras el foc o remanras ab nos....
Cal que sia 'l preveire forfag o neclechos
O de be o de mal non li not occaizos
Qu'el sagramen no s fassa dignes e precios,
Cant comensa la sagra ni la dignatios,
E l'ostia es el calice e 'l vi pauzat de jos
Per la sanctas paraulas e per las orazos
Que ditz dieus de sa bocca, et establic a nos
Las sanctissimas paraulas, e per las devocios
Fa 'n dissendre per forsa ab benedictios
Lo cors de Ihesum Crist lo cal lieuret a nos....
Aissi deves tu creire coma o crezem nos
E totz nostres covens que son catholicos
  E crezo 'ls mandamens.

Encar te vuelh cometre d'autres disputamens
D'afar de matrimoin per cal cauza 'l demens....
E tu, malvat heretje, iest ton desconoissens
Que nulha re qu'ie t mostre per tans de bos guirens
Com es de dieu, e Sans Paul non iest obediens,
Ni t pot intrar en cor ni passar per las dens,
Per qu'el foc s'aparelha e la pen' e 'l turmens
   Per on deves passar.
Ans que t don comjat ni t lais al foc intrar,
De resurrectio vuelh ab tu disputar,
Car segon ta crezensa e segon ton pessar,
E segon ton fals orde que t'a fag renegar
Totas aquelas cauzas que t deurian salvar,
Tu non crezes c'om ni femna puesca ressucitar....
E tu dizes, heretje, cauza que no s pot far
Ni no s pot endevenir ni no s pot acabar;
Dizes que carn novela venra renovelar
Los esperitz dels homes en que s devo salvar.
Aizo es gran messorga c'om non deu escotar,
Si Peire Capela m'o podia mostrar
Ni Joan del Coler ni hom de vostr' afar
C'autra carn que sia vengua penre ni amparar
Lo be que dieu nos manda establir ni donar,
Si per lunha escriptura podes aiso mostrar,
Si per lunh testimoin, ab tu m'en vuelh anar
Que m rendrai per heretje, si m'o podes proar....
Tant hom e tanta femna as tu fag renegar
Sa fe e son baptisme, son dieu dezamparar
Lo cal non crezes tu que puesc' ome salvar!...
Heretje, be volria, ans qu'el foc te prezes...
Que diguas to veiaire, per cal razo descies
Lo nostre baptistili que bos e sanctes es....
Mal demens ton pairi e la cresma que y mes,

Car tu l'as renegat e n'as autre pro pres
Que s fa ab ma pauzada, segon so que tu cres.
Mai'aventura 'i vengua qui la costuma i mes
Qu'entre mas de pages baptisme se fezes,
Que mov detras las fedas, que anc no saup que s'es
Letra ni escriptura, ni anc non fon apres
Mais d'arar e de foire ; veus sos mestier cal es.
De dire descrezensa, peccatz e diables;
Aquo non es baptisme mais peccatz e no fes,
Que no i a sal ni aigua ni cresma ni esses ;
Anc no s'en batejet ma dona Sancta Fes,
Ni Sancta Katerina, ni mi dons Sanct' Agnes....
E qui aiso non cre, e ditz que vers non es
Hom uo 'l deuria planher de mal que li vengues
Ni de mal'aventura, si n'era ars o pres.
Sitot son ilh catholic V. tans, o per un tres
Que no son li heretic ; tot fora a mal mes
S'aquest prezicadors dieu no sai tramezes....
Ja no fora crezens heretje ni Baudes,
Si agues bon pastor que lur contradisses....
On atrobas escrig ni don o as avut
C'aquel teu esperit que tu as receuput
Sia d'aquels del cel que sai foron plogut?...
Di me de cal escola as tu aiso avut
Que l'esperit de l'home cant a lo cor perdut,
Se meta en buou o en aze o en moto cornut,
En porc o en galina, el premier c'a vezut,
E va de l'un a l'autre tro qu'era cors nascut
O d'ome o de femna a qui a loc sauput,
A qui falt penedensa et a louex temps tengut
E tos temps o tenra tro sia endevengut
Lo dia del juzizi que deu cobrar salut
E tornar en gloria el loc que a perdut ?

Aisso fas tu conoisser a l'home deceuput
C' as donat al diable e l'as de dieu mogut....
Si aquelles lo fe d'EN B. Montagut
O d'EN R. Vilar, o d' EN B. Pagut
  Be t foras cofessatz.
Izarn, so dis l'eretje, si vos m'asseguratz
Ni m faitz assegurar que no sia crematz,
Emuratz ni destrug, be o farai en patz
Totz los autres tormens, si d'aquest me gardatz...
Tant auziretz de mi dels vostres enbaissatz
Que jes per dir a vos qu'en aian lauzenjatz
Berit e P. Razols non sabon ab un datz,
Segon qu'ieu vos dirai de tot can demandatz
De crezens ni d'eretges, mas vuelh n'esser celatz....
Vers es que totz nos autres a hom entrecelatz
Que ns gardem de l'esclau d'aquels c'om a citatz
Que non trobon adop que lur sia onratz
Ni nul plaiejamen senes covens fermatz,
Que qui pren un heretje, on que sia trobatz,
Lo deu redr' a la cort, si vol estr' escapatz.
Aiso so meravilhas maiors que no us pessatz
Que li pus car amicx e 'ls pus endomergatz
Que nos autre acsem nos n'an dezamperatz
E so fach adversari et enemic tornatz,
Que ns prendo e ns estaco, can nos an saludatz;
Per so qu'els sian quiti e nos autres damnatz,
Aisi cuion ab nos rezemer lur peccatz....
Ermengaut de Figueyras fo mon paire apelatz,
Cavayer pogr'ieu esser, si astres m'en fos datz,
E s'ieu no soy el segle garnitz ni espazatz,
Vuelh o esser de dieu, mas vos me cosselhatz:
A vos o dic, N Izarn, car es enrazonatz
De rimas, de romans, et es endoctrinatz....

Per las vostras paraulas vuelh esser batejatz
E tornatz a la fe que vos me sermonatz,
Vos e fraire Ferrier a qui poder es datz
De liar e de solvre cal que sia 'l pecatz
D'eretj' o de Baudes o dels Essabatatz,
E qui de mi us demanda qui es lo confessatz,
Vos lur podetz dire, car sera veritatz,
Que Sicart de Figueiras, lo cal es cambiatz
  De trastot sos mestiers.

Izarn lui répond en finissant :

Sicart, ben aias tu ; aquel dieu drechuriers
Que formet cel e terra, las aiguas e 'ls tempiers,
E 'l solelh e la luna, ses autres parsoniers,
Te done que tu sias d'aquels lials obriers
Que dieus met en la vinha, c'aitan det als derriers,
Can los ac alogatz, coma fetz als premiers;
Tu seras un d'aquels, si vols esser entiers,
C'aissi com as estat pervers e messorguiers,
Que sias vas la fe lials e vertadiers....
     DIGUAS ME TU.

Millot, II, 42.

IZARN MARQUIS. Une pièce dont ce couplet est tiré :

S'ieu fos tan savis en amar
Com soi en autres faitz cortes,
No m fora tan aut endemes
Ni de tan valen domneiar,
Pero vers es que mais en val mos chans
E mos sabers per un cent e mil tans ;
Car greu pot hom de bas loc belhs dictatz
Far, per que m suy tant aut enamoratz.
     S' IEU FOS TAN.

Millot, III, 417.

IZARN RIZOLS. Une pièce lacérée dont voici quelques vers :

> E s'ieu n'agues ni solatz ni respos
> Ni res qu'a lieys denhes en grat cazer,
> Agra m'estort ab aitan de voler
> D'una dolor que ten, dona, per vos,
> Que s'afortis aitan en mon coratge,
> E m fai tan fort sospirar e doler;
> Meravil me cum puesc en pes tener,
> Si m feblezis e m fai tremblar e fondre....
>
> Los motz e 'l so lais en vostre poder,
> Bon' Esmenda, e digas m'en lo ver
> Si s'en fai res a movre ni a pondre.
>
> AYLAS TAN SUY.

Millot, III, 417.

JACME GRILL. Un couplet en réponse à Simon Doria :

> Cobeitatz, qu'es vengud' avan,
> Nos ha tot bastit aquest dan,
> En Simon, que las dompnas han
> Amor e domnei gen tengutz,
> Mas per los cobes recrezutz
> Ricx drutz bes es abatutz.
>
> SEIGNE' 'N JACME.

Bastero, 88. Crescimbeni, 198.

JEAN D'ANGUILEN. Une pièce dans laquelle il s'adresse ainsi à l'Amour :

> Amors, vostra mantenensa
> Perdetz a guiza d'enfan,
> Qu'ieu, car fas vostre coman,

>   N'ay l'afan e 'l marrimen,
>   E 'n trac mi dons a guirensa,
>   Car no li m defen;
>   Mas ben pauc fai d'ardimen
>   Qui contra 'l vencut s'en pren
>   A cui degra far valensa.
>   S'IEU ANC.

Millot, III, 415.

JEAN D'AUBUSSON. Une tenson avec Nicolet :

>   EN Nicolet, d'un songe qu'ieu sognava
>   Maravillios, una noit quan mi dormia,
>   Voill m'esplanez, que molt m'espaventava;
>   Tot los eigles d'un' aigla que venia
>   Devers Salern sa per l'aire volan,
>   E tot quant es fugia li denan.

Il répond aux explications que lui donne Nicolet

>   EN Nicolet, tan gran aura menava
>   Aquest' aigla que tot quant es brugia,
>   Et una nau de Cologna arivava
>   Maiers asaz que dir non o porria,
>   Plena de foc, l'aigla ab aura gran,
>   Si que lo focs ardea et alumnava
>   Vas totas parz lai on l'aigla volava...
>
>   EN Nicolet, tot lo foc amorzava
>   Aquest' aigla, et un gran lum metia
>   En Monferrat, que tan fort esclarava
>   Que lo segles per tut s'en esbaudia;
>   E metia d'autre lum per locs tan
>   Que tot quant es s'en anava allegran,
>   Pueis l'aigla sus en l'aire s'asedia
>   En tant alt luoc que tot lo mon vezia,

L'un et l'autre finissent par un envoi. Voici celui de Jean d'Aubusson :

> A l'onrac ric emperador presan,
> En Nicolet, don dieus forsa e talan
> Que restaure valors e cortesia,
> Si cum li creis lo poder chascun dia.
> En Nicolet.

Bastero, 84. Crescimbeni, 188. Millot, II, 205.

Jean Esteve, t. IV. Les pièces de ce troubadour sont au nombre de douze, et datées. Les vers suivants paraissent se rapporter à une calamité publique :

> Quossi moria
> Sui trebalhatz,
> No say que m dia
> Pus qu' enrabiatz.
> Tan me laguia
> La mortaldatz
> Que s fetz lo dia
> De caritatz;
>   Quar plors
>   Peiors
> No foron vistz.
>   Dolors
>   Maiors
> Ni cors pus tristz;
> Per qu'ieu sui dolens
> E mans d'autras gens;
> Dieus lur es guirens
> Cum als ignoscens;
>   Verges Maria,
> Si quo venc en vos,

> Preiatz lo 'n pia
> Qu'els salve e nos.
>> QUOSSI MORIA.

Bastero, 84. Crescimbeni, 189. Millot, III, 397. P. Occ. 344

JEAN LAG. Une tenson avec Ebles.

> Be us esforsatz com siatz bon doblaire
> Pus auzi dir, N Ebles, que l'emperaire
> Vos vol vezer, e cre us ben, si us vezia,
>> Per vos donaria;
>> Mais, per dieu, si us auzia,
>> Auzir no us volria,
>> Car mal e lag parlatz;
>> Mon joi parlaria
>> E vos chantariatz;
>> Anatz on que sia
>> Ja respieg non prendatz.
>>> QUI VOS DARA.

Millot, III, 415.

JEAN MIRALHAS. Une tenson avec Raimond Gaucelm, auquel il répond :

> Ramon, si vos cazetz de la carreta
> Obs y auran tug vostre companho
> Ans que us levetz, e la vostra penseta
> Esclatara si avetz manjat pro.
>> JOAN MIRALHAS SI DIEU.

JEOFFRE. Une tenson avec Giraud Riquier, auquel il demande :

> Guiraut Riquier, diatz me
> Per cals gens es pus grazitz

Domneys, segon vostr' essien ;
Car say es mal aculhitz
C'a penas truep qu'el mantenha,
Ans a de contraris tans
Que dels destricx cascus pessa,
Per que notz als fis amans.
GUIRAUT RIQUIER.

JORDAN. Un couplet :

Lombards volgr' eu esser per NA Lombarda,
Qu'Alamanda no m platz tan ni Giscarda,
Quar ab sos oillz plasenz tan jen mi garda
Que par que m don s'amor, mas trop me tarda.
    Quar bel vezer
    E mon plaser
  Ten e bel ris en garda.
LOMBARDS VOLGR' EU.

JORDAN DE BONELS OU DE BORNEIL. Deux pièces.

Jordan de Bonels si fo de Saintonge, de la marqua de Peitieu ; e fes mantas bonas cansos de NA Tibors de Montausier, que fo moiller del comte de Gollena, e pois moiller del signor de Montausier e de Berbesiu e de Cales.

Longa promessa m'es esmays
Tan que no tem coven ni plays,
Ni so qu'ieu tenc no cug tener,
E ges per aisso no m biays
Ni de totas no m desesper.
NON ESTARAI.

Bastero, 84. Crescimbeni, 187. Millot, III, 415. P. Occ. 202.

JORDAN DE COFOLEN. Quatre pièces attribuées à d'autres troubadours; en voici quelques vers :

>Ancmais aissi finamen non amey,
>Mas ar hi ai pauzat lo cor e 'l sen,
>Pus ni mi dons no m puesc partir de ley
>Ni o farai jamais a mon viven,
>   Ni negun' autra non envey
>   Mas lieys cuy azor e sopley.
>   ANCMAIS AISSI.

>Si cum l'aigua suefre la nau corren
>Que es tan greu que mil homes soste,
>Per un clavelh pert son afortimen,
>Pogr' ieu sofrir mal de tot' autra re
>Mai quant de lieys que m defug a merce;
>Et on plus l'am, ai en cor que m'azire;
>On plus en pens, plus doblon miey cossire,
>E 'l dous esgars es cum la bella flors
>Que pueys del frug amarzis la sabors.
>   S' IRA D' AMOR.

Millot, II, 325.

JORIS ou JAURIS. Une tenson avec Guigo, auquel il répond :

>Vostra razo, Gigo, er leumenz preza;
>Donc per que m vol mi dons qu' es gen apresa
>Colgar ab se mas per tal qu' eu li fasa....
>   Com home aperceubutz
>   Baisan oills e faza
>   Ab segnas conogutz....
>   JORIS CIL.

Crescimbeni, 198.

JOSBERT ou GOUSBERT. Une tenson avec Pierre Bremon :

>Peire Bermon, maint fin entendedor
>Preion de cor una dona plazen,
>Mas li dui son tan bel e tan valen
>Per c'a leis plai c'a amdos fass' amor ;
>L'uns a de lei lo semblans amoros
>E gaps e ris e l'esgart e 'l solatz,
>Per c'om cuia qu'el n'aia mais assatz ;
>L'autre, ses plus, un baizar en rescos ;
>L'us ha de lei honor e l'autre pro.
>Diguatz a qual vai meils segon razo.
>><small>PEIRE BERMON.</small>

Millot, III, 416.

JOYEUX DE TOULOUSE. Une pastourelle, dont voici des fragments :

>L'autr'ier el dous temps de pascor
>>En una ribeira
>Aniey cercan novella flor
>>Cost' una cendieyra,
>E per delieg de la verdor....
>>Et, a la primeira flor
>Qu'ieu trobiey, torney en plor
>>Tro qu'en una ombreira
>Reviriey mos huelhs alhor,
>>Et una bergeira
>Lai vi ab fresca color
>>Blanca cum neuieyra....

>Et ieu quan vi son gay cors gen
>>D'avinent estatge,
>E sa fresca cara rizen
>>E lo sieu clar vizatge,

Oblidiey tot mon pessamen,
  Quar de gran paratge
Mi semblet al benfait plazen,
  Cors de gran barnatge....
Ves lieys m'en aniey humilmen;
  Et en la ferratge
Gardet tres anhels solamen;
  Et en mon coratge
Ieu maldis qui primeiramen
  Baysset son linhatge....
L'AUTR' IER EL.

Millot, III, 416.

JUTGE. Tenson avec Elias :

Ara m digatz vostre semblan,
N Elias, d'un fin amador
C'ama ses cor gualiador,
Et es amatz ses tot enjan,
De qual deu pus aver talan,
Segon dreyta razon d'amor,
Que de si dons sia drutz o maritz,
Can s'esdeve que 'l n'es datz lo chauzitz.
ARA M DIGATZ.

Dans une autre tenson que lui adresse Jean Estève, il lui répond :

Ieu prezi mais, N Esteve, per mo sen,
Home coytos, plazen et amoros,
Sitot no s pot fayre grans messios,
Que no fay ric home desconoisen;
E dona deu lo cortes retener,
Car en lui es joys e chans e deportz....
DUI CAVAYER.

Lambert. Couplet en réponse à Bertrand d'Aurel :

> Seigner, sel qui la putia
> M'en laissa s'en fai honor,
> Qu'eu m'o tcing a manentia
> Qui m'en fai prez ni largor,
> C'anc a nuill jorn de ma via
> No voill far autre labor....

Lamberti de Bonanel ou de Buvarel. Dix pièces, la plupart attribuées à d'autres troubadours : en voici quelques passages :

> Ieu sai la flor plus belha d'autra flor
> E plus adreit plazer dels conoyssens,
> E deu portar per dreg maior lauzor
> Qu'autra del mon que hom saubes eslire,
> Quar no y falh res de be qu'hom puesca dire,
> Qu'en lieys es sens, honors e cortezia,
> Gens aculhirs ab tan belha paria
> Qu'hom non la ve que non si'enveyos
> Del sieu ric pretz poiar entr' els plus pros.
> Ieu sai la.

> E pois anar no i puos, per letre
> Li voill mandar que sovenir
> Li deuria del gen servir
> Qu'ai fat e fatz de bon talen.
> D'un saluz.

> Pero no m fai chantar flors ni rosiers
> Ni erba vertz ni foilla d'aiguilen,
> Mas sol amors qui ten lo cors jauzen,
> Car sobre totz amadors sui sobriers
> D'amar celei cui sui totz domengiers,

Ni de ren als non ai cor ni talen
Mas de servir son gen cors covinen,
Gai et adreit, on es mos cossiriers.
AL COR M'ESTAI.

Millot, III, 417.

— LANFRANC CIGALA, t. IV. Environ trente pièces.

EN Lanfranc Cigala si fo de la ciutat de Genoa. Gentils hom e savis fo; e fo jutges cavalliers, mas vida de juge menava. Et era grans amadors; et entendia se en trobar e fo bon trobador, e fes mantas bonas cansos : e trobava voluntiers de dieu.

Une de ses pièces, intitulée ANTIFENA DE LANFRANCO, commence ainsi :

En chantar d'aquest segle fals
Ai tant obra perduda
Don tem aver penas mortals,
Si merces no m'ajuda;
Per que mos chans si muda
E vuelh l'ofrir
Lai don venir
Mi pot complid' ajuda,
Sol no m sia irascuda
La maire dieu cui mos chantars saluda.
EN CHANTAR.

Fragments d'autres pièces :

Entre mon cor e me e mon saber
Si moc tensos, l'autra nueg que m dormia,
Del faillimen don si plaingnon l'aman;
Qu'en dizia qu'en lur colp' esdeve;
E mos cors ditz : Seingnor, ges eu no 'l cre,

Ans es amors cil qui fai tot l'engan.
E 'l sens carget las domnas de faillia;
Et en aissi tenzonem tro al dia.
Entre mon.

Il indique le départ du roi de France pour la croisade :

Per que m platz dir laus vertadier
Chantan de tot home valen,
Pero no m cal gaire soven
D'aital chant aver consirier,
Tan trob om paucs de cels cui valors plaia.
Mas d'aquels paucs non es razos qu'om taia
Sos honratz faitz per qu'eu non tairei ges
So que a faig l'onratz reis dels Frances,
Car s'es primiers per far secors crozatz
Al saint regne on dieus fo mortz e natz.
Quan vei far.

Jerusalems es luecs desamparatz;
Sabes per que ? car la patz es faillia;
C'aitan vol dir, per dreich' alegoria,
Jerusalem c'om viz jos de patz;
Mas la guerra dels dos grans coronatz
A cassada patz d'aqui e d'aillors;
Ni de voler patz no fan entreseigna....

Grans es lo dols e maior for' assatz
Dels cavalliers qui son mort en Suria,
Si no 'ls agues dieus pres en compaingnia;
Mas cels de sai no vey gair' encoratz
De recobrar las saintas heretatz.
Ai! cavallier, aves de mort paors!
Eu crei qu'ill Turc fugisson de la 'nseingna,
O fosson tam com li cerf en Sardeingna

Qu'il troberan a pro de cassadors;
Mas qui no s mov a pauc d'envazidor.

Si 'l reis frances non fos acosselhatz
D'aquest secors, gran meravilh' auria,
Pus dieus l'a dat tan rica manentia;
E si 'l deu far, fassa 'l secors viatz,
Quar trop val meyns dos quant es trop tarzatz;
E 'l reis engles aia cor de l'acors,
E del valen rei Richart li sovenha,
Que pas la mar a poder, e no s fenha,
Quar hom conoys los amicx fenhedors
E los verays a las coytas maiors.

Dels Alamans, s'ieu fos lur amiratz,
Tot passera la lur cavaillairia;
E 'ls Espanhols ges non encuzaria
Sitot an pretz ves Sarrazis malvatz;
Pero per els no fon ges derrocatz
Lo sepulcre on dieus fon a recors.
Be m meravilh per qu' hom de crotz si senha,
Pus non a cor nulhs hom que la mantenha....

Coms Proensals, tost fora desliuratz
Lo sepulcres, si vostra manentia
Poies tant aut com lo pretz que vos guia,
Car amatz dieu, e bonas gens onratz,
E ses biais en totz afars renhatz....
Mas del passar non ai cor que us destreingna,
C' obs es que sai vostra valors prodeingna
A la gleiza d'aitals guerreiadors,
Ja delai mar non queiratz Turcs peiors.

Apostoli, eu crei que si covenha
Que fassatz patz o guerra qui pro tenha....

Emperaire, del secors vos sovenha;
Dieus lo vos quier per qui quascus reis renha,
E fassatz patz de sai, e lai secors,
Quar ben pot mortz sobr' els emperadors.
Si mos chans.

Nostrad. 133. Crescimbeni, 92. Bastero, 88. Millot, II, 153. P. Occ. 157.

LANTELM. Couplets en réponse à Lanfranc Cigala :

Lanfranc, qu'ill vostres fals ditz coill
A pauc d'entendenza,
Qu'ill semblon razains preins en troill
Ples d'avol crecensa....
Plus est enics d'un en orgoill,
Per que m faiz temensa
E dizes c' amors vos recoill....

Lanfranc, de saber no m destuoill
Ni de conoissensa,
E blasma vos quar blasmar soill
Falsa captenensa,
E vostr' amor fug e desvoill,
Qu'ieu non ai plivensa,
Quar las lez metez en remoill
Per folla entendensa,
E faullas d'Estort de Vertfoill....
Lanfranc qu'ill.

Une tenson avec Raimond :

Ramond, una dona pros e valens
Ama son druz e 'l fai d'amor secors
Tan qu'el marit sap cal es lor amors....
Tut trei an mal et enoi e temensa.

Lo cals dels trei fai plus greu penedensa,
La domna, o 'l druz, o 'l maritz gelos?

RAMOND UNA.

Millot, III, 417.

LANTELMET D'AIGUILLON. Un sirvente.

Er ai ieu tendut mon trabuc
Don sueill trair' als malvas baros :
E trairay n'a un de cor blos
Vueitz d'onor, plen de nuailha....

Als enemics son sei hueilh cluc
E contra 'ls amics ve d'amdos
Per far enjans e tracios....

Anc als enemics no fes truc
Que no i laises sos compainhos
E 'ls cavals e las garnisos;
E fa mal quan porta mailha
Ni armas mas los esperos
Que mais l'an valgut a sazos
Que lansa ni branz que tailha.

ER AI IEU TENDUT

LANZA. Une seule pièce contre Pierre Vidal :

Emperador avem de tal manera
Que non a sen ni saber ni membranza ;
Plus ibriacs no s'asec en chadera,
Ni plus volpils no porta escut ni lanza,
Ni plus avols non chaucet esperos,
Ni plus malvatz no fez vers ni chansos,
Ges non es meinz mas que peiras non lanza.

Espaza voill que sus pel cap lo fera,
E darz d'acer voill que ill pertus la pansa,
E brocas voill que il tragan la lumera,
Pois li darem del vi en luoc d'onranza,
Un viel capel d'escarlat ses cordos,
E sa lanza sera uns loncs bastos,
Pois poira anar segurs d'aqui en Franza.
EMPERADOR AVEM.

Crescimbeni, 198. Millot, II, 310.

Lemosi, t. IV:

Millot, 418.

Lignauré. Tenson avec Giraud de Borneil:

Ara m platz, Guiraut de Bornelh,
Que sapcha per c'anas blasman
Trobar clus, ni per cal semblan;
Aisso m diatz
Si tan prezaratz
So c'a nos totz es cominal,
Car adoncx tug foran egal.
ARA M PLATZ.

La dame Lombarde.

Na Lombarda si fo una dona de Tolosa, gentil e bella et avinens de sa persona et insegnada; e sabia ben trobar e fazia de las coblas et amorosas; don Bernautz n Arnautz, fraire del comte d'Armaias, ausi comtar de las bontatz e de la valor de leis; e ven s'en a Tolosa per la veser, et estet con ella de grat desmestegessa et enqueret la d'amor, e fo molt son amic; e fetz aquestas coblas d'ela et mandet las ades al seu alberg, e pois montet a caval ses la veser, e si s'en anet in sua tera.

Na Lombarda se fes grans meraveilla quant ella ausi comtar que Bernautz n Arnautz s'en era andat ses la veser, e mandet li aquestas coblas.

>Nom volgr' aver per Bernard na Bernarda,
>E per n Arnaut n'Arnauda appellada,
>E gran merces, seigner, car vos agrada
>C'ab tal doas domnas m'aves nomnada;
>Voill que m digatz cal mais vos plaz,
>Ses cuberta, selada el mirail, en miraz.

>Car lo mirails e no veser descorda
>Tan mon acord c'ab pauc no'l desacorda....
>Com volgr'.

Bastero, 88. Crescimbeni, 201. Millot, II, 248.

Maitre. Une tenson avec frère Barte :

>Fraire Berta, trop sai estatz,
>E si m fos gent, pezera me
>Qu'ieu cugey morisses desse;
>Mas er vey qu'es rejovenhatz,
>Per qu'ieu vuelh c'ades tenhatz
>Vostra via per tot on soliatz
>Vezer si ja pro us tenria
>L'un de sels que us solian valer....

>Vos eratz per las cortz onratz
>E grazitz, per que ieu voldria,
>Barta, si us vengues a plazer,
>C'anassetz onrar e vezer
>La rica cort on l'autre van,

Et agratz mi estortz d'afan,
E 'n Joan de vilania.
Frajre Berta.

Marcabrus, t. III et IV. Environ quarante pièces.

Marcabrus si fo gitatz a la porta d'un ric homes, ni anc no saup hom qui'l fo ni don. E.n Aldrics del Vilar fetz lo noirir : apres estet tan ab un trobador que avia nom Cercamon, q'el comenset a trobar; et adoncx avia nom Panperdut, mas d'aqui enan ac nom Marcabrun. Et en aquel temps non apellava hom canson, mas tot quant hom cantava eron vers. E fo mout cridat et auzit pel mont e doptatz per sa lenga; car fo tant maldizens, que a la fin lo desfairon li castellan de Guian, de cui avia dich mout grant mal.

Marcabrus si fo de Gascoingna, fils d'una paubra femna que ac nom Maria Bruna, si com el dis en son cantar :

<blockquote>
Marcabruns, lo filhs na Bruna,
Fo engendratz en tal luna
Qu'el saup d'amor q'om degruna.
   Escoutatz,
Que anc non amet neguna
Ni d'autra no fon amatz.
</blockquote>

Trobaire fo dels premiers q'om se recort. De caitivetz vers e de caitivetz sirventes fez; e dis mal de las femnas e d'amor. Aisi comensa so de Marcabrus que fo lo premier trobador que fos.

<blockquote>
Qui ses bauzia
Vol amor alberguar,
De cortezia
Deu sa maison joncar;
</blockquote>

Giet fors folia
E fol sobreparlar;
Pretz e donar
Deu aver en baylia
Ses ochaizo.
Lo vers comensa.

Quecx auzels que a votz sana
Del chantar s'atilha,
E s'esforsa si la rana
Lonc la fontanilha;
E 'l chauans ab sa chauana,
S' als non pot, grondilha.
El mes quan la.

Fams ni mortaldatz ni guerra
No fai tan de mal en terra
Com amors qu'ab engan serra;
Escoutatz,
Quan vos veira en la bera,
No sera sos huehls mulhatz.

Dirai vos d'amor cum sinha;
De sai guarda, de lai guinha.
Sai baiza e lai rechinha;
Escoutatz,
Be us semblara fuec de linha,
Si sol la coa 'l rozatz.

Amors solia esser drecha,
Mas aras es torta e brecha
Et a culhida tal decha,
Escoutatz,
Que, lai on no mort, ilh lecha
Pus asprament no fai chatz....

Qui ab amor pren barata
   Ab diable s'acoata;
No 'l cal qu' autra vergua 'l bata;
   Escoutatz,
Plus non sent que selh que s grata
Tro que s' es vius escorjatz....

Amors a usatge d'egua
Que tot jorn vol qu' om la segua,
E ditz que no 'l dura tregua,
   Escoutatz,
Mas que pueg de legu' en legua,
Sia dejus o dirnatz.

Cuiatz vos qu' ieu non conosca
D' amor si 's orba o losca?
Sos fatz aplana e tosca;
   Escoutatz,
Plus suau ponh qu'una mosca,
Mas pus greu n' es hom sanatz.....

Amors es com la beluga
Que coa 'l fuec en la suga,
Art lo fust e la festuga;
   Escoutatz,
Pueis no sap en qual part fuga
Selh qui del fuec es guastatz.
      DIRAI VOS SENES.

Pus la fuelha revirola
Vei de sobr' els sims chazer,
Qu' el vens la romp e degola
Que no s pot mais sostener,
Mais pretz lo freg temporal

Que d'estieu plen de grondilh
On creis putia et enueya.

Graissans ni serps que s'amola
No m fai espaven ni mal,
Mosca ni tavan que vola,
Escaravat ni bertal;
No sen brugir ni oler
Aquest malvais volatil
Don francx yverns nos nedeya.
PUS LA FUELHA.

Soudadier, per cui es jovens
Mantengutz e jois eisamens,
Entendetz los mals argumens
De las falsas putas ardens.
   En puta qui si fia
     Es hom traitz;
   Lo fols, quan cuia ill ria,
     Es escarnitz.

Salamos ditz et es guirens
C'al prim es dousa com pimens,
Mas al partir es plus cozens,
Amara, cruels c'un serpens;
   Tant sap de tricharia
     La pecairitz
   Que cels qu'ab leis se lia
     S'en part marritz.
SOUDADIER PER CUI.

Qui anc fon prezatz ni amans
Per domnas ben s'en deu geguir,
Qu'aitan s'en aura us truans

O mais, si mais li pot bastir;
Et ieu poiria o ben proar
Per ma dona NA Cropafort,
Mas ja no la 'n vuelh declar.
     HUEYMAIS DEY ESSER.

  D'aiso laus dieu
  E Sanh Andrieu
Qu'om non es de maior albir
  Qu'ieu suy, so m cug,
  E non fas brug,
E volrai vos lo perque dir.

  Qu'assatz es lag,
  S'intratz en plag,
Si non sabetz a l'utz issir;
  E non es bo
  Qu'enquier razo
E no la sap ben defenir.

  D'enginhos sens
  Sui si manens
Que mout sui greus ad escarnir:
  Lo pan del folh
  Caudet e molh
Manduc e lays lo mieu frezir....
     D'AISO LAUS DIEU.

Dirai vos en mon lati'
De so que vei e que vi:
Segle no cug dure gaire
Segon que l'escriptura di;
Qu'eras falh lo filh al paire
E 'l pair' al filh atressi....

Cum mouniers vira 'l moli,
Qui ben lia ben desli;
E 'l vilas dis tras l'araire :
Bon frug eys de bon jardi
Et avolh filh d'avol maire
E d'avol cavalh rossi.
Dirai vos en mon.

Tant cant bons jovens fon paire
Del segle e fin' amors maire,
Fon proessa mantenguda
A cellat et a saubuda;
Mas aras l'an avilada
Duc e rei et emperaire.
Al son deviat.

Al departir del brau tempier,
Quan per la branca pueia 'l sucs
Don reviu la genest' e 'l brus
E floreysson li presseguier,
E la rana chant el vivier,
E brota 'l sauzes e 'l saucs;
Contra 'l termini qu'es yssucs.
Al departir del.

L'iverns vai e 'l temps s'aizina
E floreysson li boysso;
E par la flors en l'espina
Don s'esjauzon l'auzelo.
  Ay!
E ja fai amors hom guay;
Qusquecx ab sa par s'atray,
  Oc,
Segon plazensa conina.
L'iverns vai e 'l temps.

Lanquan fuelhon li boscatge
E par la flors en la prada,
M'es belh dous chan per l'ombratge
Que fan de sus la ramada
L'auzelet per la verdura,
E pus lo temps si melhura,
Elhs an lur joya conquisa.
LANQUAN FUELHON.

Nostrad. 208. Crescimbeni, 137. Bastero, 89. Millot, II, 250. P. Occ. 175.

MARCOAT. Deux pièces presque indéchiffrables, dont les couplets ne sont que de trois vers :

De favas a desgranar
E de notz a scofellar
Lancant hom las escofena.
MENTRE M.

L'autre pièce commence ainsi :

Una re us dirai en serra,
Pois m'escometez de guerra
De Saint Segur que l'aiatz.
UNA RE.

Bastero, 89. Crescimbeni, 199. Millot, III, 418.

MARIE DE VENTADOUR, t. IV.

Ben avetz auzit de ma dompna Maria de Ventadorn com ella fo la plus prezada dompna qe anc fos en Lemozin, et aqella qe plus fetz de be e plus se gardet de mal. E totas vetz l'ajudet sos senz, e follors no ill fetz far follia; et onret la deus de bel plazen cors avinen ses maestria.

En Guis d'Uisels si avia perduda sa dompna, si com vos aves ausit en la soa canson que dis :

> Si be m partetz, mala dompna, de vos, etc.

don el vivia en gran dolor et en tristessa. Et avia lonc temps q'el non avia chantat ni trobat, don totas las bonas dompnas d'aqella encontrada n'eron fort dolentas; e ma dompna Maria plus qe totas, per so qu'en Gui d'Uisels la lauzava en totas sas cansos. El coms de la Marcha, lo cals era apellatz n Ucs lo Brus, si era sos cavalliers, et ella l'avia fait tan d'onor e d'amor com dompna pot far a cavallier. Et un dia el dompneiava com ella, e si agon una tenson entre lor, q'el coms de la Marcha dizia qe totz fis amaire, pos qe sa dompna li dona s'amor ni 'l pren per cavalier ni per amic, tan com el es lials ni fis vas ella, deu aver aitan de seignoria e de comandamen en ella com ella de lui. E ma dompna Maria defendia qe l'amics no devia aver en ella seignoria ni comandamen. En Guis d'Uisels si era en la cort de ma dompna Maria; et ella, per far lo tornar en cansos et en solatz, si fes una cobla en la cal li mandet si se covenia q'els amics ages aitan de seignoria en la soa dompna, com la dompna en lui. E d'aqesta razon ma dompna Maria si l'escomes de tenson.

Bastero, 89. Crescimbeni, 199. Millot III, 13. P. Occ. 266.

MARQUIS. Une tenson avec Giraut Riquier, laquelle il soumet au jugement du seigneur de Narbonne :

> Del bon senhor de Narbona, on venha
> Fis pretz tot l'an, Guiraut, vuelh que retenha

Nostra razos e la jutje de cors,
E qu'en dia si 'l cre chantes d'amors.
Guiraut Riquier a sela.

Millot. III, 419.

MATFRE ERMENGAUD de Beziers, auteur du Bréviaire d'amour, qui commence ainsi :

El nom de dieu nostre senhor
Que es fons e payre d'amor....
Matfres Ermenguau de Bezes....
En l'an que om ses falhensa
Comptava de la nayshensa
De Ihesum Crist mil e dozens
V chanta VII, ses mais, ses mens.
Domentre qu'als no fazia,
Comensec, lo primier dia
De primavera sus l'albor,
Aquest breviari d'amor....

Il donne un précis de l'histoire sainte ; il parle de diverses sciences, et examine les péchés qu'on peut commettre plus particulièrement dans chaque état.

Ensuite il rapporte l'histoire de Jésus-Christ, etc.

Enfin on trouve : Lo Tractat d'amor de donas segon que n'an tractat li antic trobador en lor cansos.

Il rapporte textuellement des passages des troubadours qu'il cite rarement, et s'attribue des réponses qu'il emprunte à leurs pièces mêmes.

Ainsi, sous la rubrique : « Li aymador se complanhon

« d'amor a Matfre, » on lit, entre autres, le couplet de Bernard de Ventadour, t. III, p. 71 :

<blockquote>Amors m'a mes en soan, etc.</blockquote>

Et, sous la rubrique suivante : « Matfres respon, e re-
« prenhen los aymadors car an menassat amor e car se
« son complan de lieys, » se trouve, entre autres, le couplet de Gaucelm Faidit, t. III, p. 291 :

<blockquote>Amicx quan se vol partir
De si dons fai gran efansa, etc.</blockquote>

Ce troubadour adressa une épître à sa sœur : « Ayso
« es la pistola que trames fraires Matfres, menres de
« Bezes, la festa de nadal a sa sor NA Suau. »

On trouve encore de lui une pièce, dont voici quelques vers :

<blockquote>Dregz de natura comanda
Dont amors pren nayssemen
Qu'hom per befagz ben renda
A selh de cui lo ben pren,
Et aissi l'amor s'abranda,
Guazardonan e grazen;
Pero razos es qu'hom prenda
A bon cor per sufficien;
Ben i fag e guazardo
De selh que non a que do
Ni far no pot autr' esmenda....

Razos es qu'ieu amor blanda
Per tos temps de bon talen,
Et en lieis servir despenda
De bon cor tot mon joven.</blockquote>

Qu'ilh m'a presentat a randa
Tot so qu'anava queren;
E no crey qu'a autr' estenda
Joy tant amorozamen,
Per qu'ieu li m'en abando,
Et ai ne mout gran razo
Ab qu'en derrier no m'o venda.

DREGZ DE NATURA.

Millot, III, 418.

MATHIEU DE QUERCI. Une tenson avec Bertrand, et une pièce sur la mort de Jacme, roi d'Aragon, dont voici quelques passages :

Joya m sofranh e dols mi vey sobrar
E no trop re que m fassa be ni pro;
Quan mi sove del bon rey d'Arago,
Adoncx mi pren fortmen a sospirar
E prezi 'l mon tot atrestan com fanha,
Quar el era francx, humils, de paucx motz
E de grans faitz, si que sobr' els reys totz,
Que hom aya ja trobatz en Espanha,
Era plus alt per valor conquerer;
E pus qu'el rey tan sabia valer,
Razos requer que totz lo mons s'en planha.

Tot lo mons deu planher e doloyrar
La mort del rey per drech e per razo,
Quar anc princeps negus melhor no fo,
El nostre temps, e sa ni dela mar,
Ni tant aya fach sobre la gen canha
Ni tant aya eyssausada la crotz
On Ihesum Crist fon pauzatz per nos totz.
Ay! Aragos, Cataluenha e Sardanha

E Lerida, venetz ab mi doler,
Quar ben devetz aitan de dol aver
Cum per Artus agron selhs de Bretanha....

En l'an mile qui ben los sap comtar
Que Ihesum Crist pres encarnatio
CC e mais LXXVI que so,
Lo reys Jacmes e 'l sete kalendar
D'agost feni, donc preguem que s'afranha
Ihesums a lui e 'l gart del prevon potz
On dieus enclau los angels malvatz totz,
E 'lh do los gauchz en que l'arma s refranha,
E 'l corone e 'l fassa lay sezer
En selh regne on non a desplazer,
Quar aitals locx crey que de lui se tanha.

A tota gens don eyssampl' en paucx motz;
Lo reys Jacmes es apellatz per totz;
E dieus a 'l mes ab Sant Jacm' en companha,
Quar lendema de Sant Jacme, per ver,
Lo rey Jacmes feni, qu'a dreyt dever
De dos Jacmes dobla festa ns remanha.

Matieus a fait per dol e per corrotz
Son planh del rey qu'amava mais que totz
Los altres reys, e que totz hom s'en planha,
E qu'el sieu nom puesca el mon remaner,
E qu'en puesca dels filhs del rey aver
E dels amicx plazers en que s refranha.

TANT SUY MARRITZ.

Millot, II, 262.

LE MOINE, t. IV. Une tenson avec Albertet.

Le Moine de Foissan, t. IV. Trois pièces, dont l'une est remarquable en ce que chaque couplet finit par un vers emprunté à un autre troubadour.

Dans une autre pièce, on trouve ce couplet :

> Per cal semblan sui ieu de falhizos
> Repres car fas l'enamoratz chantars
> Cais que non tanh selui chan ni trobars
> Cui ten estreg vera religios?
> Mas ges laissar no m'en dey ieu per tan
> Qu'enquer non es tan nozens la semblansa
> Que no m valha mais la bon'esperansa
> E 'l faitz e 'l ditz per que m demor en chan.
> Ben volria.

Millot, II, 224. P. Occ. 167.

Le Moine de Montaudon, t. III et IV. Vingt pièces.

Lo Monges de Montaudo si fo d'Alverne, d'un castel que a nom Vic, qu'es pres d'Orlac. Gentils hom fo : e fo faichz morgues de l'abaia d'Orlac, e l'abas si 'l det lo priorat de Montaudon, e lai el se portet ben far lo ben de la maison. E fazia coblas, estan en la morgia, e sirventes de las razons que corion en aquela encontrada. E ill cavalier e ill baron si 'l traissen de la morgia e feiron li gran honor, e deiron li tot so qu'el volc; et el portava tot a Montaudon, al sieu priorat.

Mout crec e melhuret la soa glesia, portan tota via los draps mongils. E tornet s'en ad Orlac al sieu abat, mostran lo melhuramen qu'el avia fach al priorat de Montaudon; e preguet que ill li des gracia que s degues regir al sen del rei 'n Amfos d'Arragon; e l'abas det; e 'l reis li comandet qu'el manges carn, e domneies e cantes e trobes : et el si fes. E fo faich seigner de la cort del Puoi Sainta Maria, e de dar l'esparvier. Lonc temps ac la seignoria de la cort del Puoi, tro que la cortz se perdet. E pois el s'en anet en Espaingna, e fo li faitz grans honors e grans plazers per totz los reis e per totz los baros e 'ls valens homes d'Espaigna. Et a un priorat en Espaigna que a nom Villafranca, qu'es de l'abaia d'Orlac, e l'abas lo ill donet : et el lo crec e l'enrequi e 'l meilloret, e lai el mori e definet.

> Mot m'enueia, so auzes dire,
> Hom parliers qu'es d'avol servire;
> Et hom que vol trop autr' assire
> M'enueia, e caval que tire;
> Et enueia m, si dieus m'aiut,
> Joves homs, quan trop port' escut
> Que negun colp no y a avut,
> Capellan e monge barbut,
> E lauzengier bec esmolut.
>
> E tenc dona per enueioza,
> Quant es paubra et ergulhoza,
> E marit qu'ama trop s'espoza,
> Neys s'era dona de Toloza;
> Et enueia m de cavalier
> Fors de son pays ufanier,
> Quan en lo sieu non a mestier
> Mas de sol pizar el mortier
> Pebre, o d'estar al foguier.
>
> Et enueia m de fort maneira
> Hom volpilhs que porta baneyra,
> Et avol austor en ribeira

E pauca carns en gran caudeyra;
Et enueia m, per Sanh Marti,
Trop d'aigua en petit de vi,
E quan trueb escassier mati
M'enueia, e dorp atressi,
Quar no m'azaut de lor tray.

Enueia m longua tempradura,
E carn quan es mal cuecha e dura.
E pestre que ment e parjura....
E enueia m, per Sanh Dalmatz,
Avols hom en trop gran solatz,
E corre a caval per glatz;
E fugir ab caval armatz
M'enueia, e maldir de datz....

Et enueia m, per Sant Salvaire,
En bona cort avol viulaire,
Et ab pauca terra trop fraire,
Et a bon joc paubre prestaire;
Et enueia m, per Sant Marcelh,
Doas penas en un mantelh,
E trop pariers en un castelh,
E ricx hom ab pauc de revelh,
Et en torney dart e cairelh.

Et enueia m, si dieus mi vailha,
Longua taula ab breu toalha,
Et hom qu'ab mas ronhozas talha,
Et ausberc pezan d'avol malha;
Et enueia m' estar a port,
Quan trop fa greu temps e plou fort;
Et entre amicx dezacort
M'enueia, e m fai piegz de mort,
Quan sai que tenson a lur tort....

Enquar hi a mais que m' enueia;
Cavalgar ses capa de plueia,
E quan truep ab mon caval trueia
Que sa manjadoira li vueia;
Et enueia m, e no m sap bo,
De sella quan crotla l'arso,
E finelha ses ardalho,
E malvat hom dins sa maizo
Que no fa ni ditz si mal no.

MOT M'ENUEIA.

Autre pièce semblable pour la forme :

Be m' enueia, per Sant Salvaire,
D' ome rauc que s fassa chantaire....
Paubre renovier non pretz gaire....
E ricx hom que massa vol traire.

Et enueia m de tot mon sen....
Escudier qu' ab senhor conten....
E donzelos barbatz ab gren....

Be m' enueia capa folrada,
Quan la pelh es vielha et uzada,
E capairo de nov' orlada....
Et enueia m rauba pelada,
Pus la San Miquels es passada.

Et enueia m tot eyssamen
Maizo d' ome trop famolen,
E mel ses herba e pimen.....

BE M'ENUEIA.

Bastero, 89. Crescimbeni, 200. Millot, III, 156. P. Occ. 294.

Mola. Couplet en réponse à Guillaume Raimond.

>Reis aunitz, reis dels enoios,
>Per que voletz ab me tenzos?
>Nonca volgra ab vos barailla,
>Pero drutz es, e fos espos
>De tal don avetz compagnos
>Plus que milans en batailla.

Bastero, 89. Crescimbeni, 199.

Montan. Deux tensons, dont l'une avec Sordel auquel il répond :

>S'entr' els malvatz baros cor galiars,
>Meraveilla, EN Sordel, no m'en pren ;
>Tan n'es granz fais era prez e donars
>Que cor non pot far boca ver disen,
>Mas avols hom s'en cug aissi defendre
>Ab gen mentir ; pero al sen dechai
>Qu'als entendenz non pot hom far entendre
>Que ben estei aisso que mal estai.
>>Be m meraveill.

Il y a encore sous son nom un fragment qui commence ainsi :

>Quascus deu blasmar sa follor
>A son amic, si com s'eschai,
>E lauzar so que ben l'estai,
>S'il vol portar leial amor ;
>Quar qu'il sap dir del mal azaut blasmor,
>Ni 'l sap mostrar adreichamen lo be
>Greu er qu'en ben a far non vir lo fre....

Crescimbeni, 201. Millot, III, 419.

Montant Sartre. Un sirvente adressé au comte de Toulouse :

> Coms de Tolsan, ja non er qu'ie us o priva,
> Veiaire m'es que 'l guerra recaliva
> Del rei franses, e s'ara no s'abriva
> Vostra valors, non es veira ni viva,
> Ni us en ten
> De prez valen....
>
> Coms, a honor no podetz mais jorn viure,
> Si a lur dan vos vesem tot desliure
> De fals Franses qui van nueg e jorn iure....
>
> Si no vesem vostra seinha destorta
> Contra Franses qu'an vostra terra morta
> Del vostre fag nuls hom no si conorta,
> Ni o pot far mas que leves l'esporta
> De salvamen;
> Pueis diran s'en :
> Pieg que Richartz l'enporta
> E plus aunidamen.
>
> Anc plus temsutz de guerra en son repaire
> Non fon marques ni ducs ni emperaire
> Tan quan vos fostz, seinher, dezhacaire;
> Ar atendon Artus cil de Belcaire
> E ploran s'en
> Lo pair' e 'l fils e 'l fraire
> Quar i anatz tan len.
>   Coms de Tolsan.

Millot, III, 419.

Nat de Mons. Six pièces, dans l'une desquelles il parle de l'influence des astres sur la destinée des hommes;

cette pièce, adressée au roi de Castille, commence ainsi :

> Al bon rey de Castela
> N Anfos, car se capdela
> Ab valor cabaloza,
> Natz de Mons de Tholoza
> Senhoriva lauzor
> Ab creissemen d'onor....

Elle est terminée par le jugement que le troubadour met dans la bouche du prince :

> Auzidas las razos,
> Volens jutjamen dar
> Dig a son comensar :
> Anfos per las vertutz
> De dieu endevengutz,
> Augutz tos temps creissens....
> Als savis daus totz latz
> Per cuy nostre dictatz
> Er vist et entendutz
> Gracias e salutz....
> E per so platz a nos
> La suplicatios
> Que Nat de Mons nos fa,
> Car motas razos a
> Pauzadas ad honor....
> AL BON REI.

Dans une pièce, qui contient plus de quinze cents vers, on trouve ces avis à un jongleur :

> Mas, segon que s cambia
> L'uzatjes de las jens,
> Deu hom captenemens

E sabers cambiar....
Per que us coselh premier
Que vos, ses sen leugier.
Vulhatz e tengatz car
L'autrui saber comtar....
C'om se fai escarnir
Can cuia trop saber;
Hom deu, per far plazer,
L'autrui saber comtar,
E 'l sieu segon qu'el pes
Que l'er mielh pres en grat.
E li joglar valen
Son tug gen en arnes
Dels plazers e dels bes
C'an dels baros onratz....
Si voles saber cals
An bo cor en ben far.
Demandatz son afar
A sels que l'an vezat.
Car en son vezinat....
Anatz premiciramen
Al noble rey senhor
D'Arago que tan val....
Sitot non es.

Millot, II, 186. P. Occ. 164.

Naudoy. On trouve sous son nom une pièce attribuée aussi à Raimond de Durfort :

Turcs Malecs, en vos me tenh
Per far a N'Aya captenh ;
E pus ieu ab vos m'en prenh.
Ben ai ab mi tot l'art e 'l gen

E ja non vuelh qu'om m'o ensenh ;
Ans volgra fos en ver compenh
Sel que del cornar ac desdenh,
Mal esta quar hom no 'l destrenh
Tan que cornes una egua prenh.
Turcs Malecs.

Nicolet de Turin. Deux couplets; l'un en réponse à Hugues de Saint-Cyr, l'autre à Folquet de Roman.

En voici deux d'une tenson avec Jean d'Aubuzon :

Joan d'Albuzon, l'aigla demostrava
L'emperador que ven per Lombardia :
E lo volar tant haut significava
Sa gran valor per que chascun fugia
De tot aicels que tort ni colpa li an,
Que ja de lui defendre no s poiran
Terra ni oms ni autra ren que sia
Qu'aissi com taing del tot segnor non sia.

Joan, l'aigla que tan fort ventava
Es gran tesaur que mena en Lombardia
L'emperaire, e la naus que portava
Es la grans ost dels Alamans bandia
A cui dera del gran tesaur tan
Que l'ost fara per toz loc son talan ;
Et plaz mi fort qu'els enemicx castia
Aquels amicx meillor, e bon lur sia.
En Nicolet d'un.

Bastero, 89. Crescimbeni, 202. Millot, III, 420.

Ogiers, ou Ogier Niella. Voyez Augier.

P. Occ. 397.

OLIVIER DE LA MER. Un couplet :

> Ai ! cal merce fera deus,
> Cant us valenz paire mor,
> Que laisses apres sa vida
> Lo seu bel captenemen
> A son fill ab l'eretamen ;
> Pos vezem c'aisso non es,
> Ages un bel nebot cortes....

Crescimbeni, 202. Millot, III, 421.

OLIVIER LE TEMPLIER. Une pièce.

> Estat aurai lonc temps en pessamen
> De so don ieu vuelh un sirventes far,
> Car no vey res que m poges conortar
> De l'or' en say, qu'el bon rey fon perden....
> Pels Turcx savais mot laiamen aunitz ;
> Mas ara m platz, car vey que no 'ls oblida,
> Ans clamaray mentr' el cors aia vida....

> Per qu'ieu prec sel qu'es visibles trinitz,
> Ver dieu, vers homs e vers sant esperitz
> Qu'el lur sia ver' estela caramita,
> E 'ls guit e 'ls gart e 'ls perdon lor falhida....

> Si 'l rey Jacme ab un ters de sa jen
> Passes de lay, leu pogra restaurar
> La perd' e 'l dan, e 'l sepulcre cobrar;
> Car contra lui Turcx non an garimen....

ESTAT AURAI LONC.

Millot, III, 421.

Oste. Une tenson avec Guillaume, auquel il propose cette question :

> Guillem, razon ai trobada,
>   Tal cum ie us dirai
> De dos cavalliers qu'ieu sai
> Qu'estan en un' encontrada;
> Chascuns es valens e pros;
> Digatz cal val mais d'amdos,
> Que l'us es pros per amor veramen,
> Mas anc l'autre non ac cor ni talen?
>   Guillem razon.

Millot, III, 421.

Ozils de Cadartz. Une pièce.

> Assatz es dreitz, pus joys no m pot venir.
> De re qu'ieu am ni no m ven a plazer,
> Qu'ieu diga totz quo us devetz captener,
> Vos amadors, que amatz per figura.
> Siatz humil et adreg et acli,
> Et ieu dic o qu'anc pro no m tenc a mi;
> Mas ges per tant mos planhs no us espaven,
> Que pro y auretz, si m crezetz, lonjamen,
> Car moutz n'i a que no y van per mezura.

> En nulhs delieytz no pot esdevenir
> Nulhs bos amicx, s'aissi non sie l'esper
> Qu'am la bruna per mielhs far son voler
> E l'amicx ros la rossa per natura;
> Que quasquns joys cove qu'aissi s detri,
> Et ieu dic o per tal qu'om s'en casti,
> Que li tarzan no s mesclon ab l'arden,
> Ni li cochan ab selhs que y van ab sen,
> Quar, si o fan, non er l'amistatz pura....
>   Assatz es.

Millot, III, 421.

PALAIS. Quatre pièces :

> Be m plai lo chantars e 'l ris
> Quant son ab mos conpaingnos,
> E mentaven los baros ;
> E parlem del pro marquis
> Que ab bon pretz s'aconpaigna....
> BE M PLAI.

Un sirventes farai d'una trista persona
Qui mal fai e mal ditz e mal met e mal dona
E mal joga e mal ri e mal parla e pieitz sona,
E plus en far tot mal chascun jorn s'abandona,
Per qu'ieu de malvestat vuoill que port la corona,
Sabetz cum el a nom? Porc armat de Cremona.
UN SIRVENTES.

> Be m deu valer ab vos, dona, merce,
> C'ab leial fe la us quier e la us deman,
> E s'ieu en re conogues vostre dan,
> Mais amera sofrir ma descaienza
> Que ja per mi us fos quis ni demandaz
> Nuls dos, don fos vostre fis pretz baissaz :
> Car qui un jorn pert de joi ni de be,
> Ja recobrar no 'l poira en jasse.
> A DREIT FORA.

Millot, III, 421.

PALAZIS. Voyez TOMIERS. Il reste deux pièces de ces troubadours.

Tomiers e 'N Palazis si fazian sirventes del rei d'Aragon e del comte de Proensa e de Tolosa e d'aquel del Baus e de las razos que corian per Proensa. E foron dui cavallier de Tarascon, amat e ben volgut per los bons cavalliers e per las domnas.

Si col flacs molins torneia
Quan trop d'aigua 'l despleia,
Trop de rasons mi refreia
Qu'a pena m plai ren que veia,
Ni mos chanz non s'esbaudeia
　　Si com far solia;
　Per so chascus pot saber
　　De que m plaingneria.

Tan trop de rasos que dire
Que non sai vas cal me vire,
Mas chascus pes e consire
Et en Tolosa se mire
Qu'il plus rics a pietz d'aucire
　　E qui sen avia
　Mais valria guerreges
　　Que s'avol plag fazia.

Mais val que hom si defenda
Que hom l'ausia ni 'l prenda
Que mot n'a malvais' esmenda
D'avesques, cui dieus dissenda;
Ar prec chascun que m'entenda
　　Cals fon la bausia
　Que feiron a sel de Fois
　　Car en lor se plevia.

Mais val l'avinensa comtessa
D'Avignon, cui dieus adressa,
Car miels s'en es entremessa,
Que parens de part Alguessa

Que negus cara non dressa
 Ni ten bona via,
Que l'uns ten vas Portegal
E l'autr' en Lombardia.

Qui que s fina ni s recreza,
Avignons puei' en Provenza,
E par que dieus lo arreza
Qu'en els es sens e largueza.
Ai! rica gent e corteza,
 Vostra gaillardia
Es honors dels proensalesa
 On c'om an ni estia.

En Guillem del Baus si loingna
Del regisme part Coloingna,
E met ben en fol sa poingna
Car sec Fransa ni Borgoingna,
C'atressi 'l torn en vergoingna
 Com fes la baillia
C'om li det en Venaisin,
 Donar a sa fadia.

Pauc a en deu d'esperansa
Qui 'l sepulchre desenansa,
Car clergue e sel de Fransa
Prezon pauc la desonransa
De dieu qu'en penra venjansa,
 C'ab lur raubaria
 An tot los camins
E 'l portz d'Acre e de Suria.

Bastero, 89. Crescimbeni, 202. Hist. gén. du Langued. III, 98. Millot, III, 45. Papon, II, 422. P. Occ. 273.

PAUL LANFRANC DE PISTOIE. Un fragment.

 Valenz senher, rei dels Aragones,
 A qui prez et honors tut jorn enansa,
 E menbre vos, senher, del rei franzes
 Que us venc a vezer e laiset Fransa
 Ab dos sos fillz et ab aquel d'Artes.
 Hanc no fes colp d'espaza ni de lansa
 E mainz baros menet de lur paes;
 Jorn de lur vida, sai n'auran membransa;
 Notre senher fazia a vos compagna.
 Per que en ren no us cal duptar;
 Tals cuia hom que perda que gazaigna;
 Senher es de la terra e de la mar;
 Per qu'el rei engles e sil d'Espagna
 Ne valran mais, s'el voletz ajudar.

Bastero, 89. Crescimbeni, 202.

PAULET DE MARSEILLE, t. IV. Sept pièces.
Dans une pièce, dont le texte est mutilé, on lit:

  Mas si us platz, senher, diguatz mi
  Del comte que Proensa te,
  Per que los Proensals ausi
  Ni 'ls destrui, qu'il no ill forfan re;
  Ni per que vol ni cui' aisi
  Dezeretar lo rei Marfre;
   Qu'ieu non cre qu'el agues tort
   Ni de lui terra tengues,
   Ni cug que fos a la mort
    Del pros comte d'Artes....

  Toza, per l'ergueill c'a ab si
  Lo coms d'Anjou es ses merce

Als Proensals, e ill clerc son li
Cotz e fozil, per que leu cre
Dezeretar lo rei qu'es fi
Pres, e valor fina soste.
 Pero d'aitan me conort....
 Venran lai, so m par Franses,
 Sol c'ab los sieus ben s'acort
 Lo valens ricx reis Marfres....

L'AUTR'IER.

Millot, III, 138. Papon, III, 457.

PAVES. Un seul couplet qui paraît adressé à Guillaume Figueira :

Anc de Rolan ni del pro 'N Olivier
No fo auzitz us colps tant engoissos
Cum sels que fetz capitanis l'autr'ier
A Florenca a 'N Guillem l'enoios;
E no fo ges d'espada ni de lanza,
Anz fo d'un pan dur e sec sus en l'oill....

Crescimbeni, 203.

PERDIGON, t. III et IV. Environ douze pièces.

Perdigos fo joglar, e sab trop ben violar e trobar e cantar. E fo del avescat de Gavaudan, d'un borget que a nom Lespero, e fo filh d'un pescaire. E per son trobar e per son sen s'en montet en pretz et en onor tan, qu'el Dalfi d'Alvernhe lo tenc per son cavalier, e 'l det terra e renda; e tug li bon home li fazian honor; e de grans bonas aventuras ac lonc temps; mas molt se camjet lo seus afars, que mort li tolc las bonas aventuras e det li las malas, qu'el perdet los amics et las amigas, e 'l pretz e l'honor e l'aver. Apres el anet ab lo princeps d'Aurenga

EN G. del Baus, et ab Folquet de Marceilla, evesque de Tolosa, et ab l'abas de Cistel a Roma per mal del coms de Tolosa, e per adordenar crozada, e per deseretar lo bon comte R. E son neps lo coms de Bezers fon mortz, e Carcasses et Albeges fon destrug; e'n muri lo rei P. d'Arago ab mil cavaliers denan Murel, e pus de XX mil autres homes. Et a totz aquest faitz far fon Perdigos, e'n fes prezicansa en cantan per que se crozeron. E'n fetz lauzors a dieu car los Frances avian mort e descofit lo rei d'Arago, lo qual lo vestia e'l dava sos dos; per qu'el cazec de pretz e d'onor e d'aver. E can l'agron enrequit, tug silh que remazon vieu negus no'l volgron vezer ni auzir. E tug li home de la sua amistat foron mort per la guerra, lo coms de Montfort, EN G. del Baus, e tug l'autre c'avian faita la crozada. E lo coms R. ac recobrada sa terra, Perdigos non auzet anar ni venir, e'l Dalfi d'Alvernhe ac li touta la terra e la renda que li avia dada. Et el s'en anet a'N Lambert de Montelh, qu'era genre d'EN G. del Baus, e preget lo que'l fezes recebre en una mayo de Sistel, que a nom Silvabela; et el fes lo i recebre, e lai mori.

> Be m dizon, s'en mas chansos
> Fezes sonetz plazens e gais,
> Que mos chans en valgra mais;
> Et eu, segon mas razos,
> Taing que fassa motz e sos
> Qu'il auzon ben c'anc si me plaing
> En chantan del mal d'amor,
> E s'ieu chan de ma dolor,
> Non lor deu esser estraing,
> Si no m fas sos coindes e galaubiers,
> C'ab marimen no s'acorda alegriers....

E ja malvaz ni janglos
No m tolran tant ric gazaing
Si puosc conquerre valor
Ab sola lieis cui ador,
Q'es aurs en poder d'estaing;
Plassa mos bes, puois sieus sui domengiers;
A mon dan met gelos e lausengiers.
Be m dizon.

Anc no cujei que m pogues far amors
Tan de plaser qu'eu fos al seu coman;
Mas ara vei q'eu no m posc tan ni quan
Partir de lieis, tant es grand sa valors,
Q'il m'a conques e m ten en sa bailia,
Si que, mon grat, partir no m'en volria,
Qu'en tal dompna m'a fait amors chausir
Que val mil tan q'eu non sabria dir.
Anc no cujei.

Pero tant m'an dat de lezer
Sens e fin'amors, cui mi ren,
C'ab mi dons mi fan remaner
Amic e leial e sofren;
Et a tot so c'a lei dei abellir
E s'ieu volgues lauzengier consentir,
C'ab plaitz d'amor son tos temps enucios,
Leu pogr'esser d'amor e de joi blos.
Cil cui plazon.

Totz mos chantars
Lais qu'anc no m feron be,
Et ab tot joy m'azir e m dezacort,
Aissi cum naus cuy vens men'a mal port
M'a mal'amors menat no sai perque;

Quar s'ieu portes a dieu tan lial fe,
Elh m'agra fag plus aut d'emperador;
E qui ama mala dompna ni cre
Luenh es de joy e pres es de folhor.
IRA E PEZARS.

Nostrad. 123. Crescimbeni, 85. Bastero, 90. Hist. gén. du Langued. III, 254. Millot, I, 428. P. Occ. 114.

PEYROLS, t. III et IV. Environ trente pièces.

Peirols si fo us paubres cavalier d'Alvernhe, d'un castel que a nom Peirols, qu'es en la encontrada del Dalfi d'Alvernhe al pe de Rocafort. E fo cortes hom et avinen de la persona, tan qu'el Dalfi lo tenia ab se, e'l vestia, e'l dava caval et armas, et so que mestiers l'avia.

Lo Dalfi si avia una seror que avia nom Sail de Claustra, bela e bona e molt prezada, avinens et ensenhada; e si era molher d'EN Beraut de Mercuer, un gran bar d'Alvernhe. EN Peirols amava aquela domna, e'l Dalfins la pregava per lui, e s'alegrava molt de las cansos que Peirols fazia de la seror, e molt las fazia plazer a la seror; e tant que la domna li volia ben e ill fazia plazer d'amor a saubuda del Dalfi. E l'amor de la domna e de Peirols montet tan qu'el Dalfi s'engelozi d'ella, car crezet qu'ella li fezes plus que non covenia ad ella; e partic lo de si e'l lonhet; e no'l vesti ni l'armet. E quan Peirols vi que non se poc mantener per cavalier, el se fe joglar et anet per cortz; e recep dels barons e draps e deniers e cavals. E pres moiller a Monpeslier e i definet.

Molt en cossir nueg e dia,
E no m'en sai cosselhar;
Pero si s'esdevenia

Gran talan ai qu'un baisar
Li pogues tolr'o emblar,
E si pueys s'en iraissia
Voluntiers lo li rendria.
Dels sieus tortz.

Trop vuelh s'amor, mais querre no l'aus ges
Esters qu'ab ditz cubertz li vau parlan,
Mais si m volgues esgardar mon semblan
Ja no 'l calgra plus vertader message,
Qu'ab sol esguart pot hom ben per usage
Lo pensamen conoisser, tal vetz es,
E membre li qu'asaz quer qui s conplaing.
D'un bon vers vau.

Trop dic, non pois mais, que mort m'an
Atendres e malas merces;
Que farai doncs deserenan?
Partirai m'en? Oc, s'ieu pogues.
Mas mentre m'estauc en balansa,
Si m desloigna desesperansa,
Amors pro n'agra ab aitan.
Eu non lauderai.

D'altre trabaill prec deu que la m defenda,
Mais un sol jorn volgra qu'ela sentis
Lo mal qu'eu trai per lei sers e matis,
Qu'en greu perill m'a laissat loing del port,
E non vuelh ges qu'autra m'en aia estort,
Que s'a lei platz que ja vas mi s'afragna,
Anc homs d'amar non fes gensor gazanha.
Si ben son loing.

Li oill del cor m'estan
Vas lei qu'aillors no vire,

Si qu' ades on qu' ieu m' an
La vei e la remire
Tot per aital semblan
Com la flors qu' om retrai
Que totas horas vai
Contra 'l soleill viran.
D' UN SONET VAU.

Camjat ai mon consirier,
 Cambi qu' ai fag d' amia
Don ai fin cor vertadier
 Mais qu' aver no solia,
Mais non es de prez sobrier;
 Ieu per qu' en mentiria?
Qu' eu aug dir al reprochier :
 Qui no troba no tria
 E qui pren no s fadia....

Ara soi amesuratz
 E sec ma dreita via;
Cal que fos ma voluntatz
 Plus aut que non devia,
Ben dei esser castiatz
 Pel dan que m' en venia;
Car so es dobla foldatz
 D' ome qui no s castia
 Pois conois sa folia....

Lai on ai mon bon esper
 M' atrai amors e m lia,
Don non aus ni m puosc mover
 Mon desir noich ni dia;
Ben pot ma dompna saber
 Qu' ieu l' am ses hausia,

Que ren contra 'l seu voler
  Mos cors non pensaria
  Ni boca no 'l diria....

Leu chansoneta plazen,
  Vai t'en ta dreta via
A leis on joi e joven
  Renovel e coindia
Digas li qu'a leis mi ren
  En qualque part qu'ieu sia,
Quar ieu non ai ges talen
  Mais d'autra segnoria,
  Ni s taing qu'eu plus en dia....
            Camjat ai mon.

Ja non partrai de lieis mos cossiriers;
Per mal que m fassa ieu no ill pose mal voler,
Quar tan la fait senz e beltatz valer,
Segon l'amor follei saviamen,
Que mal o ai dig qu'aus follei follamen,
Car anc Narcissus qu'amet l'ombra de se,
Si be s mori, no fo plus fols de me....

Ben sai quals er totz mos conseills derriers,
Pois del partir non ai geng ni poder,
Ses son pensar, farai lo meu plaser;
Amerai la mi dons per tal coven
Qu'el cor aurai l'amoros pensamen,
Mais la bocha tenrai ades en fre
Que ja per re non li en dirai mas re.
            Mot m'entremis.

Amors a pauc de vera mantenensa,
Non o puesc mais celar ni escondire,

Qu'els fals amans que s fan fin en parvensa
La dechazon per lor galiamen,
E las domnas si s n'an colp'ayssamen;
Qu'a penas es negus drutz, so sapchatz,
Que non enjan o no si'enjanatz.
    AB GRAN JOI MOV.

 Mas pero si s'esdeve
  Qu'ie 'lh parle de re,
Ges mas paraulas no m neya
Ans vey qu'escouta las be.
Del reprovier mi sove :
Qui non contraditz autreia;
  Donc aura 'n merce;
Tant o vuelh qu'ieu non o cre.
    NULS HOM NO.

  Ab joi que m demora
  Vuelh un sonet faire,
  Quar be m vai a hora
  De tot mon afaire;
  Fin' amors m' onora
  Si, qu'al mieu veiaire.
  Ja tan rix no fora,
  Si fos emperaire;
  Qu'el coratge n'ai
  Gauzion e guai;
  Pero non a guaire
  Qu'era mortz d'esmai.

  Plus es amors bona
  Qu'eu no sai retraire,
  Qui la mal razona
  Non es fin amaire :

Tan gen guiardona,
Si be s fai maltraire,
Qui a leis s'abandona
N' ill es merceyaire;
Cum qu'ieu estey sai,
Mos coratges lai
Es el dous repaire
On la belh' estai.

Sieus sui qu'ilh me mena
E fai cortesia,
Qu'ab suau cadena
Mi destrenh e m lia;
Mos mals no s refrena
Quar gueritz seria,
S'ab tan doussa pena
Per mi dons muria :
Ja no m'en partrai,
A ma vida mai;
S'ieu totz temps vivia,
Totz temps l'amarai.

Francha res corteza,
Belha, douss' amia,
Al cor vos m'a meza
Amors tota via;
Grans joia m'es presa
D'aital senhoria,
Qu'ieu sui, si no us peza,
Vostres on qu'ieu sia;
Ja res no us querrai
Ans vos servirai;
E si no us plazia,
Ja plus no us dirai

S'ieu, per alegransa,
Sai cantar ni rire
D'un joy que m'enansa
Dont ieu sui jauzire,
Domna, ja duptansa
Non aiatz del dire,
Qu'ieu fassa semblansa
Que de vos cossire;
Ben e gen mi sai
Cubrir, quan s'eschai;
S'ieu mos huelhs vos vire,
Tost los en retrai....

Chansoneta vai
Dreg a mi dons lai,
E potz li m ben dire
Qu'en breu la veirai.
Ab joi que m.

Be m cujava que no chantes ogan,
Sitot m'es greu pel dan qu'ai pres e m peza,
Que mandamen n'ai avut e coman,
Don tot mi platz de mi dons la marqueza;
E pus a lieys ai ma chanso promeza,
Ben la dei far cuenhd' e guay' e prezan,
Quar ben conosc que, si 'l ven en talan,
Qu'e mans bos locs n'er chantad' et apreza.

Apreza n'er, mais ieu no sai cum chan,
Qu'om pus hi ai tota ma ponha meza,
A penas puesc far ni dir belh semblan
Tant s'es ira dins en mon cor empreza;
Que si a lieys que a m'amor conqueza
Non plai qu'en breu me restaure mon dan,

Ja de mos jorns no m metrai en afan
Que ja per mi si' autra domn' enqueza.

Enqueza non, qu'en un loc solamen
Amiey anese, e ja a dieu non playa
Que ja vas me fas' aital falhimen
Qu'autra m deman e que de lieys m'estraya :
Tos temps l'aurai fin' amor e veraya,
E son d'aitan el sieu bon chauzimen
Que, si per lieys non cobre jauzimen,
Ie us pleu per me que jamais joy non aya.

Joy aurai ieu, s'a lui plai en breumen
Qu'ieu cug e crey qu'ilh no vol qu'ieu dechaya,
Que per aisso mia no m'espaven
Qu'auzit ai dir que mal fai qui s'esmaya.
A! doussa res, cuenda, cortez' e guaya,
Per vos sospir e plor e planc soven,
Quar no sentetz la gran dolor qu'ieu sen.
Ni ges non ai amic que la us retraya....

Dampnatge m'es, quar no sui poderos
De lieys vezer que ten mon cor en guatge.
Et estau sai don totas mas chansos
Tramet ades quar las vol per uzatge ;
Ab tot mi platz la belha d'aut paratge
E plagra m pauc chans, si per lui no fos,
Mas qui lieys ve ni sas plazens faissos,
No s pot tener de joy ni d'alegratge.

BE M CUJAVA QUE.

Ja no creirai qu'ieu no l'agues conqueza,
S'ieu valgues tant qu'il amar mi degues,
Doncs be sui fols quar l'am, pus a lieis peza :

Partirai m'en ieu ? Non, que no puesc ges;
  Mas per merce la preyaria
  Que no 'l pezes, si no 'l plazia,
Que nulha res no m pot del cor mover
Lo desirier ni 'l talan ni 'l voler....

La grans beutatz de lieis e la drecheza
Non es lunhs hom que trop lauzar pogues,
E qual pro y ai, s'il es guay' e corteza,
Qu'ieu muer per lieis e no li 'n pren merces;
  Doncs be sui fols, qu'ieu trobaria
  Autra domna que m'amaria,
Mas ar sai eu qu'el reprovier ditz ver :
Tos temps vol hom so c'om no pot aver.

Emperairitz volgra fos o marqueza
O reyna selha que me ten pres,
O tot l'aver del mon e la riqueza
Volgra ieu, plus qu'ieu no sai dir, agues,
  Que per aitan no m'auciria;
  Mas sa beutatz m'auci e m lia,
Quar es tan grans e tan se fai plazer
Son belh semblan, quan se laissa vezer.

D'amor mi clam e de nostra marqueza,
Mout m'es de greu quar la ns tolh Vianes,
Per lieis es jois mantengutz e guayeza;
Gensor domna no cre qu'anc dieus fezes,
  Ni eu no cug tan belha 'n sia
  Ni tan sapcha de cortezia,
Qu'a penas pot sos pretz el mon caber,
Qu'a totz jorns creis e no y s laissa chazer.

M' ENTENCIO AI.

Bastero, 90. Crescimbeni, 113, 203. Hist. gén. de Langued. III, 97. Millot. I, 322. P. Occ 88. Hist. Litt. XV, 454.

PEYRONET. Tenson avec Giraut auquel il répond :

> Seigner Giralt, el mon non a gramatje
> C'ieu non vences en plac de drudaria,
> Car li uol son tot temps del cor mesatge
> E fan amar cel que non amaria;
> C'amor non a nulla ren tan plasen
> Com son li uol vas liei cui an enten;
> E 'l cor no met alur son pensamen
> Ma lei o mostron li uol que dreit sia.
> Peronet d'una raiso.

PIERRE, ROI D'ARAGON, t. IV.

Lo Reis d'Aragon, aquel que trobet, si ac nom Amfos; e fo lo premiers reis que fo en Aragon, fils d'en Raimon Berrengier que fo coms de Barsalona, que conques lo regisme d'Aragon e 'l tolc a Sarrazins. Et anet se coronar a Roma; e quant s'en venia el mori en Poimon al borc Sainz Dalmas. E sos fils fo faiz reis, Amfos que fo paire del rei Peire, lo qual fo paire del rei Jacme.

Dans une tenson il répond à Giraud de Borneil :

> Guirautz de Borneill, s'ieu mezeis
> No m defendes ab mon saber,
> Ben sabes on voletz tener;
> Per so ben vos tenc a follor,
> Se us cuiatz que ma ricor
> Vailla mens a drut vertadier;
> Aissi vos pogratz un denier
> Adesmar contr'un marc d'argen.
> Be m plairia.

Le couplet suivant se trouve sous son nom :

> Salvaz, tuitz ausem cantar,
>   Enamorar
>   Reis d'Arragon ;
> Digatz me se poria tant far,
> C'a mi no par, ses lo lion
> Que sia ensemble en tota res
>   Contra 'l Frances,
>   Si qu'el sieu afar sia gens ;
> E car el dis qu'el plus dreiturier vensa,
> De faillir tot a cascun de lai raison ;
> Pero sapchatz qu'eu deteing Castelbon.

Hist. gén. du Langued. III, 253. Millot, III, 150. P. Occ. 290.

PIERRE D'AUVERGNE, t. III et IV. Environ vingt-cinq pièces.

Peire d'Alvernhe si fo del evesquat de Clermon. Savis homs fo e ben letratz, et fo fils d'un borges. Bels et avinens fo de la persona; e trobet ben e cantet ben. E fo lo premiers bon trobaire que fo el mon en aquel temps, et aquel que fes li meillors sons de vers que anc fosson faichs el vers que dis :

> De Josta 'ls breus jorns e 'ls loncs sers.

Canson no fetz neguna, car en aquel temps negus cantars no s'apellava cansos, mas vers : mas pueis EN Guirautz de Borneill fetz la primiera canson que anc fos faita. Mout fo onratz e grasitz per tots los valens barons e per totas las valens dompnas. Et era tengutz per lo meillor trobador del mon, tro que venc Guirautz de Borneill. Mout se lauzava en sos cantars e blasmava los autres trobadors, si qu'el dis en una copla d'un sirventes qu'el fes :

>Peire d'Alvernhe a tal votz
>Que canta de sobr' e de sotz,
>E siei sons son dous e plazen :
>E pois es maiestre de totz,
>Ab q'un pauc esclarzis sos mots,
>Qu'a penas nulls hom los enten.

Longamen estet e visquet el mon ad honor, segon que m dis lo Dalfins d'Alvernhe, que nasquet en son temps; e pois donet se en orde et aqui mori.

>« Rossinhol en son repaire
>M'iras ma dona vezer,
>E ill diguas lo mieu afaire,
>E ill digua t del sieu ver,
>>Que man sai
>>Com l'estai;
>Mas de mi 'll sovenha,
>>Que ges lai,
>>Per nuill plai,
>Ab si no t retenha,

>« Que tost no m tornes retraire
>So star e son captener,
>Qu'ieu non ai amic ni fraire
>Don tant ho vueilla saber. »
>>Ar s'en vai
>>L'auzel guai
>Ab gaug, on que venha
>>Ab essai,
>>Ses esglai
>Tro qu'en trop ensenha.

Tan quan l'auzels de bon aire
Vi sa beutat aparer,
Dous chant comenset a braire
Si com sol far contra 'l ser;
  Pueis se tai
  Que non brai,
 Mas de lieis enginha
  Co 'l retrai
  Son pantai,
So qu' ill auzir denha :

« Sel que us es verais amaire
Vol qu'ieu el vostre poder
Vengues sai esser chantaire,
Per so que us fos a plazer;
  E sabrai
  Quan veirai
 De vos cor que m venha,
  Que ill dirai,
  Si ren sai
Per qu' el lai sen fenha.

« E si 'll port per que s n'esclaire
Gran gaug en podetz aver,
C'anc hom non nasquet de maire
Tan de be us puesca voler.
  Eu movrai
  Et irai
 Ab gaug, on que venha.
  No farai,
  Quar non ai
 Dig qual plag en prenha.

« D'aisso serai plaideiaire
Qu'en amor a son esper;

No s deuria triguar gaire
Tan quan l'amors n'a lezer,
 Que tost chai
 Blanc en bai
Coma flors en lenha,
 E val mai
 Qui 'l fag fai
Ab c'om la 'n destrenha.

Ben ha tengut dreg viatge
L'auzel lai on el tramis;
Et ill envia m mesatge
Segon que de mi s jauzis :
 « Molt mi platz,
 So sapchatz,
Vostra parladura;
 Et auiatz
 Que ill diguatz
So don mi pren cura.

« Fort mi pot esser salvatge
Quar s'es lonhatz mos amicx,
C'anc jois de negun linatge
No vi que tan m'abelis;
 Trop viatz
 Fo 'l comjatz,
Mas si 'n fos segura,
 Mais bontatz
 N'agr' assatz,
Per qu'ieu n'ai rancura.

« Que tan l'am de bon coratge
C'ades soi entr' on dormis,
Et ab lui ai guidonatge,

Joc e gaug e joi e ris,
 E solatz
 C'ai en patz
No sap creatura,
 Tan quan jatz
 E mos bratz
Tro que s trasfigura.

« Tos temps mi fo d'agradatge
Pos lo vi et ans qu'el vis,
E ges de plus ric linatge
Non vueill autr' aver conquis;
 Mos cuidatz
 Es bon fatz;
No m pot far tortura
 Vens ni glatz
 Ni estatz
Ni caut ni freidura.

« Bon' amors a un usatge
Col bos aurs quan ben es fis,
Que s'esmera de bontatge
Qui ab bontat li servis;
 E crezatz
 C'amistatz
Cascun jorn meillura;
 Meilluratz
 Et amatz
Es cui jois aora.

« Dous auzels, en son estatge
Iras quan venra 'l matis,
E diguas li en dreg linhatge
De qual guiza l'obedis. »

Abrivatz
N'es tornatz
Trop per gran mezura;
Doctrinatz,
Emparlatz
De bon'aventura.

Nostrad. 31 et 162. Crescimbeni, 17 et 111. Bastero, 90. Hist. gén. du Langued. III, 97 et 533. Millot, II, 15. P. Occ. 135. Hist. Litt. XV, 25.

Pierre de Barjac, t. III.

Peire de Barjac si fo uns cavalliers compaignon d'en Guilhem de Balaun; e fo fort adregs e cortes, e tot aitals cavalliers com taingnia a Guilhem de Balaun. E si s'enamoret d'una domna del castel de Javiac, la moiller d'un vavassor, et ella de lui; et ac d'ellei tot so qe il plac. E Guilhem de Balaun sabia l'amor de lui e d'ella. E venc si c'una sera el venc a Javiac com Guilhem de Balaun, e fo sentatz a parlamen ab sa domna, et avenc si que P. de Barjac s'en parti malamen com gran desplazer, e com brau comjat qu'ella li det. E quant venc lendeman, Guilhem s'en parti e Peire com lui tristz e dolenz. En G. demandet per que era tant tristz; et el li dis lo covinen. En Guilhem lo confortet, disen qu'el en faria patz. E no fon lonc temps que il foron tornat a Javiac, e fon faita la patz; e s'en parti d'ella com gran plazer que la domna li fetz. Et aqui son escrit lo comjat qu'el pres de lei.

Bastero, 90. Crescimbeni, 203. Hist. gén. de Langued. III, 98. Millot, I, 119. P. Occ. 34. Hist. Litt. XV, 447.

PIERRE BASC ou BUSE. Une pièce.

Ab greu cossire
Et ab greu marrimen
Planh e sospire
Ab perilhos turmen;
Can me remire,
Ab pauc lo cor no m fen,
Ni mos huels vire,
Que gart mos vestimen
Que son ricx et onratz
Et ab aur fi frenatz
E d'argen mealhatz,
Ni regart ma corona;
L'apostoli de Roma
Volgra fezes cremar
Qui nos fai desfrezar.

Sesta costuma
Ni sest establimen
Non tenra gaire
C'an fag novelamen,
Car lo rei Jacme
No fon a presen
Ni l'apostoli
C'absolva 'l sagramen....
La sentura mesclaia
Que ieu solia senchar
Lassa! non l'aus portar.

De ma camiza
Blanc' ai tal pessamen
Que era cozida
De seda ricamen....

Blanca e blava
Ab aur et ab argen,
Lassa! non l'aus vestir.
Lo cor me vol partir,
E non es meravilhas,
Senhors, faitz me esclavina,
Que aitan l'am portar
C'an vestir ses frezar.
AB GREU COSSIRE.

Millot, III, 422.

PIERRE DE BERGERAC, t. IV.

Crescimbeni, 203. Millot, III, 423.

PIERRE DE BLAI. Une pièce qui est aussi sous le nom de Brunenc; en voici les deux premiers couplets :

En est son fas cansoneta novella;
Novella es quar eu cant de novell;
E de novell ai chauzit la plus bella,
Bell' en totz sens, e tot quan fai es bell
Per que m'es bel qu'ieu m'alegr' e m deport,
Quar en deport val pauc qui no s deporta.

Jois deporta mi quar am domn' isnella ;
Isnella es sella que m ten isnel :
Isnel cor n'ai quar tan gen si capdella
Qu'il capdela mi ses autre capdel,
Qe mais capdel non quier mas per conort :
Per gien conort qu'om no s pes qui m conorta.
EN EST SON FAS.

Bastero, 90. Crescimbeni, 203. P. Occ. 393.

PIERRE BREMON, RICAS NOVAS, ou RICHARD DE NOVES, t. IV. Vingt-deux pièces, dont un assez grand nombre sont attribuées à d'autres troubadours. Voici quelques fragments :

  Be volgra de totz chantadors
  Fos tan sobriers maiers mos sens,
  Car am mielhs e pus temens
  De totz los autres trobadors....
    BE VOLGRA.

  Lo bels terminis m'agensa
   Et ai joi quecs dia
  Car ades ai sovinensa
   On que eu m'estia
  De mos amics de Proensa;
   Pero s'ill vezia,
  Car ab lor ai conoissensa,
   Plus m'alegraria,
  E s'eu lor dic lauzor,
  Dreitz es, qu'il an valor
  E d'onrat pretz la flor
   E de cortesia.

  Uns que m porta malvolensa,
   Fugi de Lombardia
  Per desleial chaptenensa;
   Qui 'l conoisseria,
  Juglars es, a ma parvensa,
   Fals ab leujaria;
  E vieu sai, per ma crezensa,
   Per sa juglaria;
  Conoissez lo, seingnor,
  Que de mi fai clamor.

Et anc no ill fi desonor
Mas ben leu la ill diria.
Lo bels terminis.

Dans une pièce adressée à Sordel, il lui dit :

Soven ferez d'espada e de coutel,
Puois garniz etz ben a gaug qui us ves,
Dels cavalliers semblaz del bavastel
Quant el caval etz poiaz ab l'arnes;
E no us cuidaz qu'eu en luoc vos atenda,
Puois que veirai c'ab armas serez pres;
E puois vas vos non ai cor que m defenda,
Si dieus vos sal, messers, vailla m merces.
Tant fort.

Crescimbeni, 88. Millot, II, 377. P. Occ. 216.

PIERRE BREMOND LE TORT. La pièce imprimée t. III, p. 82, sous le nom de Bernard de Ventadour, lui est aussi attribuée.

Peire Bremonz lo tortz si fo un paubres cavalliers de Vianes; e fon bons trobaire et ac honor per totz los bons homes.

Voici des vers d'une pièce qui ne se trouve que sous son nom :

Gran mal mi fan li sospir
Que per leis m'aven a far
Que la nueit no posc dormir
E 'l jorn m'aven a veillar.

De sen e de cortesia
A tota la seignoria

Cesta domna cui me dei
Lo primier jorn que il parlei;
E sembla m, quan la remir,
Qu'el mon non aia sa par,
Que tot lo bes c'om pot dir
Poiria hom del seu doblar.

Dieus! com gran merce faria
Us sieus garsos, si m seguia
Per las terras on irei,
Que m parles tot jorn de lei;
Quant il seri' a jazir,
Eu seri' al sieu colgar,
E no poiria soffrir
C'autr' hom l'anes descausar.

Mei oill an.

Bastero, 90. Crescimbeni, 204. P. Occ. 277.

Pierre de Bussignac, t. IV.

Peire de Bossignac si fo uns clercs e gentils om d'Autafort, del castel d'en Bertran del Born; trobaire fo de bons sirventes de reprendre las domnas que fazian mal, e de reprendre los sirventes d'en Bertran del Born atressi.

Bastero, 90. Crescimbeni, 204. Hist. gén. du Langued. III, 98. Millot, III, 154. P. Occ. 292. Hist. Litt. XV, 444.

Pierre Camor ou Canier. Une pièce.

Dos ans ai atendut e mais
Lo don que m covenc e m promes;
Mas aras sai que mains fols pais,

So di 'l reprovier, farina.
Mout ai atendut, e per que?
Dieus dona en pauc d'ora gran be.
IRATZ CHANT.

Bastero, 90. Crescimbeni, 204. Millot, III, 415.

PIERRE DE LA CARAVANE, t. IV.

Bastero, 90. Crescimbeni, 204. Millot, III, 424.

PIERRE CARDINAL, t. III et IV.

Peire Cardinal si fo de Veillac, de la ciutat del Puei Nostra Domna; e fo d'onradas gens de paratge, e fo filhs de cavalier e de domna. E cant era petits, sos paires lo mes per quanorgue en la quanorguia del Puei : et apres letras, e saup ben lezer e chantar. E quant fo vengutz en etat d'ome, el s'azautet de la vanetat d'aquest mon; quar el se sentit gais e bels e joves. E mot trobet de belas razos e de bels chantz : e fetz cansos, mas paucas : e fes mans sirventes, e trobet los molt bels e bons. En los cals sirventes demostrava molt de bellas razos e de bels exemples, qui ben los enten, quar molt castiava la follia d'aquest mon; e los fals clergues reprendia molt, segon que demostron li sieu sirventes. Et anava per cortz de reis e de gentils barons, menan ab si son joglar que cantava sos sirventes. E molt fo onratz e grazitz per mon seignor lo bon rei Jacme d'Aragon e per onratz barons. Et ieu maistre Miquel de la Tor, escrivan, fauc a saber qu'EN Peire Cardinal, quan passet d'aquesta vida, qu'el avia ben entorn de sent ans. Et ieu sobredig Miquel ai aquestz sirventes escritz en la ciutat de Nemze.

Dans une pièce il fait l'éloge du comte de Toulouse :

> Ieu volgra, si dieus o volgues,
> Acsem cobrat Suria,
> E 'l pros emperaire agues
> Cobrada Lombardia,
> E 'l valens coms, ducx e marques
> Agues sai cobrat Vivares,
> Qu'en aissi m plairia,
> Que aitals voluntatz m'a pres
> Que dels afars volria
> So que dregz n'es.
>
> Si cum val mais grans naus en mar
> Que lings ni sagecia,
> E val mais leos de singlar
> E mais dos que fadia,
> Val mais lo coms que autre bar,
> Qu'ab tolr' als fals et als fis dar
> Sec de valor la via,
> E pueia en pretz ses davallar,
> Et a la maestria
> De ricx faitz far.
>
> Marseilla, Alres et Avinhos
> Tug segon una via,
> E Carpentras e Caivallos
> E Valensa e Dia,
> Viana, Pupet e 'l Dromos
> Agron rei lo pus caballios
> Que port caussas ni esperos,
> Car si pro no 'l tenia,
> En badas seria pros.

A Tolosa a tal Raymon
Lo comte, cuy dieus guia,
Qu'aissi cum nays aigua de fon,
Nays d'el cavalaria,
Quar dels peiors homes que son
Se defen e de tot lo mon,
Que Frances ni clercia
Ni las autras gens no l'an fron,
Mas al bos s'humilia
E 'ls mals cofon.
Ieu volgra si dieus.

Il dit dans un autre sirvente :

S'us paupres hom emblava un lansol,
Laires seri' et iria cap cli,
E si us ricx emblava mercairol,
Iria dreitz pueis denan Constanti;
Paubre lairon pent hom per una veta,
E pen lo tals qu'a emblat un roci,
Et aquest dreitz non es dreitz cum sageta
Qu'el ric laire penda 'l lairon mesqui.

A mos ops chant et a mos ops flaujol,
Nulhs mas quant ieu non enten mon lati;
Atretan pauc, cum fan duy rossinhol,
Sabon las gens de mon chan que se di;
Mas ieu non ai lengua friza ni breta,
Ni non parli norman ni peitavi...
Prop a guerra

Daus un sirvente il accuse Estève :

Quar si Caym a el segle semensa,
Esteves cug que fon d'eyssa nayssensa,

Qu'a Acnac fetz tres tracios
Que no feira Judas ni Guaynelos.

Quar aquil duy traziron en vendens ;
L'us vendet Crist e l'autr' els ponhedors,
Et ac hi fort deschauzitz vendedors ;
Mas Esteves trazic en aucizens,
Qu'anc sos pairis no y atrobet guirensa,
Ni un tozet don fetz tal descrezensa
Qu'a son disnar los aucis ambedos....

Esteve fals, quan penras penedensa,
Als capellas diguas en pasciensa
Dels sirventes que t'ay fait un o dos,
Qu'adoncx poira auzir tas tracios.
Un sirventes ai en cor.

Un autre sirvente commence par ces vers :

Aissi com hom planh son filh o son paire
Ho son amic, quant mort lo l'a tolgut,
Planc eu los vius que sai son remazut
Fals, desleials, felons e de mal aire....

Voici des vers par lesquels il déplore la ruine d'un monastère :

L'afar del comte Guio
E de la guerra del rei,
E de Mauzac lo barei
Ai ben auzit cossi fo,
Mas enqueras non aug dire
Per que nostre senescals,
Que tant es pros e cabals,
Laissa los morgues aussire

De Sancta Fre, ar m'en gic,
Car dreitz no i troba abric
Ab los laics ni ab los clercs;
Aissi 'ls encaussa avers.

Poders a tout la maizo
De Camaleiras ses drei,
E 'l monestier decazei,
Don l'abas es en cossire
E 'l covens, car desleials
Los gieta de lurs ostals
Ses razon que n'es a dire;
Qu'anc, pus Sancta Fres moric,
Hom tan lag non envazic
Lo monestier ni 'l dezers,
Guardatz si es a dieu plazers!
L'AFAR DEL COMTE.

Mas Jacopi, apres manjar, non aqueza,
Ans disputon del vin cals meillers es,
 Et an de plaitz cort establia,
 Et es Vaudes qui 'ls ne desvia,
E los secretz d'ome volon saber
Per tal que miells si puoscon far temer.
AB VOTZ D'ANGEL.

Ce troubadour a composé plusieurs pièces morales ou SERMONS :

  Predicator
  Tenc per meillor
Cant fai l'obra que manda far.
  Non fas sellui
  Que l'obra fui
Que als autres vai predicar.

Que son efan
Bat hom enan
E ill castia son malestar,
Non fai l'estranh
De cui no 'l tanh,
Si 'l vezia peiras lansar.

C'aitan si pert
Qui en desert
Semena fromen ses arar,
Ni en calmeilh
Espan son meilh
Non sap gaire de laorar....

Tals a vestit
Drap de samit
E pot ben gran aver mandar,
Que ges no 'l do
Nom de baro,
Can li vei malvestat menar.

E tals es nus
Que non a plus
Qu'aquel c'om porta batejar,
Sol car es pros
E ill plas razos,
Lo deu hom baron apellar....

Perdonas leu,
Venzas vos greu
E non vos cal cheira portar;
Amas amics
Et enemics
E no us cal anar outra mar....

PREDICATOR.

Dans une pièce il attaque les menteurs :

>Anc no vi Breto ni Baivier....
>Que tan mal entendre fezes
>Cum fai home lag messorguier;
>Qu' a Paris non a latinier,
>Si vol entendre ni saber,
>Quoras ment ni quoras ditz ver,
>Que devis non l'aia mestier....
>
>Al frug conois hom lo fruchier;
>Si com hom sent podor de fermorier
>Al flairar, ses tot lo vezer,
>Aissi fai lo mentir parer
>Lo fals coratje torturier.
>
>ANC NO VI.

Parmi les sirventes qu'il a composés contre le clergé, il y en a de très-remarquables :

>Tan son li orde enveios,
>Plen d'erguelh e de mal talan
>Que cen tans sabon mais d'engan
>Que raubadors ni mal cussos....
>
>E d'aquo baston lurs maizos
>E bels vergiers on els estan;
>Mas ges los Turc ni li Persan
>Non creyran dieu per lurs sermos
>Qu'ilh lur fasson, quar paoros
>Son del passar com del morir,
>E volon mais de sai bastir
>Que lai conquerre los felos.
>
>Per deniers trobaretz perdos
>Ab els, s'avetz fag malestan;

E renoviers sebeliran
Per aver, tan son cobeitos,
Mas ges los paubres sofrachos
No seran per els sebelitz
Ni vezitatz ni aculhitz,
Mas aquels de cuy an grans dos.
    QUAN VEY LO SEGLE.

Cavallier s degron sebelir
Que jamais d'els non fo parlat,
Quar son aunit e deshonrat,
Lur viure val meins de morir,
Que als clercx se laisson pestrir....
    QUI VOL SIRVENTES.

Nostrad. 177. Crescimbeni, 121. Bastero, 90, 136. Hist. gén. du Langued. II, 518, et III, 533. Millot, III, 236. P. Occ. 306.

PIERRE DE COLS D'AORLAC. Une pièce :

Si quo 'l solelhs, nobles per gran clardat,
On plus aut es gieta mais de calor,
E 'ls plus bas luecx destrenh mais per s'ardor
Qu'els autz que son pels vens pus atemprat,
Tot en aissi amors ab nobla cura,
Auta per pretz, destrenh me plus fortmen....

Be m troba bas et a sa voluntat
Selha qu'ieu am ses tota autr' amor,
Qu'en aissi m ten en fre et en paor
Com lo girfalcx, quant a son crit levat,
Fai la grua, que tan la desnatura
Ab sol son crit, ses autre batemen,
La fai cazer e ses tornas la pren,
Tot en aissi ma dompna nobla e pura
 Me li' c m lassa e m pren....

Qu'el fuecx que m'art es d'un' aital natura
Que mais lo vuelh on plus lo sen arden,
Tot en aissi quo s banha doussamen
Salamandra en fuec et en ardura,
 E 'n tra son noyrimen.
Si quo 'l solelhs.

Millot, III, 425.

PIERRE DE CORBIAC ou CORBIAN, t. IV. Il a composé un TRÉSOR en huit cent quarante vers de douze syllabes sur la même rime ; en voici quelques passages :

Si m demandas qui soy ni don ni de cals gens,
Maistre Peire ai nom, e fon mos naisemens
De Corbia on ai mos fraires, mos parens....
Qu'ieu n'ai un ric thezaur amassat clars e gens,
Et es pus pretios, pus cars e pus valens
Que peiras pretiozas ni fis aurs ni argens ;
Ja laire no s'en meta en grans aspiramens,
Que no m pot esser toutz ni emblatz furtilmens....
Qui vol aquest thesaur vezer apertamens....
Cest thesaur es sciensa de maintz ensenhamens....
De dieu mov tot saber, Salamos n'es guirens ;
De dieu mov doncx lo meu, e de dieu lo comens....
Creet dieus, quan li plac, los qatres elemens
Lo cel, l'aer, la terra e l'aiga eissamens ;
La terra fes redonda e stabla formamens,
La cal enclau la mar movabla e bruzens....
Establi nueg e jorn ben e ginhozamens....
Lo jorns per afanar, la nuegz per pauzamens ;
La nueg donet lumneyras, las estelas luzens,
Et al jorn lo solelh qu'es clars e resplandens.
Premier fetz lo dimentge ; so sabem veramens,
Pueys fe lo lus e 'l mars e 'l mercres eissamens,

Jous, venres e dissapte c'a Juzieus es colens;
E car fon primayrans dimentge entamens,
Colem lo nos apres, c'a dieu es onramens....

L'auteur parle ensuite de la chûte d'Adam, de l'histoire des Juifs, de la venue du Messie, de la Rédemption, etc. :

En totas las set artz sui assatz conoissens,
Per gramatica sai parlar latinamens,
Declinar e costruire e far derivamens....
E m gar de barbarisme en pernunciamens.
Per dialetica sai molt razonablamenz
Apauzar e respondre e falsar argumens,
Sophismar et concluire, e tot ginhosamens
Menar mon adversari a desconfezimens.
De rethorica sai per bels afachamens
Colorar mas paraulas e metr' azautimens....
De muzica sai yeu tot aondozamens
Quatre tons principals e quatre sotz jazens,
Li quatre van en sus detz cordas autamens,
E ill quatre van en jos en cantan bassamens;
Pero en quatre letras an totz los finamens,
E 'n totz aquels no son mas set votz solamens,
E pueion s'en per tons e 'n semi tons plazens;
La primairana corda s'entona jotz greumens,
Mas la quarta e la quinta qu'el son contraferens
S'acordon per descort ab leis molt dossamens;
La premeira e l'octava son aissi respondens,
Qu'ab doas paron una tan sonon dossamens.
Per aquest artz sai yeu tot envezadamens
Far sons e lais e voutas e sonar estrumens;
Tota la solfa sai e los set mudamens
Que don Gui e Boeci feron diversamens.
D'arismetica sai totz los acordamens

Creisser, multiplicar e mermar dividens....
Per las onsas dels detz tot en breuadamens
Poiria comtar d'un rei totz sos despensamens....
EL NOM DE IHUM CRIST.

A la fin de la pièce, on lit dans un manuscrit :

Fenitz es lo Thesaur de maistre Peire de Corbian.

Bastero, 91. Crescimbeni, 204. Millot, III, 227.

PIERRE DURAND. Cinq pièces, dont deux attribuées à d'autres troubadours :

Dans une tenson avec une dame, il lui dit :

Mi dons qui fuy deman del sieu cors gen
Qu'es devengutz, e deman l'atressi
Son gen parlar; e no 'l pes si lo 'l di
Qu'es devengutz son bel aculhimen,
Ni qu'esdeve son pretz ni sa cundansa,
Ni qu'esdeve son gent anar en dansa,
Ni qu'esdeve sa graissa, qu'ie 'l vi be,
Ni qu'esdeve son gen cors, pus no m ve?
MI DONS QUI FUY.

Il adresse un sirvente à Raimond de Miraval :

D'un sirventes m'es pres talens
Que razos m'o mostra e m'o di;
E cant er fatz tenra 'l cami
Tot dreg a Miravals correns
A 'N R. don ai pezansa,
Car fe tan gran malestansa
Contra domney don tos temps fos amatz.

E s'anc tenc dreg viatje
De drut cortes, ar camja son coratje.
<small>D'UN SIRVENTES.</small>

Millot, III, 419. P. Occ. 288.

PIERRE DE DURBAN. Un sirvente en réponse à Pierre Gavaret :

Peironet, ben vos es pres
Car sai vos faich venir
Gavaretz, si m'ajut fes,
Car vol de si dons auzir
Consseil d'aisso don estai en error,
Qu'ieu sai jutgar los tortz e 'ls dreitz d'amor;
E la dompna non fara ja folia
Anz faillira si mon conseill cambia.

Eu jutge que razos es,
C'om no m'o pot contradir,
Qu'els renda a si donz totz tres
Per desfar e per aucir,
Que nuills rics hom non deu auzir traichor,
Que traicher es qui faill a son seignor;
E la dompna fara gran cortesia
Si 'n fai tot so qu'ieu la conseillaria.

Eu conseill que sion pres
E c'om los fassa ferir,
E l'uns dels tres sia mes
En loc don non veia eissir,
E ill doi sion pendut sotz cobertor,
Car failliron a la cocha maior;

E si per so un dels tres no i s chastia
Mal perda dieu qui mais en lor se fia. ...
PEIRONET BEN VOS.

Millot, III, 425.

PIERRE ESPAGNOL. Trois pièces.

Cum selh que fon ricx per encantamen
Et en breu temps perdet sa benanansa,
Ai ieu estat ricx per bon' esperansa,
Mas eras sui tornatz en pessamens;
Aissi m' es pres cum asselh que al port
S'en es vengutz, que cui' aver estort
Tot son tezaur, pueys vens ab mal uzatge
Fa 'l tan d'enueg que 'l veda lo ribatge.
CUM SELH QUE FON.

Tant es amors fortz e corals e dura
Que tot quant te fai aissi tremolar
Cum fai lo vent la cana torneyar
Que vas totz latz li fai penre baissura....

Tot atressi cum l'estrus per natura
Que de son huou gardan lo fai coar,
Me fa, dompna, vostre plazen esgar
Naysser del cor sospirs d'aital figura
Que 'l belh semblan e las gentas faissos....
Me venon si tot dreg al cor ferir....
ENTRE QUE M PAS.

Millot, III, 427.

PIERRE DE GAVARET. Une pièce qu'il adresse à Pierre de Durban :

Peironet, en Savartes
Vai a 'n Peire de Durban,

E digas li que vers es
Que la genser, ses mentir,
C'ab si m colguet una nuoich per amor,
E no lo fi, de que sui en error,
Per ti me man, si es dreitz que m'aucia,
O si 'ls me trac, si sera cortesia.

Trahitz sui per aquels tres
Don plus me cuidei gauzir....

Ben volgra tot mon arnes
Aver donat, ses mentir,
Que a las domnas plagues
Que m deguesson captenir
Del faillimen qu'ai faich vas la gensor....

E ges no m puosc vanar que sos drutz sia,
Domnas, oimais vos lais de drudaria;
Vostr' er lo dans e l'anta sera mia.

PEIRONET EN.

Millot, III, 425.

PIERRE GUILLEM, t. IV. Deux pièces.

Peire Guillems si fo de Tolosa, cortes hom e ben avinenz d'estar entre las bonas genz. E fez ben coblas, mas trop en fazia; e fez sirventes joglaresc e de blasmar los baros. E rendet se a l'ordre de l'Espaza.

No m fai chantar amors ni drudaria
Ni m fai chantar flors ni fuoilla ni brutz
Que fan l'auzel, ni per so ni seria
Plus chantaire tan ni quant ni plus mutz,
Qu'atressi chan quan l'ivers es vengutz

Cum faz l'aistat ni la pasca floria,
Quan chans mi plai ni razos lo m'adutz.
No m fai chantar.

Dans une tenson avec Sordel, il lui adresse cette question :

En Sordel, que vos es semblan
De la pros comtessa prezan
Que tug van dizen e guaban
Que per s'amor etz sai vengutz,
Qu'enans cuiatz esser sos drutz
Qu'en Blacas qu'es per leis canutz.
En Sordel.

Bastero, 31. Crescimbeni, 205. Hist. gén. de Langued. II, 519. Millot, III, 427. P. Occ. 379.

Pierre Guillem de Luzerne. Une pièce.

Qui na Caniza guerreia
Per orgoill ni per enveia
Foldatz gran fai, car sa beltatz resplan
E sos rics pretz segnoreia,
E taing se que far o deia,
So us man,
Per que m'aura derenan
Servidor; e si desreia
Negus vas lei ni felneia,
De mon bran
Saubra si tailla ni s pleia.
Qui na Caniza.

Millot, III, 428.

PIERRE IMBERT. Il dit en parlant de sa dame :

Per qu'ieu prec dieu, selh d'amor, que la m vensa,
Car mos cors m'es miralhs de sas faissos,
E non dezir, pros dona, res mas vos....

Ara par mi qu'ad autra part bistensa;
Ieu la salut e ges non ai respos,
No sai s'o fai per lauzengiers gilos.

Deus! que farai, s'ab lieis non truep valensa,
Ab la bela qu'entre las gensors gensa?
Recreirai mi? Non ja, pel glorios,
Ans atendrai tro que m fassa joyos.

ARAS PUS VEY.

Millot, III, 428.

PIERRE DE MAENSAC. Deux pièces attribuées à deux autres troubadours.

Peire de Maensac si fo d'Alverne, de la terra del Dalfin, paupres cavaliers. Et ac un fraire que ac nom Austors de Maensac : et amdui foron trobadors. E foron amdui en concordi que l'uns d'els agues lo castel, e l'autre lo trobar. Lo castel ac Austors, e'l trobar ac Peire; e trobava de la moller d'EN Bernat de Tierci. Tant cantet d'ela, e tant la onret e la servi, que la domna se laisset envolar ad el; e mena la en un castel del Dalfin d'Alverne; e'l marit la demandet molt com la glesia, e com gran guerra qu'en fetz; e'l Dalfins lo mantenc si que mais no li la rendet. Fort fo adregz hom e de bel solatz; e fez avinens cansos de sons e de motz, e bonas coblas de solatz.

Voici le commencement de l'une de ces deux pièces, qui se trouve aussi sous le nom de Gui d'Uisel :

>Estat aurai de cantar
>Per sofraicha de razon,
>Qu'anc no mi pogu' incontrar
>En faire bona chanson ;
>Mas ar ai cor que m n'asai
>De far bos motz ab son gai ;
>Quar ben estai,
>Si saup ab pauc de dire
>Gen razonar leis cui es obezire.
>ESTAT AURAI.

Bastero, 91. Crescimbeni, 205. Millot, III, 234. P. Occ. 304.

PIERRE MILON. Six pièces :

>Si com lo metge fai creire
>Al malaut, que crid' e brai,
>Quan li dis : Tu scanparai,
>E del morir sap per ver ;
>E pero si 'l delinquis
>Enanz qu'el mort sia,
>Ni no i va, tan com solia,
>Quan s'aprosma de la fis.

>Aissi mi dons me promis
>E m dis que jauzens serai
>Del maltrag que sufert ai
>Don tornei mon plor en ris....

>Pero eu no m desesper
>Ni ja no m desesperarai,
>Ni desesperatz serai,
>Ans ferm en lei mon esper.

Que per bon esper requis
 Paubr' om manta via;
Per desesper non aug mia
 Judas perdet paradis?
         SI COM LO.

Domna, en vos trobei tal guierdos
Com fai al lup lo cabrol e l'agnel
Cant il vas lui il coren ses revel,
E laissa star la feda e 'l moutos;
Aissi, domna, al prim, al meu albir
Per la meillor cu vos cuidei chausir;
Mas jogador ai vist sovenz jogar
Qui jeta fal e s'enuia ad intrar.
         POIS QUE D'AL COR.

E si eu fos seigner de la corona,
Al malastruc qui obrenza muzansa
E paraules lais' anar ses temensa
De la gautas la lenga li trareia.
         S'EU ANC D'AMOR.

Un manuscrit lui attribue le couplet suivant:

En amor trob pietat gran,
E 'l diz un pauc en sospiran,
Car la prima lettra d'amor
Apellon A, e nota plor,
E las autras qui apres van
M, O, R, et en contan
Ajostas las e diran MOR.
Donc qui ben ama plangen mor;
D'amor moren plagen tot l'an;
Si pens fassan li autre fin aman.

Nostrad. 195. Crescimbeni, 129, 132. Bastero, 91. Millot, III, 428.
P. Occ. 379.

PIERRE DE LA MULA.

> Dels joglars servir mi laisse,
> Senhor, auiatz per que ni cum :
> Quar lurs enueitz creis e poia,
> Qui mais lor sier meyns acaba,
> Quar selh que meyns valdra que tug
> Vol qu' hom per melhor lo tenha,
> E son ja tant pel mon cregut
> Que mais son que lo Bret menut.
>
> Van cridan duy e duy :
> Datz me que joglars suy,
> Car es Bretz o Normans
> E vey en tans per qu'es
> Als pros dompnajes.
> DELS JOGLARS.

Dans une seconde pièce, attribuée aussi à Folquet de Roman, on trouve ces vers :

> Ric jove croy, pos vezes que val mays
> Dars que teners, mot i faytz qu'enuios,
> Quar es aysi avar ni cobeytos,
> C'om non y a qu'a la fin tot non lays,
> Ni que ja 'n port mas una sarpelheyra ;
> Mas d'una re vos remembre sivals
> C'aqui no val ni thesaur ni captals,
> Tors ni castels, palais ni argenteyra.
>
> Per dar conquis Aleysandres Roays,
> E per tener perdet Daire lo Ros
> La batalha, que teners li sostrays,
> Sa gent li fes layssar e sos baros ;
> E per donar conquis Karles Baveyra,

E per tener fo mortz Androncls fals;
C' anc per donar a princes no venc mals,
Mas per tener lur nais dans e paubreyra.
Ja de razon.

Crescimbeni, 205. Millot, I, 129.

Pierre Pelissier.

Peire Pelissiers si fo de Marcel, d'un borc del vescomte de Torrena; borges fo valens e pros e larcs e cortes; e montet en si gran valor per proesa e per sen qu'el vescoms lo fetz baile de tuta la sua terra. El Dalfins d'Alverne, en aquella sazon, si era drutz de na Comtor, filla del vescomte, qu'era en gran pretz de beutat e de valor. En Peire Pelissiers lo servia totas vetz quant el venia de tot so qu'el volia; et il prestava son aver. E quan Peire Pelissiers volc l'aver recobrar, lo Dalfins no 'l volc pagar, e 'l esquivet a rendre gierdon del service qu'el li avia fait, et abandonet la domna de vezer, ni de venir en aquella encontrada on ella estava, ni mes ni letra no il mandet, don Peire Pelissiers fetz aquesta cobla:

> Al Dalfin man qu' estei dinz son hostal
> E manje pro e s gart d'esmagresir,
> Com piez no sap a son amic gandir
> Quan n'ac tot trait lo gasaing e 'l capdal;
> Remansut son li mesatg' e 'l correu,
> Que lonc temps a non vi carta ni breu;
> E nulls hom piechs so que ditz non aten,
> Mas joves es e castiara s'en.

Lo Dalfins respondet a Peire Pelissier vilanamen e com iniquitat:

Vilan cortes, l'avetz tot mes a mal
So qu'el paire vos laisset al morir,
Cuidatz vos donc ab lo meu enrequir,
Malgrat de dieu que us fetz fol natural?
Ja, per ma fe, non auretz ren del meu;
Don somonatz vianda ni romeu;
Adonc queretz gierdon orbamen
E chantatz ne ades qui no 'l vos ren.

Blacas adressa les questions suivantes à Pierre Pelissier:

EN Pelissier, chauzes de tres lairos
Lo qual pres piez per emblar menuders?
Que l'us perdet lo pe per dos capos
E 'l poing destre e puois fo senestrers;
El segon fo penduz per dos deniers,
Mas aqui ac un pauc trop de venjansa;
El ters fo orbs, car emblet una lansa
E la capa al monge del mostier.

Lo Pelissiers respondet a EN Blacatz en aquesta cobla:

Seingner Blacatz, aquo lor es grans pros
Qu' a vos parec qu' a els fos destorbiers;
Qu' eu vi Durban, quant era tals com nos,
Morir de fam, mas ar' a dos destriers;
El pendutz es fora de consiriers,
Que non a freg ni fam ni malanansa;
Et en l'orb trop aitan de megloransa
Que jamais sols non ira volontiers.

Bastero, 91. Crescimbeni, 205. Millot, III, 428.

PIERRE RAIMOND de Toulouse, t. III. Environ vingt pièces.

Peire Raimons de Tolosa lo viells si fo fils d'un borges,

e fetz se joglar, et anet s'en en la cort del rei 'n Amfos d'Aragon; e 'l reis l'acuillic e ill fetz gran honor. Et el era savis homs e subtils, e saup molt ben trovar e cantar: e fetz de bons vers e de bonas cansos e de bon motz. Et estet en la cort del rei, e del bon comte Raimon de Tolosa, lo sieu seignor, et en la cort d'EN Guillem de Saint Leïdier, longa sazon. Pois tolc moiller a Pomias, e lai el definet.

Voici une pièce entière de ce troubadour et plusieurs fragments d'autres pièces:

> Si cum seluy qu'a servit son senhor
> Lonc temps e 'l pert per un pauc fallimen,
> M'aven per so qu'avia leyalmen
> Fagz sos comans de ma dona e d'amor,
> E ja d'aisso no m degr' ocaizonar
> Ni mal voler ma dona s'il plagues
> Pero be sai, quant hom plus savis es,
> Adoncx si deu mielhs de falhir guardar.

> Tan tem son pretz e sa fina valor
> E tant ai cor de far tot son talen,
> E tan mi fan lauzengier espaven,
> Per qu'ieu non aus de lieys faire clamor
> Ni mon fin cor descobrir ni mostrar,
> Mas mil sospirs li ren quec jorn per ces;
> E veus lo tort de qu'ieu li suy mespres
> Quar anc l'auzei tan finamen amar.

> E si 'l plagues que m fezes tan d'onor
> Qu'a genolhos sopleyan humilmen
> Son belh cors guay, gen format, avinen,

E 'l dous esguart e la fresca color
Mi laissesson sospiran remirar,
Ben cre que mais no m falhira nulhs bes,
Quar tant fort m' a s'amor lassat e pres
Que d' als non pes ni puesc mon cor virar.

De paratge no suy ni de ricor
Que ja m tanhes que 'l fes d'amar parven,
Mas quan lo ricx sos menors acuelh gen
Dobla son pretz e 'l creys mais de lauzors;
Per que feira ma dona ben estar,
Si qualque belh semblan far mi volgues,
Qu'en tot lo mon non es mais nulla res
Que ja ses lieis mi pogues joy donar.

Be sai qu'ieu fatz ad escien folhor
Quar ai en lieis mes mon entendemen,
Mas non puesc als cum plus li vau fugen,
Mais la dezir e dobli ma dolor;
So q'om vol fort no pot hom oblidar;
S'apres cen mals un be de lieis agues,
Be fora ricx, e sol qu'a lieis plagues
Iria 'l tost denan merce clamar.

Sa gran beutat, son gen cors nou e clar
Son pretz, s'onor sal dieus e 'ls digz cortes,
Que res de be no y falh mas quan merces
Qu'ab sol aitan no 'lh trobari' hom par.

Canso, vai mi tost retrair' e comtar
Ad Auramala e di m'al pros marques
Mecier Colrat qu'en luy a tans de bes
Per qu'om lo deu Sobretotz apellar.
                    Si cum seluy.

Ar ai ben d'amor apres
Cum sap de son dart ferir,
Mas cum pueys sap gent guerir
Enqueras no sai ieu ges;
Lo metge sai ben qui es
Qu'en pot sols salut donar;
Mas que m val, s'ieu demostrar
Ja non l'aus ma mortal playa?

Morrai per mo nescies,
Quar no 'l vau mostrar e dir
La dolor que m fai sufrir,
Don no m pot cossellar res
Mas quan sos guais cors cortes
Qu'ieu tan dezir e tenc car,
Que non l'aus merce clamar,
Tal paor ai que 'l desplaya.

Gran talent ai cum pogues
De ginols ves lieys venir,
De tan luenh cum hom cauzir
La poiria, qu' el vengues
Mas juntas far homenes
Cum sers a senhor deu far,
Et en ploran merceyar
Ses paor de gent savaya.

Bona dona, on totz bes
Vezem granar e florir,
Pus tan vos am e us dezir
Merce vos clam que merces
Mi valla e ma bona fes,
Qu'ieu serai de bon celar

E plus fis, si dieus m'ampar,
Que no fo Landricx a n'Aya....
Ar ai ben d'amor.

Si com l'enfas qu'es alevatz petitz
En cort valen et honratz del seingnor,
Pois quant es grans, s'en part e quer meillor,
No 'l pot trobar, ten se per escarnitz,
Vol s'en tornar, non a tan d'ardimen;
Aital son eu que m parti follamen
De leis cui ren merce, si m vol sofrir
Que venjament en prenda 'l no delir.

Venjar s'en pot de mi qu'er' afolitz;
Mais hom qu'es fols, so dizion li autor,
Non er jujatz tro que lo ten be iror,
Del mal qu'il fai n'es per raison punitz;
Mas quan n'es fors, er jujatz si 'l mespren,
O si 'l enanz avia faiz faillimen
E s'el fis anc, ben vos dic ses mentir,
E 'l sap lo ver, faz om toz temps languir....
Si com l'enfas.

Era pus hyverns franh los brotz
E pareisson floritz li ram
E 'l gibres e 'l neus son a flocx
Pels tertres e pels playssadencx,
Be se tanh qu'ieu m luenh d'enocx
Chantan, e no pareys ges pecx,
Sitot s'es braus et enoios lo temps,
Pus de tals digz sai far chanso ni vers.
Era pus hyverns.

Pos lo prims verjans botona
De que nais lo frug e 'l fuelh,

E 'l rossinhols s' abandona
De chantar per mieg lo bruelh,
Belha m' es la retindida
Que fai per mieg la giardina.

Drutz que pros don' abandona
Ben laus que s gart de jangluelh,
Que lauzengier, bec d' ascona,
Car son plan en far lur truelh,
Ab lor mesonja forbida
Cuion falsar amor fina.

Qui de joi porta corona
Ben es dreg c' om l' en despuelh,
Si ves sa dona tensona
O totz sos fatz non acuelh,
Que amors es tan chauzida
C' ab humilitat s' aizina.

Gellosia m tol e m dona
So que pus am e mais vuelh,
A me non cal qui q' en grona,
Pueys que dossamens m' acuelh
Ma domna cui fin joys guida
E pretz e jovens aclina....

Tan com la mars avirona
N' ay triat, ses dig baduelh,
La gensor e la pus bona
C' oncas vezeson miey huelh,
Blanca, fresc' e colorida,
Et es de bona doctrina.

Lai al renc de Barsalona
Estay l' amors c' amar suelh

E qui d'autr' amor me sona
Perda dieus que non l'acuelh;
Qu'ieu non partray a ma vida,
Tant es de bona razina....

Pos lo prims verjans.

Vergiers, ni flors, ni pratz
No m'an fait chantador,
Mas per vos cui azor,
Domna, m sui alegratz:
Qu'ieu no chanter' ogan;
Mas lo gen cors prezan,
E vostra grans beutatz
M'abellis tant, e m platz,
Qu'ab mil vers sagramens
No us puesc mostrar cum vos sui bevolens.

Si ma fin' amistatz
Vos avia sabor
Tan que per servidor
Vostres fos reclamatz,
Ben agra meinhs d'afan,
Que ren als no deman.
E rics don quant es datz
Es grazitz e prezatz
Trop mais pels conoissens,
Que per malvatz parliers desaviuens.

Domna, ben vuelh sapchatz
Que la fina color,
E 'l sen, e la lauzor,
E 'l vostre pretz onratz,
Me fan far deziran
Manh sospir, per que us man

Que vostr' om domenjatz
Sui, cum s'era compratz.
E qui 'ls sieus meteis vens
No m par sia ges grans afortimens.

S'IEU FOS AVENTURATZ.

Per qu'ieu li m suy autreyatz e rendutz
A fin' amor, et a lieys cuy dezir;
Que finamen m'an fait mei huelh chauzir
La belha, qu'es flors e miralhs e lutz
E caps e guitz de tot ensenhamen:
  E pus tan gen
Nafret mon cor d'un esgart amoros,
D'als no m sove, ni no m fo saboros
Nulhs autres bes, ni d'als non ai membransa.

Bona domna, vostre ricx pretz saubutz,
E las faissos e ilh plazen aculhir,
E la boca don tan gen vos vey rir,
M'an tan sobrat, que soven devenh mutz;
E lai on cug gen parlar, pert lo sen:
  Qu'ab espaven
Quer hom ric don, per qu'ieu suy temeros;
Mas ieu aug dir qu'om savis a sazos
Conquier manhs bes soven ab esperansa....

Mas fis amans non tanh que lev grans brutz,
Ans deu son cor celar et escondir
E 'l ben e 'l mal qu'el vei d'amor grazir;
Qu'ab cortes ayps es hom per pro tengutz,
E que s guart be de faire falhimen
  Ab escien;
Que de bon luec aven bos guazardos;

Que si domneys e cortejars no fos,
No fora pretz ni servirs ni honransa.

Domna, per so suy a vos atendutz;
Que m detz cosselh qu' a pauc no m fai murir
Lo mals qu'ieu trai per vos, e 'l greu sospir
E si mos cors fos per vos conogutz,
Be m'es semblans que n'agratz chauzimen;
 Que no m cossen
Nulh' autr' amor, ni ma bona razos
No s pot sebrar ni deslunhar de vos;
Tan m'es al cor vostra guaya semblansa!
   Tos temps aug dir.

Pero qui dones Alixandra
No volgra camjar leis qu'es flor
De joven e de joi sabor
Per nuill' autra, qu'en mon viven
No pogra trobar tan plazen
Ni coinda d'amoros parlar;
 Per qu'eu amar
 La voill, quar en valor
M'a fait estendre, e poiar en honor
Et encara, s'ill platz, donar mi poc.
   Lo dolz chan.

Nostrad. 73. Crescimbeni, 52. Bastero, 91. Hist. gén. de Langued. III.
96. Millot, I, 114. P. Occ. 29. Hist. Litt. XV, 457.

Pierre Rogiers, t. III et IV. Douze pièces.

Peire Rotgiers si fo d'Alvernhe, canorgues de Clarmon, e fo bels et avinens, e savis gentils hom e de letras e de sen natural; e trobava e cantave be. E laisset la canorga e fes se joglars, et anet per cortz; e foron grazit li sieu cantar. E venc s'en a Narbona en la cort de ma dona NA Esmengarda, qu'era de gran valor e de gran pretz; et ella l'aculhit fort ben et l'onret, e 'l fes gran be. Et el s'enamoret d'ella e 'n fetz sos vers e sas cansos; et ella los receup e lo pres en grat: et apellava la Tort N'avetz.

Lonc temps estet ab ella en cort; e si fon cregut qu'el agues d'ella joi d'amor, don ella en fo blasmada de las gens d'aquela encontrada: e per temor del dit de la gen si 'l det comjat. Et el parti de si, e s'en anet dolens e pensieus e consiros e marritz, a 'N Raembaut d'Aurenga, si com el dis el sirventes que fetz de lui que ditz :

> Senhe' 'N Raimbaut, per vezer
> De vos lo conort e 'l solatz, etc.

Lonc temps estet ab EN Raembaut d'Aurenga, e puois s'en partic de lui et anet s'en en Espanha ab lo bon rei 'N Amfos de Castela, et ab lo rei 'N Amfos d'Arago, et puois estet ab lo bon comte Ramon de Toloza; tant quant li plac et el volc; mout ac gran onor el mon tan com el i estet; mas pois se rendet a l'orde de Granmon, e lai el fenic.

> Ges non puesc en bon vers faillir
> Nulh' hora qu'ieu de mi dons chan;
> Cossi poiria ieu ren mal dir,
> Qu'om non es tan mal ensenhatz,
> Si parl' ab lieys un mot o dos,
> Que totz vilas non torn cortes?
> Per que sapchatz be que vers es
> Qu'el ben qu'ieu dic ai tot de liey.

L'auteur termine cette pièce par un dialogue entre son cœur et son esprit :

> Ailas? — Que t plang? — Laissi m murir.

— Que as ? — Am. — E trop. — Ieu oc tan
Qu'en muer. — Mors ? — Oc. — Non potz guerir ?
— Ieu no. — E cum ? — Tan suy iratz.
— De que ? — De licys don suy aissos.
— Sofra. — No m val. — Clama 'l merces.
— Si m fatz. — No y as pro ? — Pauc. — No t pes
Si en tras mal. — Noqua o fas de liey.

Cosselh ai. — Qual ? — Vuelh m'en partir....
Qu'en puesc als ! — Vols t'en ben jauzir ?
— Oc mout. — Crei mi. — Era diguatz.
— Sias humils, francx, larcs e pros.
— Si m fai mal ? — Suefr' en patz. — Sui pres.
— Tu ? — Oc. — Si amar vols, e si m cres
Aissi poiras jauzir de liey.
Ges non puesc.

Nostrad. 202. Crescimbeni, 134. Bastero, 91. Hist. gén. de Langued. II, 519, et III, 95. Millot, I, 103. P. Occ. 24. Hist. Litt. XV, 459.

PIERRE SAUVAGE. Un couplet en réponse à Pierre, roi d'Aragon :

Senher, reys qu'enamoratz par
    Non deu estar
    Ab cor felo
Contra Flors, ans deu arbirar
    Cum puesca far
    Ab bon resso
Culhir las flors en aissel mes
    On l'estius es
E las flors naysson plus espes;
E 'ls culhidors sian d'aital valensa
Qu'en pueg ni en pla, en serra ni 'n boysso
Non laisson Flors de sai Monmelio.

Millot, III, 152. P. Occ. 290.

Pierre Torat. Une tenson avec Giraut Riquier, auquel il adresse les vers suivants :

> Guiraut Riquier, si be us es luenh de nos,
> Cosselh us quier e donatz lo m breumens.
> Una don' ay amada lonjamens
> Bel' ab gens huelhs et ab plazens faysos
>   Que m'ausi e m'esglaya,
> E no vol far endreg mi ren que m playa,
> Et ieu fas tot so que vol ni cove,
> E lieys no denha ni vol aver merce.
>
> E soi pregatz per autra a destros
> Aitan bela et aitan avinens,
> E vol me far un aital mandamens
> Si laysi lieys que m'es de greu respos,
>   Que s'amor no m'estreya
> Per nulha res que hom de mi 'l retraya ;
> Ans ditz que m' er plazens en tota re,
> Si m lays d'amor l'autra que no m rete.
>   Guiraut Riquier.

Millot, III, 428.

Pierre de Valières. Trois pièces.

Peire de Valeria si fo de Gascoingna, de la terra d'en Arnaut Guillem de Marsan. Joglars fo el temps et en la sazon que fo Marcabrus ; e fez vers tals com hom fazia adoncs, de paubra valor, de foillas e de flors, e de cans e de ausels. Sei cantar non aguen gran valor ni el.

> Mon joi comenz en un bel mes.
> En la meillor sazon de l'an,
> Que li auzel movon lor chan

Contra 'l dous termini d'estiu
Que ja porton una doussa sabor,
Per que s'alegran chantador....
        Mon joi comenz.

Vezer volgra n' Ezelgarda,
Quar ai de morir talen
E pesa mi que trop tarda,
Tan lai morrai dousamen....
Laissat ai eu en reregarda
Per ma mort son bel cors gen ;
E quar es de pretz complida,
Lai irai morir breumen.
        Ja hom que s vol.

Nostrad. 196. Crescimbeni, 129, 132. Millot, III, 428. P. Occ. 380.

PIERRE VIDAL de Toulouse, t. III et IV. Environ soixante pièces.

Peire Vidals si fo de Toloza, fils fo d'un pelissier. E cantava mielhs c'om del mon, e fo bon trobaires; e fo dels plus fols home que mais fossen, qu'el crezia que tot fos vers so que a lui plazia ni q'el volia. E plus leu li avenia trobars que a nulhs hom, e pus rics sons fetz, e maiors folias d'amors. E dis grans mals d'autrui; e fo vers que us cavalier de San Gili li fes talhar la lengua, per so qu'el dava ad entendre qu'el era drutz de sa molher : e 'n Uc del Bauz si 'l fes guerir e metgar. E cant el fon gueritz el s'en anet outra mar, e de lai menet una grega que 'll fon donada per moiller en Cipry. E 'l fon donat a entendre qu'ela era netsa de l'emperador de Costantinopoli, e qu'el per lieis devia aver l'emperi per razon. Don el mes tot can pot guazanhar a far navili, qu'el crezia anar conquistar l'emperi; e portava armas emperials, e s fazia apelar emperaire e sa molher emperairitz. Et entendia en totas las bonas donas que vezia, e totas las pregava d'amor; e totas li dizian d'oc : don el se crezia drutz de totas e que cascuna moris per el; e totas l'enganavan. E totas ves menava rics destriers e ricas armas, e cadieira e campolieit emperial : e crezia esser lo melhor cavayers del mon per armas, e 'l plus amatz per donas.

Peire Vidal, si com ieu vos ai dig, s'entendia en totas las bonas donas, e crezia que totas li volguesson be per amor. E si s'entendia en ma dona NA Alazais, molher d'EN Barral lo senhor de Marcelha, lo quals volia meils a Peire Vidal qu'a home del mon, per lo ric trobar e per las belas folias que dizia e fazia : e clamavan se abdui Raynier. E Peire Vidal si era privatz de cort e de cambra d'EN Barral plus c'ome del mon.

EN Barral si sabia be que Peire Vidal se entendia en sa molher, e tenia lo i a solatz, e tug aquilh que o sabion; e si s'alegrava de las folias qu'el fazia ni dizia; e la dona o prendia en solatz, aissi com fazian totas las autras donas en que Peire Vidals s'entendia; e cascuna li dizia plazer e ill prometia tot so que ill plagues e qu'el demandava : et el era si savis que tot o crezia. E quan Peire Vidals se corrossava ab ela, EN Barral fazia ades la patz, e 'l fazia prometre tot so que demandava. E quan venc un dia Peire Vidal saup qu'EN Barrals se era levatz e que la domna era tota sola en sa cambra; e venc s'en al leit de ma dona N'Alazais et atroba la dormen, et aginolla se davan ella e baiza li la boca. Et ella sentit lo baizar e crezet que fos EN Barrals sos maritz, e rizen ella se levet; e garda, e vi qu'era

lo fols Peire Vidals, e comenset a cridar et a far gran rumor.
E vengron las donzelas de lains, quant lo auziron, e demanderon qu'es aisso? E Peire Vidal s'en issit fugen. E la
domna mandet per EN Barral, e fes li gran reclam de Peire
Vidal que l'avia baizada; e ploran l'en preguet qu'el en
degues penre venjansa. Et EN Barrals, aissi com valens
hom et adregz, si pres lo fag a solatz, e comenset a rire
et a rependre sa molher, car ela avia faita rumor d'aisso
qu'el fols avia fait. Mas el no la 'n poc castiar qu'ela no
mezes gran rumor per lo fait, e sercan et enqueren lo mal
de Peire Vidal; e grans menassas fazia de lui. Peire Vidal
per paor d'aquest fait montet en una nau et anet s'en a
Genoa; e lai estet tro que passet outra mar ab lo rei Richart, que ill fo mes en paor que ma dona N'Azalais li
volia far tolre la persona. Lai estet longa sazo, e lai fes
maintas bonas cansos recordan lo baizar qu'el avia emblat;
e dis en una canso :

> Assatz par
> Que loingnar
> Me volc de sa reio.
> Can passar
> Mi fes mar...
> Qu'ie 'l servi
> Ab cor fi
> Tan quan puec abando,
> E non aic guizardo,
> Mas un petit cordo;
> Si agui,
> C'un mati
> Entrei dins sa maiso,
> E 'l baizei a lairo
> La boca e 'l mento.

Et en un autre loc el dis :

> Pus onratz
> Fora c'om natz,
> Si 'l bais emblat mi fos datz
> E gent aquitatz.

Et en autra chanso el dis :

> Be m bat amors ab las vergas qu'ieu cuelh,
> Quar una vetz en son reial capduelh
> L'emblei un bais don tan fort me sove.
> Ai! tan mal trai qui so qu'ama no ve!

Aisi estet longa sazo outra mar, que non auzava tornar en Proensa. En Barral, que li volia aitan de be com aves auzit, si preguet tan sa molher, qu'ela li perdonet lo fait del baisar e lo i autreiet en dos. En Barral si mandet a Peire Vidal grassia e bona voluntat de sa molher, e que vengues. Et el venc ab gran alegrier a Marcelha, e fon fort be aculhit per en Barral e per ma dona n'Alazais, et autreiet li lo baizar en do qu'el li avia emblat; don Peire Vidal fes aquesta chanso que dis :

> Pos tornatz soi en Proensa.

P. Vidal, per la mort del bon comte Raimon de Toloza, si se marri molt e det se gran tristessa; e vestit se de negre, e talhet las coas e las aurelhas a totz los sieus cavals; et a si et a tos los sieus servidors fes raire los cabelhs e la testa; mas las barbas ni las onglas non se feiron taillar. Molt anet longa sazo a lei de fol home e de dolen. Et avenc se en aquela sazo qu'el anava en aissi dolens, qu'el reis n Anfos d'Arago venc en Proensa; e vengro ab lui totz los bos homes de sa terra, Blascols Romieus, en Garsias Romieus, en Martis del Canet, en Miquels de Luzia,

EN Sas d'Antilon, EN Guillems d'Alcalla, EN Albertz de Castelveil, EN Raimon Gausseran de Pinos, EN Guilems Raimons de Moncada, EN Arnautz de Castelbon, EN Raimons de Caveira; e troberon Peire Vidal en aissi trist, dolen et en aissi apareillat a lei de fol. E lo reis lo comenset a pregar e tug li autre sei baro que eron sos amic especial, qu'el degues laissar aquel dol, e que degues cantar e se alegrar, e que fes una chanso que ill portesson en Arago. Tan lo preguet lo reis e ill siei baro qu'el dis que se alegraria e laissaria lo dol, e faria chanso e tot so que ill plagues.

Et el si amava la Loba de Puegnautier, e ma dona Estefania que era de Sardanha; et aras de novel era s'enamorat de NA Raymbauda de Biolh, molher d'EN Guillem Rostanh qu'era senher de Biolh. Biolhs si es en Proensa, que es en la montanha part Lombardia. La Loba si era de Carcasses : EN P. Vidals si se fazia apelar lop per ela, e portava armas de lop. Et en la montanha de Cabaretz elh se fes cassar als pastors ab cas et ab mastis et ab lebriers, si com om fac lop; e vesti una pel de lop per donar a entendre als pastors et als cans qu'el fos lop. E li pastor ab los cas lo cassero e 'l baratero si malamen, qu'el en fo portatz per mort a l'alberc de la Loba de Puegnautier. Et cant ela saup que aquest era Peire Vidal, ela comenset a far gran alegreza de la folia que Peire Vidals avia faita, et a rire molt, e 'l marit de leis atressi : e receubron lo ab gran alegreza. E 'l marit de ela lo fes penre e fes lo metre en luec rescos, al miels qu'el poc ni saup ; e fes mandar pel metge, e fes lo metgar entro que fon gueritz.

Et aissi com vos ai comensat a dire de Peire Vidal que avia promes al rei e a sos baros de far chansos; can fon

gueritz, lo reis fes far armas a se et a lui; e vestit se EN
Peire Vidal, et agenset se fort; e fes adoncs aquesta canso
que dis:
De chantar m'era laissatz
Per ira e per dolor.

Voici des passages d'une pièce historique:

Ara m'alberc dieus e sans Julias
E la doussa terra de Canaves
Qu'en Proensa no tornarai ieu ges
Pus sai m'acuelh Monferratz e Milas....

E pus Milas es autz e sobeiras,
Ben volgra patz de lor e dels Paves
E que s'estes Lombardia en defes....
Lombart, membre us cum Polla fo conquiza
De las donas e dels valens baros,
Com las mes hom en poder de garsos,
E de vos lai faram peior deviza.

Bon' aventura don dieus als Pizas
Quar son ardit e d'armas ben apres,
Et an baissat l'erguelh dels Genoes
Qu'els fan estar aunitz e soteiras,
Per qu'ieu volrai tos temps l'onor de Piza
Quar an baissatz los perfietz ergulhos,
Que sol l'enueg dels vilas Borbonos
Me trenqua 'l cor e 'l me franh e 'l me briza.

Alamans trob deschauzitz e vilas....
E lor parlars sembla lairar de cas,
Per qu'ieu no vuelh esser senhors de Friza....
Ans vuelh estar entr' els Lombartz joyos
Pres de mi dons qu'es blanqu' e blond' e liza.

E pus mieus es Monferratz e Milas
A mon dan giet Alamans e Ties,
E si m creira Richart reis dels Engles,
En breu d'ora tornara per sas mas
Lo regisme de Palerm' e de Friza,
Quar lo conquis la soa rezemsos....
ARA M'ALBERC.

Ma voluntatz me mov guerr' e trebalh
Quar ma lenga non retrai la falsura
Dels fals clergues per qui maintha gens falh....

Be m meravelh del rey dels Castellas
Per que los cre quar sa valor an morta,
Qu'ieu vi sazo qu'el era sobeiras,
E proeza era en lui estorta,
Ar es desotz, per l'ensenha que porta
De l'emperi per cosselhadors vas.
Salvatge temps, qu'el non obri sas mas!
Per que valor de lui si desconforta,
Quar s'om li quier el fai del colh redorta.

Del rey frances qu'om ten per dreiturier
Vuelh pauc parlar, quar pauc val e pauc dona,
Ans per tolre cuid' aver pretz entier....

Per qu'ieu vuelh far del rey Matfre entendre
Qu'els enemics fai gent a frau venir
E sos amics onrar et enantir,
Qu'el sap pel sieu e per l'autrui contendre,
E te vencutz clercx qu'el volgron deissendre.

Ben m'agrada quar ten segur lo sieu,
Pus de valor ni de dar no s'estranha

Ni de guerra per plueia ni per ven,
Ans osteia per plans e per montanha;
E si nuls reys pert, el ne gazanha,
E sap o be Toscana, et en brieu
O sabran Grecx e mais que non dic ieu....
Ma voluntatz.

Il vante souvent ses prouesses:

Las aventuras de Galvanh
Ai ieu e mai d'autras assatz,
E quan soi en cavals armatz,
Tot quan trobi pesseg e franh;
Cent cavaliers ai tot sols pres
E d'autres cent ai tout l'arnes,
Cent donas ai faitas plorar
Et autras cent rir' e jogar.
Neus ni glatz.

Une de ses pièces commence par ce couplet:

La lauzeta e 'l rossinhol
Am mais que nulh autr' auzel,
Que pel joy del temps novel
Comenson premier lur chan;
Et ieu ad aquel semblan,
Quan li autre trobador
Estan mut, ieu chant d'amor
De ma dona na Vierna.
La lauzeta.

Dans une autre pièce il dit:

Mout viu ab gran dolor
Qui pert son bon senhor.

Qu'ieu perdiei lo melhor
Que mortz pogues aucir,
E quar no puesc murir
Ni es dreitz c'om s'aucia,
Per ma vida guerir
M'en anei en Ongria
Ab bon rey 'n Aimeric;
Lai trobei bon abric,
Et aura m, ses cor tric,
Servidor et amic.

Dans la même pièce il fait le portrait de sa dame :

Que roza de pascor
Sembla de la color
E lis de la blancor;
E quan la vole bastir,
Dieus mez i son albir,
Qu'en ren als non l'avia,
Qu'en lieys vole revenir
Amors e drudaria....
MOUT VIU AB GRAN.

Fragments d'une pièce qui a plus de dix-huit cents vers. Elle commence ainsi :

Abril issic, mais intrava
E cascus dels auzels chantava
Josta sa part, que aut que bas;
E car remanion atras
Vas totas partz neus e freidors,
Venion frugz, venion flors
E clar temps e dossa sazos;
Et ieu m'estava cossiros,
E per amor un pauc enbronex:

Sove m que fon mati adoncx
En la plassa de Bezaudun....
Venc vas mi vestitz e caussatz
Un joglaretz a fort del temps....
Venc josta me son cors pauzar,
Et ieu rendey li sas salutz;
E si m fui aperceubutz
A son venir que fos joglars;
Si m volgui saber sos afars
Per mi meteus, et el me dis:
« Senher, ieu soy us hom aclis
A joglaria de cantar,
E say romans dir e contar
E novas motas e salutz
Et autres comtes espandutz
Vas totas partz azautz e bos
E d'EN Gr. vers e chansos
E d'EN Arnaut de Maruelh mays,
E d'autres vers e d'autres lays;
Que ben deuri' en cort caber
Mas er son vengut vil voler....
Per qu'ieu ni nulhs homs avinens
Ni savis non es aculhitz.... »
Et ieu per so car ora'n vi....
Li dis: Amicx, ses tot messatge,
Vuelh que ns anem ades dinar,
Apres, si res voletz comtar....
Vos auzirai mot volontiers....
Apres manjar en un vergiers
Sobr' un prat, josta un rivet
Venguim abduy, e si no y met
Messonja, sotz un bruelh fleurit....
Me dis: Senher, a bon abric

Vei que em aisi vengut,
Per qu'ieu prec, si dieus vos aiut
A far tot so que vos volres,
C'aisi puramen m'escotes
Com s'era messatje d'amor.
Co us sabetz ben que 'l chauzidor,
Cal que sian o mal o bo,
An mes chausir en tal tenso
C'a penas s'en sabon issir....
Per qu'els faitz e 'ls captenemens
Segon las gens deu hom camjar;
Aiso m'a fag man ben estar
Apenr' e man divers saber,
E cuidava 'n secret aver
Entr' els baros man gazardo....
Mas er conosc qu'a perdemen
Son tug vengut estiers petitz ;
Per qu'ieu m'en fora tost partitz
Per penr' un autre cossirier,
Mas aventura e siey mestier
Que mant homes fan ben enans
Volgron qu'ieu fos a Monferrans
Vengutz en Alvernh' al Dalfi,
E si fon un sapte mati;
Si co suy vengut de Riom;
E si anc genta cort ni hom
Ni de bon solatz, si fon sela ;
Non y ac dona ni donzela
No fos pus francx d'un aizelo
Ni cavayer ni donzelo
C'om agues noirit en sa man....
E si s'avenc entor nadal
C'om apela kalendas lay....

E aco fon ses tot esmay
A Monferrat sus el palaitz,
E s'anc vis homes ensenhatz
Ni ab baudor, so fon aqui....
Vos sabetz ben que luenh ni pres
Non es hom natz ni faitz ses paire,
Per qu'ieu n'aic un mot de bon aire
E tal que s saup far entr' els pros;
Cantaire fo meravilhos
E comtaires azautz e ricx
Et ieu peytz. Si com n Enricx
Us reys d'Englaterra donava
Cavals e muls e can sercava
Vas Lombardia al pros marques....
Et auzic nomnar Catalas
E Proensals mot e Gascos,
Vas donas francx et amoros;
E fazian guerras e plays,
Per c'a mi, per aital pertrays,
Ab vostres motz me fis joglars....
D'aqui m'en anei en Tolzan
On atrobey al cor certan
Mo senher lo comte premier
E mant avinen cavayer....
C'aisi tengues ma via plana
Fes me venir a Mataplana....
Aqui trobey, si a vos platz,
Mon senher n Ugo avinen,
E franc e dos e conoissen
Ad escotar tot bo saber,
E trobey lay donas, per ver,
Que m fero rembrar mon paire
E 'l segle bos qu'en a fag traire....

Ieu li dis, ses tot aparelh :
Amicx, vos es vas mi vengutz
Segon que dizes esperdutz,
Fors issitz de vostre sen
Per so car no sabetz comen
Ni per que es aissi camjatz
Lo segles e fina beutatz....
E si 'l Dalfis fis e verays
No vos agues aital sen mes,
Vos foratz tornatz descortes....
Et auziratz, si com ieu fi
Als trobadors dir e comtar,
Si com vivion per anar
E per sercar terras e locx,
E viras lur selas ab flocx
E tans autres valens arnes
E fres daurats e palafres;
Meravilheratz vos en fort;
Li un venian d'otra 'l port
E li autre d'Espanha say,
Aqui trobavon cuend e gay
E donador lo rey 'n Anfos,
En Diego que tan fo pros....
E 'l comte Ferran lo cortes,
E sos fraire tan ben apres....
Vas Lombardia 'l pros Marques....
Que en la terra veramen
S'es mantenguts tos temps donars;
Et en Proensa homs non avars....
En Blacas no y fai a laissar
Ni del Baus en Guillem lo blon....
Ni 'l comte Dalfi que tan valc
Ni sai en Gasto a cui calc

May de pretz c'om non li conoys;
E silh que venion per Foys
Aqui trobavon un senhor
Adreg e plazen donador....
E trobaretz pros e veray
N Arnaut de Castelnou tos temps....
Et al Castelvielh fo N Albertz
Us cavayers mot coratjos,
Et entorn lui d'autres baros
A totz bes far francx et arditz....
Mas vos non poirias sofrir,
A mon semblan, tan lonc sermo,
E trop parlar met en tenso
So que mezura fai grazir,
Per qu'ieu vuelh a Miquel venir
En Arago et a 'N Garsia....
Lo comte qu'es a Castilho
EN Pos bo, e sos filh N Ugo,
A mantener prez e valor....
E Jaufre que tan fo prezatz
Per mans locx e per mans regnatz....
Vers dieus, que per nos fon penatz....
Volc qu'en Alamanha vengues
Us emperaire Fredericx,
Et Englaterra 'N Enricx....
N Enricx, EN Richartz, EN Jofres;
Et en Tolosa un coms cortes
EN Raimon que tan fon prezatz....
Aisi o deuriatz saber
Per mot auzir e per parer
Cals fo 'l pros coms de Barsalona
E sos fils N Anfos que tan bona
Valor saup aver totz sos jorns....

E per aquist eran refait
Joglar e cavayer desfait
E mantengut li dreituzier,
E qui avia son mestier
Ni son saber azaut ni car
Ad els l'anavon prezentar....
Er vos ai parlat dels baros
Per so qu'en sias pus ginhos....
E per mostrar, si co hom ditz,
Ni vos mezeis m'avetz pregat,
Per cal maneira son prezat
Aitals homes ni mielh apres....
C'ades vulhatz bos sabatos
Portar e caussas ben estans
Cotel, borsas, correg' e guans,
E capel el cap gen tener,
Car aital s captenh son plazer;
Adzaut e non trop maystrat
Vostre vestir sian talhat....
Que vostres ditz sian ginhos
E vostre fag mesclat ab sen....
E membre us so c'us conoissens
Trobaires dis, EN Miravals....
Per que us deu membrar eyssamen
A far valens vostres mestiers
So que us dis EN Peire Rogiers....
Aprendetz so qu'en dis N Arnaut
De Maruelh que per melhurar....
« Aprendatz de las gens
« Fatz e captenemens.... »

ABRIL ISSIC.

Les vers suivants sont la réponse qu'il fit à l'attaque de Lansa :

Lauza marques, paubresa en eschera
Vos coichan fort dolors e malananza,
Et es col orbs que pissa en la carrera,
Quant a perdut la vergoigna e membranza;
Plus soven venz castels e domeios
No fai vieilla gallinas ni capos,
E s'anc fos francs, ar es sers ses doptansa.

Emperador avem.

Nostrad. 97. Crescimbeni, 67. Bastero, 31. Hist. gén. de Langued. III, 95. Millot, II, 266. Papon, II, 216, 245. P. Occ. 178. Hist. Litt. XV, 470.

Pierre du Villar, t. IV.

Millot, III, 426. P. Occ. 377.

Pistoleta, t. III.

Pistoleta si fo cantaire d'en Arnaut de Maruoill e fo de Proensa; e pois venc trobaire e fez cansos com avinens sons. E fo ben grazitz entre la bona gen; mais hom fo de pauc solatz, e de paubra enduta, e de pauc vaillimen. E tolc moiller a Marseilla; e fes se mercadier e venc rics; e laisset d'anar per cortz.

Il dit de sa dame:

> Cil trobador fan m'en tuit guarentia
> En lor chansos, si a mi non crezatz,
> Que tot lo ben, a qualque dir l'auiatz,
> Dison d'ellei e de sa seignoria;
> Neis l'auzelet s'alegron per s'amor
> Quan la vezon, tal jois n'an entre lor....

Aitan sospir.

Il termine une de ses pièces par le couplet suivant

Al valen rei qu'es de pretz coronatz
Sobr' autres reis e que mielhs se capte,
On fis jois nais, et es renovellatz
Jois e jovens, t'en vai, chanso, dese
En Aragon, on prendon tug repaire
Bon fag valen que francx reis deia faire;
E saluda m de Perpinhan enan
Selhs e selhas que d'amor an talan.

ANCMAIS NULHS HOM.

Ar agues ieu mil marcx de fin argen
Et autres mil de fin aur e de ros,
Et agues pro sivada e fromen,
Buous e vacas, e fedas e moutos,
E quascun jorn cen libras per despendre
E fort castelh en que m pogues defendre,
Tals que nuls hom no m'en pogues forsar,
Et agues port d'aigua dousa e de mar.

Et ieu agues atretan de bon sen
E de mesura cum ac Salamos,
E no pogues far ni dir falhimen,
E m trobes hom leial totas sazos,
Larc e meten, prometen ab atendre
Gent acesmat d'esmendar e de rendre,
E que de mi no s poguesson blasmar
Ni encolpar cavalier ni jocglar.

Et ieu agues belha domna e plazen,
Coinda e gaia ab avinens faissos,
E quascun jorn cen cavaliers valens
Que m seguesson, on qu'eu anes ni fos,
Ben arnassatz, si cum ieu sai entendre,

E trobes om a comprar et a vendre,
E grans avers no me pogues sobrar
Ni sofranher res qu'ieu volgues donar.

Quar enueitz es qui tot l'an vai querer
Menutz percatz, paupres ni vergonhos,
Per qu'ieu volgra estar suau e gen
Dins mon ostal et aculhir los pros
Et albergar cui que volgues dissendre,
E volgra lor donar senes car vendre;
Aissi feiri'eu, si pogues, mon afar
E quar no m puesc, no m'en deu hom blasmar.

AR AGUES IEU MIL.

Nostrad. 200. Crescimbeni, 131, 133. Bastero, 91. Millot, III, 430. Papon, II, 414. P. Occ. 381.

Pons Barba. Deux pièces.

Sirventes non es leials,
S'om no i ausa dir los mals
Dels menors e dels comunals
E maiorment dels maiorals;
Car ill fan los faillimens tals
C'om non deuria parlar d'als;
E car los sai e non dic cals,
Mos sirventes n'es meinz cabals.

Pero 'l dir me tol temors,
C'om non ausa dels maiors
Aissi dir verais desonors
Com fai mensongieras lauzors;
Per que n'es mendres lur valors,
Car loingnan los chastiadors,
E vei rics los cossentidors,
Car faillir laissan lor seingnors....

SIRVENTES NON.

Non a tan poder en se
Cel qui ve vostras faissos
Que mais non n'aiatz vos,
Dompna, can ven al partir;
Car tan sabetz far e dir
D'avinen so que plai als conoissens
En maneira que vos non valetz mens....

Aissi avez vos pres me,
Com los autres en perdos,
Ab vostres ditz amoros,
Qu'als non pot hom conseguir
Mas lo vezer e l'auzir,
E 'l vezers es e l'auzirs tan plazens
Que non es hom de preiar sovinens
Que pagatz es cel que us estai denan....

E pos deus aital vos fe
Par que us fos per lui datz dos
Que chascus fos enveios,
De vos amar e servir,
E mostra us en car tenir;
Ar aisso us fai socors, sabers e sens
Ab que pagatz aissi los entendens,
Qu'ab plazens ditz et ab faitz alongan
N'avez mais grat que cellas que plus dan.

NON A TAN.

Bastero, 91. Crescimbèni, 206. Millot, I, 177.

PONS DE CAPDUEIL, t. III et IV.

Pons de Capduelh fo un gentils bars del avescat del Puei Santa Maria; e trobava, e viulava, e cantava be. E fon bos cavaliers d'armas, e gen parlans, e gen domneians, e grans e bels e ben ensenhatz, e fort escas d'aver, mas si s'en cubria ab gent aculhir et ab far honor de sa persona. Et amet per amor ma dona Alazais de Mercuer, molher d'EN Ozils de Mercuer, un gran comte d'Alvernhe, e filla d'EN Bernart d'Andusa, d'un honrat baron qu'era de la marca de Proensa. Mout l'amava e la lauzava, e fes de lieis mantas bonas cansos. E tant quan ela visquet non amet autra : e quant ela fon morta, el se croset e passet outra mar, e lai moric.

Pos de Capduelh amet aquesta dona, si com avetz auzit, e fon amatz per ela. E molt fo lur amor grazida per totas las bonas gens; e maintas bonas cortz, e maintas belas jostas, e maint bel solatz en foron fait, e maintas belas cansos. Et estan en aquel gaug et en aquel alegrier ab ela, ac voluntat, aisi com fols amicx que no sap ni pot sufrir gran benanansa, de proar si ela li volia be; qu'el no crezia a sos huelhs, ni als plazers plazens, ni a las honradas honors qu'ela li fazia ni 'l dizia. E si acordava en son fol cor qu'el fezes semblan que s'entendes en ma dona Audiartz, molher del senhor de Marselha. E fes aquest pensamen, que, si a sa dona pezava si 'l se lonhava d'ela, adoncs porria saber qu'ela li volia be; e si a leis plazia, era ben conortz que res no l'amava. Et el, com fols que no s recre tro qu'a pres lo dan, comensec se a lunhar de ma dona N'Alazais et a traire se a ma dona N'Audiartz, et a dire ben d'ela. E dis d'ela :

> No vuelh aver l'emperi d'Alamanha,
> Si N'Audiartz no vezian miei uelh;
> E non dic trop, si m vest gai ni m despuelh,
> Ni 'l ren merce, quar li plac ma companha.

Ma dona N'Alazais, quan vi que Pons de Capduelh,

qu'ela avia tant amat et onrat, s'era lunhatz dela, e s'era tragz a ma dona n'Audiartz, ela n'ac fort gran desdenh; si que anc jorn no fon persona a cui ela parles ni demandes de lui; e qui li 'n parles no respondia. Ab gran cort et ab gran domnei ela vivia.

Pons de Capduelh anet domneian per Proensa longa sazo, e fugen las honors de ma dona n'Alazais. E quant el vi e saup qu'ela no s'en mostrava irada, ni 'l mandava mesatge ni letras, et el penset que mal avia fag; e comenset a tornar en la sua encontrada, e parti se de la fola proazo qu'el avia faita. Et el comensa esser tristz e dolens; e mandet letras e coplas humils ab grans precx a ela, que degues sufrir que li vengues denan razonar la soa razo, e pregar e clamar merce; e qu'ela degues penre venjansa de lui, si el avia faita ofensio vas ela; mas no ill volc escoutar merce ni razo. Don el fes aquesta canso que ditz:

Aissi com cel qu'a pro de valedors.

Et aquesta canso no li valc ren, e si en fes un' autra que ditz :
Qui per nesci cuidar
Fai trop gran fallimen.

Ni aquesta no 'l valc ren eisamen que ma dona Alazais lo volgues tornar en grassia, ni volgues creire qu'el se fos lunhatz d'ela per proar si ela en seria alegra o no; si el se partis d'ela; don el anet a ma dona Maria de Ventadorn et a ma dona la comtessa de Monferran, et a la vescomtessa d'Albusso, e si las amenet a Mercuer a ma dona n'Alazais clamar merce, qu'ela li rendet grassia per los precs de las donas. E Pos de Capduelh fon plus alegres que homs del mon, e dis que jamais non se fenheria plus per proar sa dona.

Aissi m'es pres, cum selui que sercan
Vai bon senhor e n'assaya gran re,
E l'honron tug, e 'l fan voluntiers be;
Pueis chauzis n'un tot sol qu'en re no 'l blan,
Ni 'l fai honor, estiers quar l'acuelh gen;
E quar lo sap sobre totz plus valen,
Ama 'l mil tans mais en perdon servir
Qu'els autres totz, don se pogra jauzir.

Et es razos e dregz, al mieu semblan,
Qu'om la melhor am mais per bona fe,
Sitot no 'l val; fols es qui s'en recre,
Mas sierv' ades e ja re no 'l deman.
Qu'assatz quier hom a senhor conoissen
Qui l'am e 'l sierf; doncs s'ieu am finamen
Mi dons cui sui, be m degra joys venir,
Qu'el genser es qu'om puesc el mon chauzir....

Tan quan la vey me te 'l vezers jauzen,
E quan m'en part sui en tal pessamen
Qu'en chantan plor, e m vol lo cor partir;
En aissi m fai s'amors viur' e murir.

Dieus, que la fes tan belh' e tan prezan,
Li salv' e 'l guart lo ric pretz qu'ilh mante;
Que non a hom tan dur cor qui la ve
No 'l port honor; aissi s vai melhuran
Tan quan cove a valor et a sen;
Qu'abelhir fa sos faitz a tota gen,
Neis als melhors se fa mil tans grazir;
En totas res se guarda de falhir....

Qu'ilh chant e ri, et ieu planc e sospir
E 'n perc soven lo manjar e 'l dormir.

Fins cors prezans, per vos perc veramen
Ric joy d'alhor, e de vos no l'aten;
E ges per tant non puesc mon cor partir,
Quar mais e mielhs vos am qu'ieu no sai dir.
AISSI M'ES PRES.

Quoras que m tengues jauzen
Amors era m fai languir,
Per que no puesc avenir
En far chanson avinen,
Ans muer d'ir' e de feunia,
Quar ma belha douss' amia
Qu'ieu am de cor finamen
No sap la dolor qu'ieu sen.

Pero ben sai veramen,
Si de mi 'l vol sovenir,
Qu'ieu planh per lieys e sospir,
Qu'ilh saubra mon pessamen,
E 'l solatz qu'ab lieys avia,
Quan vi la belha paria
Que m mostreron l'huelh rizen
Don m'esguardavon tan gen.

Las! pueis n'ai plorat soven
De talan e de dezir,
Quan mi soven qu'al partir
L'auzi dire francamen,
Que tot mon ben li plazia
Mais que semblan non fazia;
Per aquelh conort plazen
M'adousson tuit mei turmen.

Mout fera gran jauzimen
S'ella no m laissa morir,

Qu'ieu son faitz per leis servir,
E m'escobit leialmen;
Qu'ans qu'ieu la vis la vezia
Inz e mon cor cascun dia,
Sa beutat e son joven,
E la cauzi entre cen.

Bona dona, l'onramen
Non degr' ieu desovenir
Quan vos plac que m des un rir
E m baises celadamen :
Per qu'ieu si tos temps vivia
Lo bais non oblidaria ;
Ni anc non camiei mon sen,
Ni farai al mieu viven.

QUORAS QUE M.

Razon n'ai, qu'ieu non puesc vezer
Tan belha ni tan gen parlan
Ni mielhs fassa bon pretz valer ;
Per qu'ieu no m sen mal ni afan
Quan vey sos belhs huelhs, e remire
La belha boca e 'l cor plazen :
Dieus, que la fes tant avinen,
Li met' al cor que no m'azire !
Qu'ieu sui totz mortz, si non ai jauzimen.

Vius non puesc ieu ges remaner,
Estan aissi per lieys aman ;
Qu'a pauc mortz no m laissei cazer
Lo jorn que m'en parti ploran.
E pos del tot li sui mentire,
Sivals aitan sapcha no 'l men ;
Que planh e plor m'en son guiren,

Que m fan suffrir tan greu turmen
Qu'a pauc lo cor d'ir' e d'esmai no m fen.
BEN SAI QUE PER.

Ja non er hom tan pros
Que no sia blasmatz,
Quant es a tort felhos;
Qu'el ricx bars e l'onratz
N'es plus cars e plus bos,
Quan conois sas foudatz;
Qu'aissi jutja razos
Los valens e 'ls prezatz:
Qu'aisselh que s'humilia
De son falhimen
Deu trobar chauzimen,
E l'orgulhos feunia;
Quar qui mal fai mal pren....

Don', aisso dic per vos,
A cui m'era donatz,
E sai que soi clamos
A tort, quar no m'amatz,
Que vostres tanh que fos
Coms o reys coronatz,
Ab totz ayps cabalos;
Tant es sobrepuiatz
Vostre pretz quascun dia
Ab joy et ab sen,
Que 'l pro e 'l conoyssen
Vos porton senhoria,
Mais qu'a las melhors cen....

Per qu'ieu m'en part forsatz,
Quar ges leu no poiria

      Esser oblidos
    De las plazens faissos
    Ni de la cortezia
    Del vostre cor joyos....
JA NON ER HOM.

Bastero, 91. Crescimbeni, 206. Hist. gén. du Langued. III, 97. Millot, III, 170. P. Occ. 10. Hist. Litt. XV, 22.

PONS FABRE D'UZÈS. Deux pièces. L'une commence par ce couplet :

    Luecx es qu'om si deu alegrar
    E sitot no m sui amaire,
    Si vuelh ieu esser chantaire
    Et en luec mon saber mostrar,
    Qu'ieu dic que paucx ni grans avers
    No val saber qui l'avia,
    Per que d'apenre quascun dia
    Creys' als plus savis lur volers.
LUECX ES QU'OM.

Crescimbeni, 184. Millot, III, 400. P. Occ. 366.

PONS DE LA GARDE, t. III et IV. Treize pièces.

    Per so l'am ieu, per bona fe,
  De mon poder, si deu me benezia,
    E l'amor durara jasse,
  Pos a vos platz que us am, ma bel' amia;
  Amigua us clam, dieus vueilla que vers sia;
    Don amigua m'es vos, so cre,
  Pos tot lo joi me dats qu'ieu ai ab me.

    Qui la m mentau, tal joi m'en ve
  Que mos amicx es totz hom que re m'en dia....

Ab lei que m'a fag tan d'onor
Que bon m'en es lo parlar e 'l dezire,
E bon quan pens de sa valor,
E quan la vei meillor qu'ieu no sai dire,
Qu'ie 'n soi plus bels quan sa beutat remire,
E car ja tenc mos hueils aillor,
Per trop temer ho fauc e per paor.

Tos temps m'an fait lauzenjador
Mal et enuei, dami dieus los azire....
DE CHANTAR DEI.

Aman viu et aman morrai,
C' ab bon cor et ab bona fe
Am la meillor dona qu'ieu sai
E la plus bella qu'anc dieus fe....

Ai dieus! e cora la veirai,
C' om non pot aver qui la ve
Ira ni consir ni esmai;
E sel c'o a no sembla me,
Qu'ieu quan la vei de re no m dueil;
BEN ES DREITZ.

Tant soi apoderatz,
Et en gran esmai,
Que ben cre e sai
Que no m plagr' onguan
Solatz ni deport ni chan;
Mas, Mon Tot Mi Platz,
Vol qu'ieu chant, et es mi gen
Que fassa son mandamen....

Que las grans beutatz,
E 'l cors cuend' e gai,

E 'l ric pretz verai,
E la valor gran
Qu'a mi dons qu'ieu dupt' e blan,
M'a mes en tal latz
Don molt dur trebaill aten,
Si no m val chauzimen.

Tant y fui onratz
Qu'el coven mi plai,
Sitot no m'estrai,
Que m fes en baizan;
Del bel mensongier semblan
Es mos cors pagatz;
C'aissi m'o dis avinen,
Que ver me par quan me men....

Mas nos avem conort gran
En Mon Tot Mi Platz,
Que sel qui la ve soven
Non pot aver marrimen.

TANT SOI APODERATZ.

Millot, II, 311. P. Occ. 325. Hist. Litt. XV, 460.

PONS DE MONTLAUR. Une tenson avec Esperdut, qui lui propose cette question :

Qal preiatz mais a ops d'amor :
Toseta que pot meillurar
Et es corteza, bell' e pros,
O dompna de prez caballos
Abrivada de dompneiar?

Pons de Montlaur dit :

N Esperdut ben par de sen blos.

Ni non par que si' amoros,
Ni non sap la meillor triar.
Eu am mais retener qu'esperar....

Esperdut répond :

Seigner Pons, molt m'es bel d'amor
Quan l'ai bel' e l'esper meillor ;
Et ai respit de gadagnar,
Quan dompna no pot plus poiar,
Ans ai del deiscendre paor,
Qu'ieu ai vist caval milsoldor
A prez de trenta sols tornar.

Pons réplique :

N Esperdut, ben a la meillor
Dompna quant es de prez auzor,
E meill sap son amic onrar,
E pot ben tot son cors mostrar,
E meill sap far pretz et onor
Que cil c'om enquer ab temor
Que vai tot son marit contar.

SEIGNER PONS DE MONTLAUR.

Millot, III, 326.

PONS D'ORTAFAS. Deux pièces.

Aissi cum la naus en mar,
Destrecha d'ondas e de vens,
Que si sent fort perillar
Que selhs dedins an grans turmens
Que neys dieus no podon pregar,
E volrion vius traspassar
Mais que aquelh turmen sofrir,
E valria mais, so m par, morir

Ad honor que tos temps durar
Pena et afan e cossir,
Quar vida val pauc on jauzir
De negun joy no l'es donatz;
Vida non es ans es morir;
Per que val mais morir viatz
Qu'aital afan tot jorn sofrir.

En aissi m sent ieu perillar,
Si fin' amors no m n'es guirens,
Quar ieu no puesc l'afan portar
Per vos, dompna, cuenda e plazens;
Ni ges no us aus mon cor mostrar
Plus que selh qu'es pres outra mar
Que 'l coven gran afan sofrir,
E quar non pot per ren fugir,
Coven li 'l gran mal sofertar....

La doussa color que us apar
E 'l dous ris que tot autre vens,
Mi fan en aissi tremolar
Cum fai la fuelha lo fortz vens...

Senher Berenguier, be m par
Que vos etz bos e conoyssens
E sabetz qui s fai ad honrar,
E sabetz gentilmen servir
Las donas e ben aculhir.

En Narbones es gent plantatz
L'arbres que m fai aman morir
Et a Cabestanh gent cazatz
En mout ric loc senes mentir.

AISSI CUM LA NAUS.

Fragments de la seconde pièce :

> Si ai perdut mon saber
> Qu' a penas sai on m'estau
> Ni sai don ven ni on vau
> Ni que m fauc lo jorn ni 'l ser,
> E sui d'aital captenensa
> Que no velh ni puesc durmir.
> Ni m platz viure ni morir,
> Ni mals ni bes no m'agensa.
>
> A per pauc no m desesper
> O no m ren monges d'Anjau
> O no m met dins una clau
> On hom no m pogues vezer....
>
> A gran tort mi fai doler
> E sia eu pendut en trau
> Si pueys segui autr' esclau,
> Pos m'ac pres en son poder....
>
> Ieu sui aisselh que no tensa
> Ab mi dons ni no m'azir
> Ni no m sai de ren ardir
> Mas d'aisso qu'a lieys agensa....
>
> Si ai perdut.

Millot, III, 431. P. Occ. 383.

Pons Santeuil de Toulouse. Une complainte sur la mort de Montagnagout, son beau-frère. Le premier couplet est lacéré :

So es us planhs que fes Pos Santhol de Toloza d'en G. de Montanhagol, lo qual G. avia sa seror per molher.

Marritz cum homs mal sabens ab frachura
Viurai hueymais de be ab marrimen....
Doncx las! caitiu, cum puesc aver enten
Que negus gaugz mais me conort ni ven,
Pus vos etz mortz, senher, que tota gen
Que us vic vos planh, si us fai dieus honor pura....

Segurs caps fos e paire per drechura
Dels trobadors e complitz bonamen,
Et es devers e razos per natura,
Quan lo caps dol, van li membr' afeblen ;
Doncx, quan mor par, que 'lh mueyran eyssamen :
Doncx ab vos mor grans sabers vos seguen,
E va de cors e d'armas salvamen
E sens entiers conoyssensa e mesura.

MARRITZ CUM.

Millot, III, 105, 431. Papon, III, 449.

PORCIER. Couplet en réponse à Folquet :

Seigner, fait m'avez enquer
A Folchetz enrimader ;
Car per un poc mi desfer
Lo ronzin c'om li donec
Del pe dreig e de l'esquer,
Car meil me degra profer
  Son servir quant blasm'er
Mant bon cantar en deserer.

POUZET. Tenson avec Guillaume Raimond, auquel il répond :

En Guillem Raimon, d'aisiu
M'es que s'ieu chauzisc ades....

> E dic que ill dona s'aten
> Plus vas sel cui fai prezen
> D'aquo don l'autre sospira...
>
> Guillem Raimon, e chauzira
> Uns secx vos qui anatz queren.
> Car sel c'a dona repren,
> Penre ben par qu'en dezira.
> DEL JOI D'AMOR.

PREVOST. Tenson avec Savari, auquel il soumet cette question :

> Ex Savaric, ie us deman
> Que diatz en chantan,
> D'un cavayer valen
> C'a amat lonjamen
> Una dona prezan
> Et a 'l mes en soan ;
> Pueys preya n'autra
> Que en deven s'amia,
> E manda 'l jorn c'am leys vaza
> Per penre tot son voler ;
> E can l'autra 'n sap lo ver,
> Manda 'l c'a leys aquel dia
> Li dara so qu'el querria ;
> D'egal pretz e d'un semblan
> Son, e chauzetz a talan.

Dans la discussion il dit à Savari :

> Senher, amor desfan
> Donas, can van lunhan
> Lur don ni permeten ;
> Mais qu'il dona breumen
> Fa son don aut e gran...

La tenson est soumise par Prevost au jugement de trois dames :

>Senher, jutge no 'n lo ver
>Na Guilha 'n son plazer
>De Benaut, e na Maria
>De Ventadorn ; vuelh que y sia
>La dona de Monferrat
>C' a bon pretz ses tot enjan.
> En Savaric.

Millot, II, 102.

Pujols. Deux pièces relatives à deux sœurs qui se firent religieuses à Saint-Pons en Provence.

>Si 'l mal d'amor m'auci ni m'es nozens,
>No sai hueimais on m'an querre secors,
>Pus rendudas s'en son las doas flors
>Bonas a dieu et al segle plazens ;
>A pauc Sant Pos no m fai dir descrezensa,
>Quar nos a toutz dos dels gaugz de Proensa,
>Si las ! chanton e dizon lurs lessos,
>Plor en Blacas et ieu en Pujolos.

>La nueg e 'l jorn mi ven en pessamens
>Qu'ieu cavalgue ab totz mos valedors
>Dreyt a Sant Pos, sia sens o folhors,
>E que creme las morgas de laiens,
>Pus Hugueta es en obediensa,
>Qu'ieu trac per lieys sai fort greu penedensa,
>Et avetz mi laissat de tot joy blos,
>Belh' Hugueta, vostra seror e vos.

>E que faran vairs huelhs ni blancas dens,
>Ni per cui er manteguda valors,

Ni per cui er levatz dompneys e sors,
Pus Hugueta ni sa seror n'es mens;
Don chantarem ieu ni 'l coms de Proensa?
Non er per elh embrassada valensa,
Qu'elh fora mortz, ben a un an o dos,
Si 'l belh cofortz d'elhas doas no fos.

Si 'N Blacatz mor, er dans verayamens
E seran hi perdutz pretz e valors;
Moirir pogra, quar las plazens dolors
Cre l'auciran don Sordel n'er dolens....
Si 'l mal d'amor.

Qui 'l segle ser a dieu es dessirvens,
Quar hom non pot ben servir dos senhors;
Mas a Sant Pos siervon gent las serors
Selh qui per nos fon pauzatz en la crotz....

Sellas qui son el segle ben volens
Podon saber res non es mas follors;
No 'l tenon pro vilas, ciutatz ni tors,
Que per un gaug n'an ben cent marrimens :
E qui per pretz si treballa ni s tensa
Ben deu suffrir pus aspra penedensa
Quan dieus dira, jutjan sus en la crotz :
« Ves mi tenetz, los dreituriers e 'ls bos.

Hugueta es regina veramens,
E la dona del Baus a grans honors :
E montaran ab los angels aussors,
E portaran coronas resplandens,
E chantaran un verset de plazensa....
Dieus es amors.

RAIMOND. Tenson avec Lantelm, auquel il répond :

> Lantelm, lo drutz e la domna m'es parvenz
> Que tragan plus c'a doble lor dolors,
> Que l'uns a dol del dan c'a l'autre sors,
> E del sieu dan es l'autre si dolenz,
> Aquist dui fan d'afan dobla sofrensa.
>
> RAMOND UNA.

Il y a sous le même nom de Raimond une tenson avec Rodrigue :

> Ar chauzes de cavalaria,
> En Rodrigos, lo laus e 'l pres
> E retenes per tota via
> Ses l'obra; e si mais voles
> L'obra, no i sia
> Lo pres nul dia
> Ni 'l laus, mas pero tal prendes
> Que vostr' amia
> Totz temps n'estia
> Vostra, sino er la perdes.
>
> AR CHAUZES.

Millot, III, 431.

RAIMOND D'AVIGNON. Une pièce, t. IV.

Bastero, 92. Crescimbeni, 207.

RAIMOND BISTORS DE ROUSSILLON. Un couplet :

> Non trob qu'en re me reprenda
> En faitz ni en ditz,
> Pos fui de Montan partitz,
> Per qu'en val mens ma fazenda,

> Car anc no fo, si Montans vi mon dan,
> No m'o disses ab motz o en cantan,
> Que cel qui ve son bon amic faillir
> Molt l'ama pauc, si no ill lo ausa dir;
> Per qu'eu am mais sel qu'el mal me retrai
> Que cel que m dis lo be, can fag non l'ai.
>
> Non trob qu'en.

Millot, III, 396.

Raimond de Durfort.

Raimons de Durfort e 'n Turcmalec si foron dui cavallier de Caersi, que feiron los sirventes de la domna que ac nom ma domna n'Aia, aquella que dis al cavallier Cornil qu'ella non l'amaria, si el no la cornava el cul.

Fragments d'une pièce :

> Turcmalet, be us ten en grat
> Quar ab mi vos vey acordat
> De ben mantener en Bernat,
> Seluy que no respon en fat
> Al malastruc Caersinat....

> Ben es malastrucx e dolens
> Lo Caersis e totz sos sens,
> Be m par qu'el cosselh ac sciens;
> Ja ieu no sia sos parens,
> Quar si m'en mostresson dos cens,
> Ieu los cornera totz jauzens,
> E pueys fora ricx e manens
> Encaras que y fermes las dens.

> Non a bona dompna el mon...
> E pueys m'apellava 'n Ramon,
> Cornatz me dedins en redon,

Qu'ieu no y baizes la cara e 'l fron,
Cossi volia beur' en fon....
   TURCMALET BE US.

Bastero, 92. Crescimbeni, 207. Millot, I. 255. P. Occ. 73. Hist. Litt. XV. 462.

RAIMOND DE CASTELNAU, t. IV. Six pièces.

  De servir a bon senhor
  Pot hom venir a gran be;
  Per qu'ades sier la melhor,
  E nulha vetz no m recre
   De far so que l'agensa,
   Que la bona entendensa
  Qu'ella m'aduy e m'atray
Mi ten ades a faire so que 'l play.

  E tenc m'o a gran honor
  Quan puesc far ni dire re
  Qu'a lieys sol' aya sabor;
  Pero non fas lo cente
   Que tanh' a sa valensa,
   Quar sabers e sciensa
  Mi falh, mas ges no m'esmay
Qu'elha m pot ben donar so qu'ieu non ay.
   DE SERVIR A BON.

  Mietz mortz vau en un semdier,
  Mas mas juntas e doblan
  Ves lieys torsen e dressan,
  E no sai qual part mi tenha,
  Qu'en quascuna si rescon
  So que m te plus deziron.
   ENTR' IRA ET ALEGRIER.

Bastero, 92. Millot, III, 77. P. Occ. 273.

RAIMOND L'ÉCRIVAIN. Une pièce, dont voici le premier couplet :

> Senhors, l'autr' ier vi, ses falhida,
> La cara que ges no m'oblida,
> Gent encuyrad' e mielhs garnida,
> E parlet a ley d'issernida,
> E dis al trabuquet aital :
> Fortz soi e no m podetz far mal,
> En las lissas farai portal,
> Que dins la vila vuelh ostal.
>
> SENHORS L'AUTR' IER.

Millot, 431.

RAIMOND FERAUD. Il paraît par le prologue de la vie de saint Honorat, seul ouvrage qui nous reste de ce troubadour, qu'il en avait composé plusieurs autres :

> Cel que volc romansar
> La vida Sant Alban
> E verses d'el compost
> Volc tornar en vers plan.
> E del rey Karlle play
> Sa mort en sa chanson,
> E 'ls verses del lay
> Fes e la passion,
> De novel fay sermon
> D'un precios cors sant
> Que fon neps de Marsili
> E del rey Aygolant.
> La vida si trobet
> En un temple ja dis
> De Roma l'aportet
> Un monges de Leris

De lay si trays la gesta
D' una anticha scriptura;
Ren no y trobares
Mais de veritat pura.

Après le récit des faits, la plupart miraculeux, qui composent la vie de saint Honorat, le poëte rapporte un grand nombre de miracles opérés par ce saint ou par son intercession.

C'est à l'occasion de l'un de ces miracles qu'on trouve ces vers relatifs à la boussole :

Mays ira de mai temps
Lur a frascat lur vela;
Non val la caramida
Puescon segre l'estella.

Le poëte raconte le massacre des moines de Lerins par les Sarrasins, et s'écrie :

Ay! segner dieus de paradis!
Que fara l' islla de Leris?
Ar tornara gasta e boscoza;
Perdut a maynada joyosa
Que tan honrada la tenia
Per falsa jent de payania.
Qui dira messas ni mestiers?
Car no crey que fos monestiers
Hom tant agues de santas jentz
Com aysi que n' a mortz cinc centz.

Erma e deserta tornaras,
Illa del Lerins que faras?
Destrucha, e dezeretada
De tan glorioza maynada

Que son agut a gran turment
Mort e nafratz tan laydament
Et espesseiatz per Sarrazins,
Que faras illa del Lerins?

L'auteur dit à la fin de son ouvrage :

Comptat vos ai la veritat
De transtot so que n'ai trobat ;
Plus non en puosc dire ni say,
Car plus en escrit trobat non ay....
Que l'an de dieu mil e tres cent
Compli lo priols son romans.

Nostrad. 172.

RAIMOND GAUCELM. Tenson avec Jean Miralhas, auquel il dit :

Joan Miralhas, si dieu vos gart de dol,
Cal vos play may vaqueira partizo
Que siatz totz redons del cap tro 'l sol,
O totz fendutz del pe tro al mento
E que portes sobr' el nas la culvera ?
Diatz m'en ver ades ses falhizo,
Sinon eu vos dirai c'aital falvera
Que no devetz far cobla ni tenso.

JOAN MIRALHAS.

RAIMOND GAUCELM DE BEZIERS, t. IV. Huit pièces, dont cinq sont datées.

So son II coblas que fes Raimon Gaucelm del senhor d'Uzest que avia nom aissi quon elh Raimon Gaucelm.

Belh senher dieus, quora veyrai mo fraire
Lo pro Raimon Gaucelm franc, de bon aire,

Que tan de be n' aug comtar e retraire
Que mal m' ira, si no 'l vey ans de gaire,
  Quar manta gen
  Ditz que valen
 Pretz a, doncx ses estraire
 L' am de cor lialmen.

Tant a fin pretz, fe que deg a mon paire,
Que dels valens es qu' anc nasques de maire,
Segon qu' aug dir, don l' am tan ses cor vaire,
Qu' el cor e 'l sen e 'l saber e 'l veiaire
  E 'l bon talen
  Li diey coren,
 Quo me dis son afaire
 E son bon estamen.

  Bernatz, breumen
  Li digatz gen
 Que ieu vuelh dir e faire
 Tos temps sos mandamen.

Dans un de ses sirventes, il dit :

 A penas vau en loc qu' om no m deman :
 Raimon Gaucelm, avetz fac re novelh?
 Et ieu a totz respon ab bon talan,
 Quar totas vetz m' es per ver bon e belh,
 E m play quand aug dir de mi : Aquest es
 Tals que sap far coblas e sirventes
 E non per so qu' ieu vuelha qu' om del mon
 M' en don raubas, qu' ieu n' ay pro e say don
   A PENAS VAU.

Planch ne fes Raimon Gaucelm en l' an que hom contava M.CC.LXII, per un borzes de Bezers lo qual avia nom Guirautz de Linhan.

Quascus planh lo sieu dampnatge
　　E sa greu dolor,
Per qu'ieu planc e mon coratge
　　Lo mieu bo senhor
Que es mortz : dieus la maudia
Mortz qu'aissi ns rauba tot dia.
Qu'elh melhors ne va menan
E selhs que meynhs fan folia,
Don y prendem totz gran dam.

Ja no veyrai son estatge
　　Que ieu tost no m plor,
On menava 'l gran barnatge
　　Soven a s'onor;
Sertas gran dolor deuria
Aver qui n'avia paria
Ni a cuy vay remembran
Los bos faitz que el fazia;
Sans Miquels, siatz li denan,

Sus en l'onrat heretatge
　　On son li sanctor....
　　　　　　　QUASCUS PLANH.
Millot, III, 187. P. Occ. 300.

RAIMOND JORDAN, vicomte de Saint-Antonin, t. IV. Treize pièces, dont quelques-unes sont attribuées à d'autres troubadours :

Lo vescoms de Saint Antoni si fo del evescat de Caortz, seigner de Saint Antoni e vescoms. Et amava una genti domna moiller del seignor de Pena d'Albiges, d'un ric castel e fort. La domna si era gentils e bella e valens, e mout prezada e mout honrada; et el mout valens et enseignatz, e larcz e cortes, e bos d'armaz, e bels et avinens, e bons trobaire. Et avia nom Raimon Jordan; la domna era apellada la vescomtessa de Pena. L'amors de lor dos si fo ses tota mesura, tant se volgren de ben l'us a l'autre.

Et avenc si q'el vescoms anet cum garnimen en una encontrada del seus enemics; e si en fo una grans batailla, e 'l vescoms si fo nafratz a mort. E fo dich per los enemics de lui q'el era mortz; e la novella venc a la domna qu'el era mortz; et ella de la tristessa e de la dolor gran que ac de la novella si anet a lo, e si s rendet en l'orden dels Eretges. E si cum dieus volc, lo vescoms meilluret e garic de la nafra; e negus no il volc dire qu'ella s fos renduda. E quan fon ben garitz, el s'en venc a Saint Antoni, e fon li dich cum la domna sera renduda, per la tristessa qu'il ac de lui quant auzi dire q'el era mortz. Dont quant el auzi so, perdet solatz e ris e chan et alegressa, e cobret plains e plors e sospirs et esmais e dolors, e non cavalguet ni anet ni venc entre la bona gen. Et estet en aissi plus d'un an, don totas las bonas gens d'aquellas encontradas n'avian gran marrimen. Don ma dona Elis de Monfort, qu'era moiller d'EN Guillem de Gordon, filla del vescomte de Torena, on era jovens e beutatz e cortezia e valors, lo mandet pregan ab mout avinens precs qu'el, per la soa amor, se degues alegrar e laissar la dolor e la tristessa, disen ella qu'ella li fazia don de son cors e de s'amor per esmenda del mal qu'el avia pres; e pregan lo e claman li merce qu'el la deignez anar vezer; e sino qu'ella venres a lui per vezer lo. Quan lo vescoms auzi aquels honratz plazers que la gentils valens domna li mandava, el si li comensa venir gran doussors d'amor al cor; si qu'el comensa a far allegresa et a s'esgauzir, et comensa a venir en plasa e recobrar solatz entre las bonas gens; e vestir se e sos compaignos e cobrar se en arnes et en armas et en solatz; et appareillet se ben et honradamen, et anet s'en a ma domna Elis de Monfort; et ella lo receup ab gran plazer et ab gran honor q'el li fetz. Et el fon gais et alegres de la honor e dels plazers q'ella ill fetz e ill dis; et ella mout alegra de la bontat e de la valor e del sen e del saber e de la cortesia qu'ill trobet en lui, ni no fo pentida dels plazers ni de las amors qu'ella li avia mandadas. E la saup ben grazir, e preguet la q'ella ill fezes tan d'amor per que el saubes que per bon cor e per bona voluntat li avia mandatz los plazers plazen, dizen qe'ls portava en l'armari de son cor totz jorns escritz. E la domna o fetz ben, qu'ella lo pres per son cavallier, e receup son homenatge; et ella se det a lui per domna abrassan e baizan, e il det l'anel de son det per fermansa e per segurtat.

Et en aissi se parti lo vescoms de la domna molt alegres e molt gais, e cobret trobar e cantar e solatz; e fetz de lei adonc aquela chanson que dis:

Vas vos soplei en cui ai mes m'entensa.

Et enans qu'el fezes la chanson, una nuoich quant el dormia, li fon avis que amors l'assaillis d'una cobla, que dis:

Raimon Jordanz, de vos eis voill aprendre
Co us etz laissatz de solatz ni de chan.
Ja soliatz en domneiar entendre
Mout leialmen, so faziatz semblan,
E us feigniatz e us en faziatz gais;
Mas ara i vei qu'avetz fenit lo lais:
Encolpatz etz, si non es qe i responda.

Mantas bonas cansons fetz.

>No puesc mudar no digua mon veiaire
>D'aisso don ai al cor molt gran error,
>Et er me molt mal e greu a retraire,
>>Quar aquist antic trobador
>Qu'en son passat dic que son fort peccaire,
>>Qu'ilh an mes lo segle en error,
>Que an dig mal de domnas a prezen,
>E trastug silh qu'o auzon crezo 'ls en
>Et autreyon tug que ben es semblansa,
>Et aissi an mes lo segl' en erransa.

>E tug aquist que eron bon trobaire
>Tug se fenhon per lial amador,
>Mas ieu sai be que non es fis amaire
>>Nuls hom que digua mal d'amor....

>E ja nuls hom que sia de bon aire
>No sufrira qu'om en digua folhor....
>Qu'EN Marcabrus a ley de predicaire,
>Quant es en gleiza ho denant orador,
>Que di gran mal de la gen mescrezen,
>Et el ditz mal de donas eissamen;
>E dic vos be que non l'es grans honransa
>Selh que ditz mal d'aisso don nays enfansa.

>Ja no sia negus meravellaire,
>S'ieu aiso dic ni vuelh mostrar alhor
>Que quascus hom deu razonar son fraire
>>E que ja domna sa serror,
>Quar Adams fo lo nostre premier paire
>Et avem dami dieu ad auctor....
>>>No puesc mudar.

Dans une pièce on trouve cette invocation à l'Amour.

> Amors, si us plagues preyar
> Lieys d'amar,
> Feiratz gran merce
> Endreit me,
> Quar ses lieys no puesc guerir.
> Ni ieu no l'aus dir
> Lo mal qu'ieu trai;
> Per dieu, vai
> Li m son cor ferir
> Sol tan qu'en cossir
> O 'n sospire !
>
> Per solatz e.

Il dit ailleurs :

> Per qual forfait o per qual falhimen
> Qu'ieu anc fezes encontra vos, Amors,
> Mi destrenhetz e m tenetz enveios
> Per la bella que mos precs non enten;
> Trop demostratz en me vostre poder,
> E qui vencut vens mout fai pauc desfors.
> Si vensiatz lieys que no us tem ni us blan,
> Adoncx sai eu que y auriatz honor gran.
>
> Per qual forfait.

> E s'ieu en dic mon conort
> No m'o tengas ad orguelh,
> Que ta fort l'am e la vuelh
> Que, si era cochatz de mort,
> Non queria dieu tan fort
> Que lai el sieu paradis
> M'aculhis,
> Com que m des lezer
> D'una nueg ab lieys jazer.
>
> Lo clars temps.

Voici l'envoi de deux de ses pièces :

>Tan vos det dieus d'astre e de poder,
>Bona domna, que hom no us vai vezer
>S'a 'l cor marrit no 'l li tornetz en jay,
>Salf vostre pretz segon so que 'l n' eschay.
>AISSI CUM CEL.

>De lieys lauzar no serai trop parliers,
>Qu' entendrion de cui sui cavalliers,
>S'ieu dizia lo quart de sa valensa.
>VAS VOS SOPLEI.

Nostrad. 50. Crescimbeni, 31. Bastero, 92. Hist. gén. du Langued. III, 327. Millot, II, 316. P. Occ. 199. Hist. Litt. XV, 464.

RAIMOND MENUDET. Une pièce en partie lacérée ; en voici des fragments :

>Ab grans dolors et ab grans marrimens
>Comens mon planc per selh cui dieus ampar,
>Quar tot lo mon s'en deuria plorar,
>Per lo melhor qu'es mortz de lunhas gens
>E 'l plus prezat e tot lo mielhs aybit,
>Per que ieu cre que lo Sant Esperit
>Lo ns aya trag d'aquesta prezen vida
>Per metre lay en la santa establida.

>Qui fara mais los belhs aculhimens,
>Senher Daude, que vos soliatz far,
>Qu' anc natura non formet vostre par
>Per aver cap de totz belhs complimens,
>E de fin pretz eras sims e razitz,
>E paratges s'era en vos noyritz;
>Be m meravelh quar tot lo mons non crida,
>Quar aissi ns es la sua mortz falhida.

Francx cavalliers, ples de bos ardimens,
Arditz de cor, savi per cosselh dar,
De tot un an non poiri' hom comtar
La tersa part dels belhs captenemens
Que faziatz ni dels plazentiers ditz.
Maudita mortz! mal nos as escarnitz,
Quar lo melhor as pres d'esta partida
En cui valors s'era loncx temps noyrida.

Mas ieu prec dieu de bon cor leyalmen,
Aysselh que fes cel e terra e mar
Qu'el meta lay en belh luec et en clar,
En paradis, davan los ignocens,
E pels angels sia gent aculhitz,
E tal perdo quon ac la peccairitz
Prec que 'l fassa la trinitatz complida
Que tot quant es el mon capdella e guida.

Ai! Borsaguas e tos sos mandamens
La nueg e 'l jorn deuriatz sospirar
Quar dieus nos a volgut desheretar....

AB GRANS DOLORS.

Millot, III, 432.

RAIMOND DE MIRAVAL, t. III. Environ cinquante pièces.

Raimons de Miraval si fo us paubres cavalliers de Carcasses, que non avia mas la quarta part del castel de Miraval; et en aquel castel non estavo XL home. Mas per lo seu trobar e per son bel dire, e car el saup plus d'amor et de domnei, e de totz los faitz avinens, e de totz los ditz plazens que corron entr'amadors et amairitz, el fo

amat e tengut car per lo coms R. de Toloza, qu'el clamava
son Audiart, et el lui. El coms li dava cavals et armas, e 'ls
draps que besoignaven, e so que 'l fazia mestier. Et era
senher del alberc de lui, e senher del rei Peire d'Arago,
e del vescoms de Bezers, e d'en Bertran de Saissac, e de
totz los grans baros de aquela encontrada. E non era ne-
guna gran domna ni valens que no dezires e no se penes
que el entendes en ella, o que li volgues be per domeste-
guessa, quar el las sabia pus onrar e far grazir que nuls
autr'om; per que neguna no crezia esser presiada, si Rai-
mons de Miraval no fos sos amics. E R. de Miraval s'en-
tendet en mantas domnas, e 'n fetz mantas bonas cansos;
e no se crezet mais qu'el de neguna en dreg d'amor agues
ben, e totas l'enganeren.

Ben avetz auzit R. de Miraval qui fo ni don, per qu'ieu
vos vuelh dire mais de son fag. Don el amava una dona de
Carcasses que avia nom na Loba de Puegnautier, filha d'en
R. de Puegnautier; et era molher d'un cavayer ric e po-
deros de Cabaret, pariers del castel. La Loba si era sobra-
vinens e voluntoza de pretz e d'onor; e tug li baro de
la encontrada e li estranh que la vezian entendian en ela:
lo coms de Fois, en Olivier de Saissac, en Peire Rotgier
de Mirapeys, en Aimeric de Monrial, en Peire Vidal que
fes mantas bonas cansos de lieis. En Raimons de Miraval
si l'amava mais que totz, e la metia enans a son poder ab
sas cansos e en comtans, com sel que o sabia meils far de
cavalier del mon, et ab plus plazens razos et ab plus bels
digz. E la Loba per lo gran pres en que el l'avia meza,
car conoissia qu'el la sabia enansar fort e dezenansar, ela
li sofria sos precs e 'l prometia de far plazer en dreg d'amor,
e l'avia retengut baizan. Mas ela o fazia tot per engan, et

amava lo coms de Fois tan que ela ne avia fag son drut. Et era l'amor paleza de lor per tota la encontrada de Carcasses, don ela fon descazucha de pres e de honor e d'amics: que lai tenian per morta tota domna que fassa son drut d'aut baro.

En Miraval auzi la novela del mal c'avia fag, e que Peire Vidal n'avia facha una mala chanso d'ela que di :

> Estat ai una gran sazo;

en lacal el dis en unas coblas :

> Mot ai mon cor felo
> Per licis que mala fo.

Miraval fo sobre totz pus dolens, et ac voluntat qu'en diches mal e en decazer ponhes ; e pueis pesset se que mai valia que ponhes en ela enganar, aisi com ela avia lui enganat : e comensa la a defendre, a cobrir et a razonar del fag del comte. La Loba auzi que Miraval la defendia del mal que avia fag, sobre la gran tristeza qu'el avia. Si s'alegra molt per la defensio de Miraval, per so qu'ela avia maior paor d'el que de totas las autras gens. E si'll fai venir a se, e si'll regrasia molt en ploran del mantenemen e de la defensio qu'el fazia d'ela ; e si li dis : Miraval, s'ieu anc jorn agui pretz ni honor, ni amic ni amiga, ni fos auzida ni prezada luenh ni pres, ni aigui ensenhamen ni cortezia, per vos m'es tot avengut e de vos o tenh. E cum so sia causa que ieu non ai fag tot so que vos aves volgut en dreg d'amor, no m'o a vedat amors d'autrui, mas una paraula que vos disses en una vostra canso, que ditz :

> Amors me fai cantar et esbaudir....
> Bona domna no s deu d'amor gequir;
> E pus tan fai qu'ad amor s'abandona.

No s'en coch trop ni massa non o tir,
Que mens en val tot fag que dessazona.

Et ieu volia vos far tan de plazer ab onrada razo, per que vos l'acsetz plus car, que m'en volia cocha; que non a mais dos ans e cinq mes que vos retengui baizan, si com vos diches en vostra canso :

    Passatz so cinq mes e dui ans
    Qu'ieu vos retengui a mos comans.

Aras vei be que vos no m voles abandonar per lo blasme fals e mensongier que m'aun mes enemix et enemiguas desobre me. Per so vos dic que pos vos me mantenes contra tota gent, et ieu me tuelh de tota autra amor per vos, e don vos lo cor e 'l cors per far tot cant que vulhatz; e met me del tot en vostre poder et en vostras mas, e prec vos que m defendatz a vostre poder. Miravals ab gran alegreza receup lo don de la Loba, et ac de lieis tot so que a lui plac longa sazo. Mas denan s'era enamorat de la marqueza de Menerba, qu'era joves e gaia e gentils domna; e non avia mentit ni enganat, ni era estada enganada ni trahida. E per aquesta se parti Miravals de la Loba, per que fez aquesta canso que dis :

    S'ieu en cantar soven
    No m'atur ni m'aten,
    Non cujetz que sabers
    M'en falha ni razos.

Vos avez entendut d'EN Raimon de Miraval co saup enganar la Loba e remaner ab lieis en patz. Mas ar vos dirai de N'Alazais de Boissazon com l'enganet; et una autra apres qu'era sa vezina, NA Esmengarda de Castras, et il dizia hom la bela d'Albeges. Abdoas ero de l'avescat d'Albi : N'Alazais era d'un castel que a nom Lombes, molher d'EN Bernat de Boissazo; NA Esmengarda si era d'un borc que a nom Castras, molher d'un ric valvassor qu'era fort de temps.

Miravals s'enamoret de N'Alazais qu'era joves e gentils e bela, e voluntoza de pretz e d'onor e de lauzor. E car ela conoissia que Miravals li podia plus donar de pretz que nuls hom que fos, si fo molt alegra car vi qu'el l'amava; e fetz li totz los semblans e los plazers que dona pot far a home. Et el la enanset cantan e comtan a son poder, e de lieis fes motas bonas chansos. E mes la en tan gran pretz, que totz los baros de aquela terra entendero en ela, lo vescomte de Bezers, e 'l coms de Toloza, e 'l rei Peire d'Arago, als cals Miravals la avia tan lauzada, qu'el reis, ses vezer, s'en era fort enamoratz, e l'avia mandatz sos messatges e sas joias. Et el ac voluntat de lieis vezer; e Miravals ponhet mot com el la vis, e fetz una cobla en sa chanso que dis :

> Ar ab la forsa del freis....
> S'a Lombes corteja 'l reis,
> Per tos temps er jois ab lui;
> E sitot s'es sobradeis,
> Per un ben en venran dui :
> Que la cortezi' e 'i jais
> De la bella N'Alazais,
> E 'l fresca color e 'l pel blon
> Fan tot lo segle jauzion.

Donc lo rei s'en venc en Albiges a Lombes per vezer N'Alazais; EN Miravals venc ab lo rei, pregan lo rei qu'el li degues valer ab ma domna N'Alazais. Fort fo creubutz et onratz lo reis, e vegut volentiers per ma domna n'Alazais. El rei, tantost can fon assegut apres d'ela, la preguet d'amor; et ela autreiet de far tot so que volria; si que la nueg ac lo rei tot so que volc; e 'l lendema fo saubut per tot lo castel e per tota la cort del rei. En Miravals, que atendia esser rics de joi per prec del rei et auzi aquestas novelas, fo fort marrit; et anet s'en, e laisset lo rei e la dona. Longamen se plais del mal que avia fag la dona, e de la felonia qu'el rei avia facha de lui; don el per aquesta razo fe esta chanso :

> Entre dos volers soi pessiu.

Can lo coms de Toloza fon deseretatz per la guerra e per los Frances, et ac perdut Argensa e Belcaire; e li Frances agro San Gili et Albiges e Carcasses; et Bederres fon destruitz, e 'l vescomte de Bezers era mort, e tota la bona gent d'aquela encontrada foro morta e guandida al coms, ab cui el se clamava 'n Audiart, el vevia ab gran dolor, per so que tota la bona gent, de cui era lo coms senher e maystre, e donas e cavaliers ero mortz e deseretatz. Pueis avia sa molher perduda, aisi com auziretz, e sa dona l'avia trait et avia son castel perdut. Avenc se qu'el reis d'Arago venc a Toloza per parlar ab lo comte, e per vezer sa seror ma dona na Elionor e ma dona Sancha. E confortet mot sa seror e 'l comte e sos filh e la bona gen de Toloza. E promes al coms qu'el li rendria e cobraria Belcaire e Carcassona, et a Miraval lo sieu castel; e que la bona gen cobraria lo joi que avia perdut. En Miravals, per joi qu'el ac de la promessio qu'el reis fes al comte et a lui de rendre so qu'avion perdut, e per lo tems d'estat qu'era vengutz, ja agues el preponut de no far cansos entro que agues cobrat lo castel de Miraval que avia perdut, e car s'era enamorat de ma dona NA Elionor, molher del comte, qu'era la plus bela dona del mon e la melhor, a cui el non avia encaras fag semblan d'amor, fes esta canso que di :

> Bel m'es qu'ieu chan e condei,
> Pos l'aur' es dossa e 'l temps jai.

E cant ac facha la canso la trames en Arago, per qu'el rei venc ab mil cavayers a servizi del comte, per la promessio qu'el avia facha. Don lo rei fon mortz per los Frances denan Murel ab totz los mil cavayers que avia ab se, que negus non escapet ab vida.

Eu vos ai dich de sobre en l'autra raison d'EN Raimon de Miraval, et avetz auzit qui fo ni don, e com gran ren entendet en totas las meillors dompnas e las plus valens d'aquelas encontradas, si com el dis :

> Ja ma dompna m'a lei,
> S'eu a sas merces m'estais,
> Que non ai cor que m'abais
> Ni vas bas amor desrei;
> C'ades ai lo meills volgut
> Dedins e fors son repaire, etc.

Que las mes en gran pretz et en gran lauzor entre la bona gen. Ben ni ac de tal que feiron ben de lui, e d'autras qu'en feiron mal, si com el dis :

> Que mantas vetz me tornet a folor
> E mantas vetz en gaug et en doussor.

E ben fo per tals galiatz que el las galiet pueis tot galiatz, si com el dis :

> Et en sufren mon dan
> Saup l'enganar toz enganatz,
> E pois remaner ab leis en patz.

Mas a lui desplasia fort qui dizia qu'el non agues ben de las dompnas, e si desmentia aquels que disian qu'el non agues ben, si com el dis :

> Ar vau disen a lairo
> Q'anc d'amor no fi mon pro,
> M'en ten qautz, n'ai bes e jauzimens
> E sufert dans e galiamens.

Ancmais no volc enganar las finas ni las leials per mal qu'elas li fezeson sofrir, ans de lor dan poc aver fait son pro, mas anc no volc ren qu'a lor no fon bos. E si s'enamoret d'una joven domna gentil d'Albiges que avia nom ma domna Aimengarda de Castras; bela era e cortesa et avinens et enseignada e gen parlans.

Dig vos ai de n'Alazais de Boissazo com engannet Miravals e si meteusa aissi ; ara vos vuelh dir com na Esmengarda de Castras saup que n'Alazais l'avia escarnit; mandet per en Miravals; et el venc, et ela 'l dis que mot era dolenta de so que se dizia de na Alazais, don ela avia cor e voluntat de far esmenda a lui de se mezeissa, del mal que li avia fag n'Alazais. Et el fon leu per enganar, can vi los bels semblans e 'ls bos ditz ab qu'ela li presentava l'esmenda del dan qu'el avia pres; e dis li que voluntiers voldria prendre de lieis la esmenda. Et ela pres lo per cavalier e per servidor; e Miravals la comenset a lauzar et a grazir, et a enansar son pretz e sa valor. E la dona avia sen e saber e cortezia, e saup gazanhar amics et amigas. En Olivier de Saissac, que era un gran bar de la terra, si entendia en ela e la pregava de penre per molher.

En Miravals, can vi que l'avia tan montada en pretz et en onor, volc gazardo; e si la preget que li fezes plazer en dreg d'amor. Et ela li dis qu'ela no il faria plazer d'amor per nom de drudaria, qu'enans lo pendria per marit, per so que lur amor no s pogues partir ni s rompre; e qu'el degues partir sa molher de se, la qual avia nom ma dona Gaudairenca. Don Miravals fon fort alegres e jauzens cant auzit que per marit lo volia; et anet s'en al sieu castel, e dis a sa molher que no volia molher que saupes trobar, que assatz avia en un alberc d'un trobador; e que se aparelhes d'anar ves l'alberc de son paire, qu'el no la tenria plus per molher. Et ela entendia en un cavayer que avia nom Guillem Bremon, don ela fazia sas dansas. Cant ela auzi so que EN Miravals li dis fes se fort irada, e dis que mandaria per sos parens. E mandet per EN G. Bremon que vengues, que ela lo pendria per marit e s n'iria ab el. G. Bremon cant auzi las novelas fo molt alegres; e pres cavaliers, e venc s'en al castel d'EN Miraval e desmontet a la porta. E NA Gaudairenca o apres, e dis a 'N Miraval que siei amic eron vengut per lieis, e qu'ela s'en volia anar ab lor. Miravals fo molt alegres e la dona plus. La dona fo aparelhada d'anar; EN Miravals la menet fora e troba EN G. Bremon e sa companha e receup los fort. Can la dona volc montar el caval, ela dis a 'N Miraval, que pus que la volia partir de liei, que la des a 'N Guilhem Bremon per molher. Miravals dis que voluntiers, si ela o volia. En G. se trais enan e pres l'anel per espozar; EN Miraval la 'l det per molher, e menet la 'n.

Can Miraval ac partida sa molher de se, anet s'en a ma dona na Imengarda; e dis li qu'el avia fag son comandamen de sa molher, e qu'ela denhes faire e dir e li atendes so que li avia promes. E la dona li dis que ben avia fag; e que s'en tornes a son castel e que fezes son aparelhamen de far grans nossas e de recebre lieis per molher, car ela mandaria tost per el. Miravals s'en anet e fes gran aparelhamen per far nossas. Ela mandet per n Olivier de Saissac, et el venc tost: et ela 'l dis co ela faria tot so qu'el voldria, e 'l penria per marit. Et el fo lo plus alegres hom del mon; et acorderon aisi lur fag que 'l ser la 'n menet al sieu castel, e lendeman l'espozet, e fes grans nossas e gran cort.

Las novelas vengro a 'n Miraval que la dona avia pres n Olivier de Saychac per marit. Fort fo dolen e trist, car l'avia fag sa molher laissar, e que l'avia promes qu'el prendria per marit, e que n'avia fag son aparelhamen de nossas; e dolens de n'Alazais del mal qu'ela avia fag ab lo rei d'Arago : e si perdet tot joi e tot alegrier e tot solatz, e cantar e trobar. Et estet com hom esperdutz ben dos ans. Aquestas novellas foron auzidas per totas aquelas contradas loing e pres; et avenc a saber a un valen baron de Cataloigna que avia nom n Uget de Mataplana qu'era mout amics de Miravals, e si en fetz aquest sirventes que ditz:

D'un sirventes m'es pres talens.

E mans cavaliers trobador se trufavon de lui per los esquerns qu'en fazian. Mas una gentil dona que avia nom Brunessen, molher d'en P. Rotgier de Cabaret, que era envcioza de pretz e d'onor, si mandet saludan e pregan e confortan a 'n Miraval que s degues alegrar per l'amor de lieis : e que saubes per veritat qu'ela l'anaria vezer si no volia venir vas lieis, e li faria tan d'amor, qu'el conoisiria be que no'l volia enganar. E de aquesta razo fes esta chanso que di :

> Ben aia 'l messatgier.

Fragments d'une pièce où, dans chaque couplet, il y a un mot dont la répétition fréquente est obligée :

> Be m'agrada 'l dous temps d'estiu,
> E dels auzels m'agrada 'l chans,
> E 'l vert fuelh m'agrad' e 'l verjans,
> E 'ls pratz vertz me son agradiu ;
> E vos, domna, m'agradatz cent aitans,
> Et agrada m quan fauc vostres comans,
> E vos no platz que m denhetz res grazir,
> Et agrada m, quar me muer de dezir.

> Per un dezir, domna, reviu
> Qui m'es d'autres dezirs plus grans,
> Qu'ieu dezir qu'el rics ben estans
> Vostre cors deziran m'aiziu,
> E 'lh mieus dezirs se dobles en baizan ;
> E pus tan be us dezir ses tot enguan
> Ja no m laissetz al dezirier aucir,
> Quar deziran deu hom d'amor jauzir.

> Tot jauzir d'autr' amor esquiu
> Quar per vos m'esjauzi enans....
> BE M'AGRADA.

Dans une tenson avec Bertrand d'Allamanon Ier, il prend le parti des Provençaux contre les Lombards :

> Trop son plus ric guerreiador
> Li Proensal e plus valen

Per guerre e per mession,
Toilon la terra a 'n Symon,
E ill demandon la mort a lor seingnor,
Et al comte cuit que renda s'onor....

De lai es proesa e barnatz
Mantengutz; larguesa e covitz
Lai donon cavals e destriers
E fan rics condutz e pleniers;
En Lombardia podetz be, si us platz,
Morir de fam si deniers non portatz.

Bertran si fossetz.

Nostrad. 39. Crescimbeni, 40. Bastero, 93. Hist. gén. du Langued. III, 326. Millot, II, 396. P. Occ. 220.

Raimond Rigaut. Une pièce de trois couplets :

Tota domna que m don s'amor
Vuelh m'o lays far premeiramen,
E que m don son entendemen
Son aculhir e son honrar,
Son gen tener e son bayzar;
Qu'ieu no suy ges dels pecx cortes
Que no sabon amar que s'es;
Qui s vuelha m'en tenha per fat,
Qu'ieu tenc l'afar per mielhs triat....

Tota domna.

Millot, III, 434.

Raimond de Salas. Quatre pièces :

Raimons de Salas si fo un borges de Marseilla, e trobet cansos e coblas e retroenchas. No fo mout conogut ni mout prezatz.

Une de ses pièces commence ainsi :

> Si m fos grazitz mos chanz, eu m'esforcera
> E dera m gaug e deportz e solatz,
> Mas aissi m sui a non chaler gitatz,
> Que a ma dompna, que a totz jorns esmera
> So qu'eu li dic non deigna en grat tener,
> Qu'a penas sai entr'els pros remaner,
> Ni non sui ges cel que era antan,
> Aissi me vol mos covinenz e'l fran.

> Hailas ! cum muor quan mi membra cum era
> Gais e joves, alegres, envesatz,
> E quan m'albir qu'eu sui de joi loingnatz,
> Per pauc mos cors del tot no s desespera ;
> E donc mei oill cum la pogron vezer,
> Car n'ai perdut d'els e de mi poder !
> So m'an ill fatz don mos cors vai ploran,
> Qu'eu non pose far conort ni bel semblan.
> SI M FOS GRAZITZ.

Dans une tenson avec une dame, il lui dit :

> Vos veni conseill demandar
> D'aisso dont estau en bistenz ;
> C'un' amor ai encobida
> Tan ric e de gran valor
> Que no li aus dir la dolor
> Que per leis m'es escarida....

Il finit en disant :

> Domna, totz temps a ma vida
> Li vol celar ma dolor,

Mas pos a vos par meillor,
Dara il mon cor ses faillida.

DOMNA QU'A.

Bastero, 93. Crescimbeni, 208. Millot, III, 323. Papon, II, 402. P. Occ. 328.

RAIMOND. Voyez COMTE DE TOULOUSE.

RAIMOND DE TORS, OU DE LA TOUR, de Marseille. Six pièces :

Ar es ben dretz
Que vailla mos chantars
E mos sotils trobars,
Pos lo coms d'Anjou s'aficha
En l'emperial deman
Per cui guerras e masan
Seran e plai e trafec,
Mas car es seinher e sers
D'amor, m'es greus et avers.

Tant es adretz
D'amor q'el torneiars
L'en es plazens, e dans lo guerreiars,
Per que m'er mal s'om lo tricha,
Mas qui m'en crezes d'aitan
Clerge n'agran tot l'afan,
Quar en aquest mezeis plec
Dui valen lo pers,
Per q'ar ai paor del ters....

Quar es eletz
Sobre totz e ses pars
Lo reis Manfreis a cui non platz trichars,

Per cui Poilhars, Autaricha
E Cecili' atretan
E Calabria que 'l blan,
E 'l principatz ses tot dec,
Fins e dretz ses tot envers,
Li prec que s gart dels pervers.
AR ES BEN.

Ar es dretz qu'ieu chant e parlle,
Pos de Viena e d'Arlle
Vol esser reis EN Richartz,
Don a dol lo reis de Karlle
E ric plazer N Odoartz
Que non es lotz ni coartz.

Per qu'ieu mon chantar esmeri,
Quar cuia aver l'emperi
E seinhorezar Lombartz
Qui sabon tot lo sauteri
De cor e totas las partz
E mais que per las VII artz.
E quar lo reis de Castella
Que prez e valor capdella,
Estan ab sos Espainhols,
Vol l'emperi ni l'apella,
Don ieu dic que escurols
Non es plus lieus que sos vols.

Quar es de pretz emperaires
E de valor caps e paires,
E fins jois es sos filhos,
E fin' amors es sa maires,
E gais solatz sos estolls
E sos grans enemics dols.

E quar sai qu'a nostre comte
De Proensa rendra comte
Qui s coronera lonc clau....
Quan la corona del ferre
Venran drec ez Engles querre,
L'un ab forsa, l'autr' ab frau ;
Pero quals que s'en sotzterre,
Clerg' en faran a dieu lau....
AR ES DRETZ.

Dans un autre sirvente, il dit :

Totas las noras prezic
Que son ni seran
Que s gardon del fals abric
Que las sogras fan.

E faran lur pro,
Quar ses tota uchazo
Sabon bastir
Gran mal e gran dan e gran azir,
Per que d'alberc gieta fora
Chascuna suegra sa nora.
A TOTZ MARITZ.

Bastero, 93. Crescimbeni, 208. Millot, III, 111. Papon, III, 451.

RAIMOND VIDAL DE BEZAUDUN, t. III. Quatre pièces, dans l'une desquelles il cite des passages de plusieurs troubadours, comme on le voit dans ce fragment :

E la dona, que de valor
Lo vi aital e de proeza,
No y esgardet anc sa riqueza,
Ans lo retenc lo premier jorn,

Qu'EN Bernard dis de Ventadorn :
« Amor segon ricor non vay.... »
Anc malvatz no fon de linhatge,
Ni hom galhart de vilania,
Mas lay on valor ven e tria
Ven paratge e de lay fuy
On avol cors soven s'aduy,
Que mans n'a faitz d'aut bas baros,
E per so dis EN Perdigos :
« En paratge non conosc ieu mais re
» Mas qu'en a mais sel que meilhs se capte.... »
EN AQUELH TEMPS.

Millot, III. 277.

RALMENZ BISTORS d'Arles. Cinq pièces ; en voici quelques passages :

Aissi col fort castels ben establitz
A son guerrier s'en ten e si defen
Tro 'l ven de genz e d'armas afortitz
Tan qu'el lo venz e lo forsa e 'l pren,
Me sui d'amor defendut tota via,
Domna, tro vi vostre cors ben estan....

Amors mi met e mos fols cors envia
Que us clam merce, a lei de fin aman,
E can vos cuitz pregar, la lenga m lia
Qu'el cor en ai escritz tot mon deman....
Donc es ab vos et amor al meu dan.
AISSI COL FORT.

Qui vol vezer bel cors e ben estan,
E vol vezer on fis prez cars s'es mes,
E vol vezer on fina beutatz es,

E vol vezer on mais e viu honransa.
E vol vezer on mais jois e jovens,
E vol vezer on n'es valors e sens,
Vegna vezer ma dompna NA Costansa....

NA Costansa, dompna, 'l vostre cors gens
Es de beutat e de prez tan manens
Qu'en poriaz feira tener en Fransa.
QUI VOL VEZER.

Ar agues eu, dompna, vostra beutatz,
E vos agsetz tot mon voler un dia;
Et eu agues vostra plazen coindia,
E vos agsetz totas mas voluntatz;
Et eu agues vostre plazen solatz
E vos agsetz mos sospirs e mos plors;
Et eu agues la valor qu'en vos regna,
Que si non etz de peira o de legna,
Be sabriatz mos mals e mas dolors;
E pois be sai que m fariatz secors.
AR AGUES.

Si us desplatz quar vos voill be,
Dompna, ni us am ses engan,
Miratz vostra beutat gran
En un miraill, e pois cre
Que non tenretz a folia
Qu'ie us am ni 'n sui enveios,
Ans diretz qu'ieu vos deuria
Desirar mais per un dos.
A VOS MEILLZ.

Crescimbeni, 208. Millot, III, 431. Papon, III, 462.

Rambaud, t. IV. On trouve sous ce nom une tenson avec Azémar et Perdigon :

> En Azemars, chauzetz de tres baros
> Cal prezatz mais; e respondes premiers,
> Et apres vos respond' en Perdigos :
> Que l'uns es larcs e gais et ufaniers ;
> E 'l segons es adreg e bons terriers,
> Et aquel larcs, mas non d'aital semblansa ;
> E 'l ters es bos per conduich e per iansa
> E gen garnit ; cals a meillors mestiers ?
> En Azemars.

Dans une tenson avec Albertet, il lui dit :

> Albertet, dos pros cavallier
> Amon doas donas valenz
> Cortesas, bellas e plassenz
> Et an amdoas pres entier,
> E 'l cavallier son d'un poder ;
> Digaz me qual deu mais valer
> Per sa dompna, que l'us es drutz
> E l'autre en entendre sapuz ;
> Qual deuri' esser plus amoros
> Ni plus larc ni plus franc d'amdos ?
> Albertet dos.

Rambaud de Beaujeu. Une pièce.

> En Peire, m'er lo conort del salvatge
> Que chant al temps en que plorar deuria,
> E plor a sel que no ill faill nul dampnage.
> Ans per son grat per tot temps estaria ;
> E tot aiso venz en me veramen,
> Qu'eu chan sitot non ai mon cor jauzen.

Car non s'eschai, d'ome que ben enten,
Que son dol plor ni tot sos plasers ria....

Per tot lo mon voill tan anar aratge
Tro trobi pretz, si tant es qu'en loc sia;
E voill loingnar ma terra e mon lignage,
Car lai sai ben que trobar no ill poiria
Mas paubrera et outracuidamen,
Et ira m'en entr' els Lombards breumen
A l'onrat rei presat, pro e valen
Dels Alemans en cui creis que pretz sia.
En Peire m'er lo.

Bastero, 93. Crescimbeni, 208. Millot, II, 432.

Rambaud d'Hières. Un couplet adressé au comte de Provence :

Coms proensals, si s'en vai domna Sanza,
No vos tenrem tan valen ni tan pro....
Qu'ill domna es bella, plaisens e franza
E gensara tota nostra reio.
Ben aia arbres don nais tan bella brancha....

Crescimbeni, 208. Millot, III, 433. Papon, III, 462.

Rambaud d'Orange, t. II, III et IV. Environ trente pièces.

Ce troubadour étant l'un des plus anciens parmi ceux dont les ouvrages sont parvenus jusqu'à nous, puisqu'il mourut en 1173, il a paru convenable d'en imprimer un nombre assez considérable de fragments.

Non chant per auzel, ni per flor,
Ni per neu, ni per gelada,
Ni neis per freich, ni per calor,

Ni per reverdir de prada;
Ni per nuill autre esbaudimen
Non chan ni non fui chantaire,
Mas per mi dons en cui m'enten,
Car es del mon la bellaire.

Ar sui partitz de la peior
C'anc fos vista ni trobada;
Et am del mon la bellazor
Domna e la plus prezada,
E farai ho, al mieu viven,
Que d'al res non sui amaire,
Car ieu cre qu'ill a bon talen
Ves mi, segon mon vezaire.

Ben aurai, domna, grand honor
Si ja de vos m'es jutgada
Honransa, que sotz cobertor
Vos tenga nud' enbrassada,
Car vos valetz las meillors cen,
Que non sui sobregabaire,
Sol del pretz ai mon cor gauzen
Plus que s'era emperaire....

Sobre totz aurai gran valor,
S'aitals camisa m'es dada
Cum Yseus det a l'amador
Que mais non era portada;
Tristan mout prezet gent presen;
D'aital sui eu enquistaire;
Si 'l me dona cill cui m'enten,
No us port enveia, bels fraire.

Non chant per auzel.

Si m fos grazitz
Mos chantars ni ben aculhitz
Per cella que m'a en desdeing,
　　D'aitan mi feing
Que mains bos locs for'enbruzitz
　　Mais que non er....

Mos cors me ditz
Per que sui per lei enveillitz,
Car saup que nuill' autra non deing;
　　Per so m n'estreing;
Morrai, car mos cors enfollitz,
　　Mas ges non quier....

Trop sui arditz;
Domna, mos sens eissaboritz
M'a faig dir fols motz qu'ieu non deing;
　　Contra mi reing
Tan sui fors de mon sen issitz,
　　Non sen qui m fer.

Molt es petitz,
Domna, 'l tortz qu'ieu vos ai servitz;
Per que vos m'avetz en desdeing,
　　Faig n'es deveing;
Pendutz fos aut per la servitz
　　Qui a moiller!

Humils ses geing,
Domna, vostre sers faillitz
　　Merce vos quier.
　　　　Braus chans qui'ls.

Mas vos avetz don morai,
Amors, l'us de Barabas,
Qu'els vostres faitz sotciras
Qu'estan mal, per qu'ieu viu blos,
No faitz ges als plus iros ;
Mas ves aquels etz ombriva
C'avetz en poder ses plai.

Ades mi datz plus d'esmai
On miels sui vas vos sertans,
E fas i be que vilans,
Car per mal sui amoros,
Mas non sai esser anctos
Vas vos, c'ades recaliva
Mos leus cors on pieg m'en vai....

Mas non es de mar en sai
Ni lai on es flum Jordans
Sarrazis ni crestians
Qu'ieu no venques tres o dos ;
E sai qu'en serai joios
Mas grans ira m'en abriva
Que m fai ver dir e no m plai.

AMORS COM ER.

Ben sai qu'a selhs seria fer
Que m blasmon quar tan soven chan.
Si lur costavon mei cantar ;
  Mielhs m'estai
  Pos leis plai
  Que m ten jai,
Qu'ieu non chan ni ja per aver,
Qu'ieu n'enten en autre plazer....

Si ben en amar lieys m'esmer,
Qu'ieu sai que si pel mon s'espan
Qu'autras m'en faran fraiturar,
    Don m'esglay.
    Qu'en faray?
    Cobraray
Doncs mon cor ab jauzen ver?
Oc, si m'avia lo poder.

Mas tos temps fo e tos temps er
Que grans amors no te guaran;
Grans meravelhas son d'amar.
    Qu'en dirai,
    S'amors chai
    Quar va 'n bai?
Ailas! ja no m'o lais vezer
Selh dieu que m n'a dat jauzen ser....
        Ben sai qu'a selhs.

Aras no siscla ni canta
    Rossinhols,
  Ni crida l'auriols
En vergier ni dins la forest,
Ni par la flor gruegua ni blava....

Qu'a pauc lo cor no m'avanta,
    Qu'esquirols
  Non es ni cabirols
  Tan leus cum ieu sui....
    Don guais e trenchans
    Serai tot l'ans,
Pus ma dona vol mos chans.

E neis noqua m n'espavanta
    Lor estols
  Dels fals, fols, trics e mols
Lauzengiers cui dieus tempest,
Si m pren mi dons e m'entrava
    Per mais de mil ans
    Tot als sieus comans
Qu'en als non ai cor que m'eslans...
               ARAS NO SISCLA.

A mon vers dirai chanso
Ab leus motz et ab leu so
Et en rima vil e plana,
Pois aissi son incolpatz,
Quand fatz avols motz o 'ls fatz,
E dirai so qu'en cossir,
Qui que m n'am mais, o m n'azir...

Dieus retenc lo cel e 'l tro
A sos obs ses compagno,
Et es paraula certana
C'a mi dons laisset en patz
La seignoria vas totz latz,
Qu'el mons totz li deu servir
E sos volers obezir.

Ja de mort ni de preizo
No m gart dieus, ni gaug no m do,
Si mi dons, que m te ses cana,
No val pro mais c'autra assatz,
Segon qu'eu cre, e sapchatz
Que totz hom que la remir
S'enten en lieis al partir....

Domna, ieu vos dei grazir
So qu'ieu sai ben far e dir....
    A MON VERS DIRAI.

Dona, si m'auzes rancurar,
De vos ploran mi clamera,
Mas no vos deg encolpar;
Qu'ieu sai ben que tan valetz
Que tot quant faitz ni dizetz
Es bon, sitot a me tira;
Mas dieu que no faill en re,
Prega lo hom de son be....
    DONA SI M'AUZES.

El temps qu'el gris pres del sivre
Canta el mur jos lo caire
Que s compassa e s'escaira....

Car jois e giens ses fuec gresesc....
Que greu er qu'en leis conderga
Fis jois, ses flama gresesca....

Malvestatz roill et usa
Et enclau joven e serca,
Per qu'ira e jois entrebesca....

Que non tem correg ni verga
Lo fuecs que compren ses esca.
    CAR DOUZ E.

Er quan s'embla 'l fuelh del fraisse
E 'l sim s'entrencon pel som,
Que per la rusca non pueia
La dous' umor de la saba,
E l'auzel son de sisclar mut

Per freg que cug qu'els destrengua,
Mas ges per aiso no m remut
Qu'el cor no m tragua fag de drut....

E ja trobaire no s laisse,
Qu'anc pus Adams manget del pom
No val d'un, qui que s'en bruia,
Lo sieus trobar una raba
Contra 'l mieu que m'a encrebut,
Ni crey q'us tan aut s'emprengua,
Qu'ieu ai trobat cossegut
Lo miels d'amor, tant l'ai quesut.

E qui m'en desmen, tost prengua
L'ausberc e la lansa e l'escut,
Qu'ieu l'en farai estar vencut.
Er quan s'embla.

Als durs, crus, cozens lauzengiers
Enuios, vilans, mals parliers
Dirai un vers que m'ai pensat
Que ja d'als no i aura parlat;
C'a pauc lo cors no m'esclata,
Per so qu'ieu ai vist e proat
De lor mals serva barata.

E dirai vos de lurs mestiers
Si cum cel qu'en es costumiers
D'auzir e de sofrir lur glat;
Si m peza, mas non er laissat
Qu'ieu de mal dir no 'ls combata,
E ja del plus no m sapchon grat
Car mos cors totz non los mata.

Lauzenjador fan encombriers
Als cortes et als dreituriers
Et a cellas qu'an cor auzat....
Son vergoingnos d'avol barat,
Aissi son de fera escata.

Per que i faill totz bos cavaliers
Qu'els cre, c'us no l'es plazentiers
Mas per qu'en traga miels son at,
Qu'els penson ist malaurat
Mas d'als no val una rata
De qui 'l fara sa voluntat,
Si no 'l ditz lauzenga plata.

Qu'els plus pros e 'ls plus galaubiers
Vei de lauzengiers presentiers
E pes mi d'ome qu'a amat,
Com pot far amador irat;
Mas ges, qui qu'en crit ni 'n glata,
Non amon tut sil qu'an baisat,
So sap mi dons NA Lobata.

Tal cug esser cortes entiers
Q'es vilans dels quatre ladriers
Et a 'l cor dins mal enseignat,
Plus que feutres sembla sendat,
Ni cuers viellis bon' escarlata,
No sabon mas que s van trobat
E quecx, quo s pot, calafata....

D'aquest vers empli tos paniers,
E porta m tot ton col cargat
A 'N Giraud, de cui ai peccat,
A Perpignan, part Laucata....

Ben chant, qui que s'en debata,
De lauzengiers qu'an joi baissat
Del suc entro la sabata.
ALS DURS CRUS.

En aital rimeta prima
M'agradon leu mot e prim
Bastit ses regl' e ses ligna....

Mas eu no m part del dreg fil ;
Car mos talans no m roilla
Qu'en joi no s ferm que s roill....

Qu'asatz m'a saubut d'escrima
Ni tan can vas mi s'escrim ,
Mas non a d'Aix tro a Signa
Sa par defor ni dinz vil.
EN AITAL RIMETA.

Si per razo am vilana
Com es cesta don ieu chan ,
Hi fos enpres ab tal engan
Sai entr' el Monteil e Gordo ;
La forsa qu'ai en las ancas
Perda ieu e 'l fetg' e 'l fel ,
S'ieu troppel agues ferran ,
Non fezes guerra deman....
PARLIERS.

Bo m sap quar tan m'apodera
Mos cors qu'el m'en puesc sufrir
De mon talan descobrir ,
Qu'ades pueg a plena vela
Cui que veia joi dessendre

Per que no i puesc nul'escrima
Trobar, ans ai trop suffert
De far parer la conquiza.
>> UNA CHANSONETA.

Domna, cel que es jutgaire
Perdonet gran forfaitura
A cel, so ditz l'escritura,
Que era trachers e laire;
> Eissamen,
> En son sen
> Qui no men
E no perdona coren,
Ja no l'er dieus perdonaire.
>> AR M'ER UN VERS.

> Era m'es belh
> Que, de novelh,
> Fassa parer
> De mon saber,
Tot plan, als prims sobresabens
> Qui van conhdan
> Qu'ab sen d'enfan
Dic e fatz mos captenemens:
> E sec mon cor
> E 'n mostri for
Tot aisso don ilh m'es cossens....
>> ERA M'ES BELH.

Les passages suivants sont tirés d'une pièce où le mot LENGA est obligé en rime à chaque cinquième vers :

> Er ai gaug car s'esbronda 'l freis,
> E remanon sol li abric,
> E li auzellet en lor leis

Cascus de cantar no se tric;
Usquecs s'alegr' en sa lenga
Per novel temps que lur sovenga,
E dels arbres qu'eran tut sec
Lo fueilz pels branquitz s'arenga.

E qui anc jorn d'amar si feis
No s tanh qu'eras s'en desrazic,
Qu' ab lo novel temps que pareis
Deu quecs aver son cor plus ric;
E qui non sap ab la lenga
Dir so que il coven, aprenga
Cossi ab lo nou temps s'esplec,
C'aissi vol pretz que s captenga.

Estat ai fis amics adreis
D'una que m'enguanet ab tric;
E car anc s'amors mi destreis,
Totz temps n'aurai mon cor enic,
Per qu'ieu no vuelh ab la lenga
Dir que s'amors mi destrenga
Per c'autres ab leis s'abric,
Et ieu cas so qu'aissel prenga.

Ab leis remagna 'l malveis
Et elh' estei' ab son amic
Que tals jois m'a pres e m'azeis
Don ja non creirai fals prezic;
Ans vuelh qu'om me talh la lenga,
S'ieu ja de leis crezi lauzenga,
Ni de s'amor me desazic,
S'ieu sabia perdre Aurenga.

Be s tanh qu'ieu sia fis vas leis,
Quar ancmais en tan aut non cric

Que nostre senher el mezeis
Per pauc de far no i faillic,
Qu'a penas saup ab la lenga
Dir aitals vuelh que devenga
La grans beutatz qu'en leis assic,
No vuelh qu'autra si espenga.

Domna, no us sai dir loncs plaideis,
Mas far de mi podetz mendic
O ric plus que anc no fo reis;
Del tot sui en vostre castic
Sol que m digatz ab la lenga
Cossi volretz que m captenga,
Qu'ieu ai cor qu'en aissi estic
E que ja vas vos no m fenga.

Domn', als no quier ab la lenga
Mais qu'en baizan vos estrenga
En tal loc on ab vos m'azic,
E que d'ams mos bras vos senga.

Pos tals sabers mi.

Le mot GENTA est pareillement obligé en rime au quatrième vers dans la pièce d'où sont tirés les fragments suivants :

Entre gel e vent e fanc,
E giscl' e gibr' e tempesta
El braus pensars que m turmenta
De ma belha domna genta
M'a si mon cor mout en pantais
C'ar vau dretz et ar en biais;
Cen ves sui lo jorn trists e gais....

Domn' ab cor cortes e franc,
Ar m'es puiat en la testa

Qu'ieu sapcha que us atalenta;
Ai! douza res, car' e genta,
Per dieu no s fraingna nostre jais;
Sol remembre vos del dolz bais,
Quar alegrera us, si'n dic mais....

Quan mi soven, domna genta,
Com era nostre jois verais
Tro lauzengiers crois e savais
Nos longeran ab lor fals brais.

Quar, si m sal dieus, non aic anc,
Que mos cors m'o amonesta,
Sor, cozina, ni parenta,
S'amar vol de guiza genta,
Qu'anc de mi si gardes ni s tais....

Qu'ieu en pert la color e 'l sanc.
Tal talent ai que m devesta
C'ab vos fos ses vestimenta,
Aissi com etz la plus genta,
Que tan grans voluntatz m'en nais;
Qu'en un jorn hom tan be no s pais
En per so que d'un mes engrais.
ENTRE GEL E VENT.

De même le mot GAUG est obligé dans cette pièce:

Un vers farai de tal mena
On vuelh que mos sens paresca,
Mas tant ai rica entendensa
Que tost n'estauc en bistensa
Que no poc anc complir mon gaug,
Ans tem qu'un sol jorn viva,
Tant es mos dezirs del fag lonh.

Qu'ins e mon cor me semena
Us voler, e crey que y cresca
D'amor que y met tal creyssensa
Que d'als non ai sovinensa,
Ni res qu'ieu aya no m fa gaug;
Ans lays e mos cors esquiva
Autre ioy que non a lay sonh.

Pero si 'n suefr'ieu gran pena
Qu'ins e mon cor sal e tresca,
Qu'anc hom per belha parvensa
Non trays tan greu penedensa,
Mas non ai per qu'ieu n'aya gaug
Quar us volers m'en abriva
E m ditz qu'en altre joy non ponh.

Be m'a nafrat en tal mena
Est'amors qu'era m refresca
Don nulhs metges de Proensa
No m pot far ni dar guirensa
Ni mezina que m fassa gaug;
Ni ja non er hom qu'escriva
Lo greu mal qu'ins el cor m'esconh.

Qu'amors m'a mes tal cadena
Plus doussa que mel de bresca;
Quan mos pessars en comensa,
Pus pes qu'el dezirs me vensa;
Don per que torn mon plor en gaug
E vau quo fai res penssiva?
Quar non aus mostrar mon besonh.

Mas ben grans talans afrena
Mon cor que ses aigua pesca

Pus vos no puesc a prezensa
Dir, dieus l'en do entendensa
A lieys tal que me torn en gaug,
Qu'el vers farai que m caliva
Dir a lieys a cuy pretz se jonh.

Ricx hom suy s'ilh me ten en gaug,
Mas ieu no sai per que m viva,
S'ilh enten e pueys non a sonh.

Non entendray mo mal en gaug,
Qu'el bos respiegz no vol qu'ieu viva,
E 'l mal mostra, don non ai sonh.

Nostrad. 94. Crescimbeni, 64. Bastero, 94. Millot, I, 161. Papon, II, 381. Hist. Litt. XIII, 471. P. Occ. 47.

RAMBAUD DE VAQUEIRAS, t. II, III et IV. Vingt-huit pièces.

Raimbaut de Vaqueiras si fo filhs d'un paubre cavayer de Proensa, del castel de Vaqueiras, que avia nom Peirors, qu'era tengutz per mat. E Raimbaut se fes joglars, et estet longa saison cum lo princeps d'Aurenga Guillem del Baus. Ben sabia cantar e far coplas e sirventes; e 'l princeps d'Aurenga si li fetz gran be e gran honor, e l'enanset e 'l fetz conoisser e prezar a la bona gen. E pueis se parti de lui, et anet se a Monferrat a messier lo marques Bonifaci, et estec en sa cort lonc temps. E crec si de sen e de saber e d'armas; et enamoret se de la seror del marques, que avia nom ma dona Biatritz, que fo molher d'EN Enric del Carret, e trobava de lieis mantas bonas cansos. Et apelava la Bels Cavayers en sas cansos; e fon crezut qu'ela li volgues ben per amor.

Ben aves entendut qui fo Raimbaut de Vaqueiras, ni com venc en honor, ni per qui. Mas si vos vueill dire que, quant lo marques l'ac fac cavayer, Raimbaut s'enamoret de ma domna Biatritz sa seror, e seror de ma domna Azalais de Salutz. Mot l'amet e la desiret, gardan que no fos sauput; e mot la mes en pretz, e mains amics li gazanhet e maintas amigas. Et ela 'l fazia gran onor d'aculhir ; et el moria de dezir e de temensa, quar non l'auzava pregar d'amor ni far semblan qu'el entendes en ella. Mas com hom destreg d'amor si 'l dis qu'el amava una domna de gran valor, et avia gran prevadeza ab ela, e non li auzava dir lo ben que 'l volia ni mostrar, ni pregar d'amor, tan temia sa gran valor. E preguet la per dieu que li des conselh, si 'l diria son cor ni sa voluntat, o si morria celan et aman. Aquela gentil domna, ma domna Biatritz, quant aiso auzi e conoc la bona voluntat d'en Raimbaut, e denan era ben aperceubuda qu'el moria languen deziran per ela, si la toquet piatat et amor; e dis : Raimbaut, be cove que totz fis amics, si ama una gentil domna, que aia temensa a mostrar s'amor. Mas ans qu'el mueira si 'l don cosselh que lo 'l diga, e que la prec qu'el prenga per servidor e per amic. Et assegur vos be que si ella es savia e corteza, que no s'o tendra en mal ni en desonor, ans lo 'n prezara mai e l'en tenra per meillor home. Et a vos don coselh que a la domna que amas digatz vostre cor, e la voluntatz que vos li avetz; e pregatz la que vos prenda per son cavayer. Que vos etz tals que non a dona el mon que per cavayer e per servidor no us degues retener ; que ma don'Azalais, comtessa de Saluza, sofri Peire Vidal; e la comtessa de Burlatz, Arnaut de Maruelh; e ma dona Maria, Gausselm Faiditz; e la dona de Marselha, Folquet. Per qu'ieu vos do conseil et austorgui que vos, per la mia paraula e per la mia segurtat, la pregues e l'enqueiras d'amor.

En Raimbaut, quant auzi lo cosselh e l'asseguramen que 'l donava, e l'autorc qu'ela li prometia, si li dis qu'ela era eisa la dona qu'el tant amava, e d'ela avia pres cosselh. E ma dona Biatritz li dis que be fos el vengut; e que s'esforses de ben far e de ben dire e de valer, e qu'ela lo volia retener per cavayer e per servidor. Don Raimbaut s'esforset d'enansar son pretz tan quan poc, e fes adoncs aquesta canso que dis :

Era m requier sa costum' e son us.

Et esdevenc si que la domna se colquet dormir ab el ; e 'l marques, que tant l'amava, atrobet los dormen e fos iratz : e com savis hom no 'ls volc tocar. E pres son mantel e cobri los ne; e pres cel d'en Raimbaut et anet s'en. E quant en Raimbaut se levet conoc tot com era ; e pres lo mantel al col et anet al marques dreg cami, et aginolhet se denan el, e clamet merce. El marques vi que savia com s'er' avengutz ; e membret li los plazers que li avia fatz en mans locs; e car li dis cubertamens, per que no fos entendutz al querre del perdo, que 'l perdonec car s'era tornatz en sa rauba ; selh que o auziron se cujeron que o disses per lo mantel, car l'avia pres. El marques perdonet li, e dis li que mais no tornes a sa rauba. E no fo sauput mas per abdos.

Apres esdevenc se qu'el marques ab son poder passet en Romania et ab gran ajuda de la gleiza, on conquis lo regisme de Salonic. Et adoncs fo cavayer en Raimbaut per los fatz que fes ; e lai li donet gran terra e gran renda el regisme de Salonic, e lai mori. E per los fatz de sa sor fetz una canso que trames a 'n Peire Vidal, que di :

Cant ai ben dig del marques.

Voici plusieurs fragments de ce troubadour :

E s'anc fui guays entendeire ni drutz,
Ma dona m fai tot refregir del caut,
Que m tolt tot gaug, e tota ira m dona,
E me meteys e tot quan m'a promes;
E mas cansos me semblo sirventes,
Et ieu qu'en pert lo cor e la persona.

Qu'ieu fora pro ricx e de bon azaut,
Sol de s'amor pogues issir allutz,
Mas trahitz sui si cum fo Ferragutz
Qu'a Rotlan dis tot son maior espaut,
Per on l'aucis; e la bella fellona
Sap, qu'ieu l'ai dig, ab qual gienh m'aucizes,
Ab un dous ris me nafra 'l cor d'un pes
Ab que m'auci on mielhs m'acuelh ni m sona....

Si m'a bon cor, ara 'lh prec e l'incaut
Que m do sa joy e m prometa salutz,
Qu'en port anelhs e manjas e 'ls escutz,
E m fassa tant per que de lieys no m raut;
Si no vau m'en el pays de Tortona,
E si de sai mi deu venir un bes,
A dieu coman Proensa e Gapenses,
Qu'ieu reman pres si cum perditz en tona.

D'AMOR NO M LAU.

Galop e trot e saut e cors,
Velhars e maltrait et afan

Seron mei sojorn derenan
E sufrirai fregz e calors,
Armatz de fust e de fer e d'acier;
E mos ostal seran bosc e semdier
E mas cansos sirventes e descortz,
E mantenrai los frevols contra 'ls fortz.
GES SI TOT.

Guerra ni platz no son bo
Contr'amor en nulh endreg,
E sel fabrega fer freg
Que vol far ses dan son pro;
C'aisi m vol amor aucire
Cum auci 'ls sieus senher mals....

Car non es ni er ni fo
Genser de neguna leg
Ni tan pros, per qu'ieu espleg
Lo mieu oc el vostre no.
E s'ieu fos del plus jauzire,
Al dieu d'amor fora engals,
Q'ie 'l sieu paradis soi sals....
GUERRA NI PLATZ.

Ben sai e conosc veramen
Que vers es so que'l vilas di
Que nuils hom qu'es dins son aizi
Trobe tot so que vai queren,
E si anc non ac malanansa
No sap que s'es benestansa,
Mas adoncx l'es tot son deleit doblatz,
Quan sap l'aize salvatge,
E 'n aura mais tot so dins son estatge.

Mas d'ome m meravill' fortmen
Que sap mals e bes autressi,

E sap com vai cars al moli
E pot viure onradamen,
Com pot far tan gran ufana
Que suefra tal malestansa
Que an per mar, mas al dezamparatz
Que non an peins ni gatge
Lais tot aquo, e fass' autre viatge....

E ja no il tengron fiansa
Ni sagramen ni fermansa;
Ans, si podon, li sera lo sieus panatz;
Ges ieu no ten per sage
Sel c'o persec, ans fai dotble folatge.

Q'ieu pretz mais jazer nutz e gen
Que vestitz josta peleri,
E mais aigua fresca ab bon vi....
E bos manjars e palafres assatz
Que bescueitz ab auratge,
E bel ostals mais que port ni ribatge.

Per qu'ieu me part, s'anc n'aic talen,
De l'anar, ni anc m'abeli;
E, qui s vol, segua aquest trai
E garde levan e ponen,
Qu'ieu am mais estar en Fransa
On ha mais joi et onransa,
Et ab totz vens ieu penrai vas totz latz
En luec ferm et alberguatge,
E cui plaira segua aquest viatge.
     Ben sai e conosc.

Qu'anc trepas ni sonail
Ni auberc ab capmail

No fon per els portatz,
Ni lor cavals armatz,
Ni colps pres ni donatz;
Pero 'l coms ten en patz
Lo castel de Mornatz.

E si mielz d'autre fuoill
Chantai, c'ara s van
Li baron cambian,
Qu' EN Guillems se desdui
De Monpeslier a cui
Vim jurar sobre sans
　　Guerr' e massans,
E dec segr' el viatges
Del Baus, mas sos coratges
L'es viratz d'autre taill;
E 'l coms non es d'un aill
Cregut ni sos comtatz,
E 'N Bernard qu'es raubatz
D'Andusse desfiatz
A 'ls covinens fratz
Del Baus et oblidatz.
　　　　LEU SONET SI CUM.

Ges no pretz un botacays
Dona que aitals sia
Qu'un prenda et autre 'n lais;
No fai ges cortezia,
Soven presta son carcays;
Nuls hom no si fadia....

Ges una pruna d'avays
En s'amor non daria
Si be m fai colh e cays....

Ben es tornada en deguays
La beutat qu' ilh avia,
E no l'en te pro borrays
Ni tesinhos que sia....
D' UNA DONA M TUELH.

Per frevols son vencut li fort,
E potz d'agre doussor gitar,
E caut e freyt entremesclar,
E niens met son don a mort....
LOS FREVOLS VENSON.

Bona domna, fis e franc et adret
Vos ai estat e portat vostre lau;
Parlem abdui planamen e suau
Et entendetz que us dirai esta vetz;
Amada us ai mais c' Andrieus la reyna,
Premieyramens que fos mieus ni d'autruy
Soi ieu vostres e serai ses totz cui;
Donc non es vos ma sor ni ma cozina?

Lo jorn que ns ac amors abdos eletz,
Vostra beutatz me det l'erguelh del pau
Que remira 'l vert, e 'l vermelh, e 'l blau
Tro per erguelh serra de las paretz;
Aquel erguelh li te tro qu' el cap clina
Que ve sos pes; et ieu contrafas lui
Can vey mi dons, c' ab bels semblans m' aduy
Gaug et erguelh, tro qu' ab no m' atayna.

En Proensa cant encaus ni can fuy
Crit Monferrat la senha de qu'ieu suy
E Quartona lay part Alexandria.
NON PUESC SABER.

Il reste de ce troubadour trois épîtres qui, à proprement parler, peuvent être considérées comme n'en formant qu'une, dont les trois divisions sont chacune sur une seule rime.

Il a été rapporté dans le tome II, page 260, un fragment; en voici d'autres:

> Valen marques, senher de Monferrat.
> A dieu grazisc car vos a tant ourat
> Que mais avetz mes, conques e donat
> C'om ses corona de la crestiantat,
> E laus en dieu, car tant m'a enansat
> Que bon senher ai molt en vos trobat,
> Que gen m'avetz noirit et adobat
> E de nien fag cavalier prezat,
> E fai gran be e de bas aut poiat,
> Grazit en cort, e per donas lauzat;
> Et ieu ai vos servit de volontat,
> De bona fe, de bon cor e de grat
> Que mon poder vos n'ai ben tot mostrat,
> Et ai ab vos fait maint cortes barat,
> Qu'en mans bels locx ai ab vos domneyat
> Et ab armas perdut e guazanhat,
> E per Grecia ai ab vos cavalguat
> E pres mans colps durs, e mans n'ai donat....
> E par barrievras ab vos esperonat
> Et esvazit barbacan'e fossat,
> Vensen grans cochas, et ai vos ajudat
> A conquerir emperi e regnat,
> Estranhas terras, illas e dugat....
> Et a venser maint cavayer armat,
> E man baro, man comte, man comtat;
> Man bel palaitz ai ab vos assaiat....

Et encausei ab vos en Felipat
L'emperador c'avetz dezeretat
De Romania, e l'autre coronat;
E si per vos no sui en gran rictat,
No semblara c'ab vos aya estat,
Ni servit tan can vos ai repropchat,
Et vos sabetz qu'ieu dic del tot vertat,
  Senher marques.

Senher marques, ja no diretz de no,
Que vertatz es, e vos sabetz be co
Me tinc ab vos a ley de vassal bo....
Que quatre cens cavayers a tenso
Vos encaussavan, feren ad espero....
Pueis vos dopteron mais que grua falco;
E ieu torney al maior ops que us fo,
Can vos et ieu levem gen del sablo
N Albert marques cazut jos de l'arso;
Et ai per vos estat en greu preizo....
Fag mant assaut et art manta maiso....
A Messina vos cobri del blizo,
En la batalha vos vinc en tal sazo
Que vos ferian pel pieitz e pel mento
Dartz e cairels, sagetas e trenso
Lansas e brans e cotels e fausso.....
Entorn Blaquerna, sotz vostre gonfaino.
Portey armas a ley de Bramanso
D'elm e d'aulberc e de gros ganbaiso.
E m combatey sotz la tor al peiro,
E y fuy nafratz desotz la garnizo,
Et estey tan armatz pres del doymo
Tro que cazet l'emperador fello
Sel que destruis son frair' a trassio,
Quam vi gran fum e la flam' e 'l carbo

E 'l mur traucar en man loc, ses bon so,
E us vi el camp per combatr' abando
Que de nos cron cen per un per razo,
E vos pensetz de far defensio
E 'l coms de Flandres, e Franses e Breto
Foro rengat cavalier e pezo,
E l' emperaire ab lo cor al talo
Esperonet e sei vil companho
Plus d' una legua, puis volvero li glouto :
Nos fom austor et il foron aigro,
E cassem los si cum lop fai mouto;
E l' emperaire fugic s' en a lairo,
E laisset nos palaitz Bocelenso
E la sua filha ab sa belha faisso....
  Senher marques.

Honratz marques, no us vuelh tot remembrar...
Que vos e mi 'n fezetz per totz lauzar
Vos com senher, e mi com bacalar....
E fag que fem de Seldina de mar,
Cant al marques la levem del so par
A Malespina, sus el pus fort logar,
E pueys detz la a 'n Posson d'Angilar
Que s moria el leyt per lieys amar.
E membre vos Aimonet lo joglar,
De las novelas c'a Montaut venc contar
De Jacobina que n' en volian menar
En Serdanha, mal son grat, maridar;
E vos prezetz un pauc a sospirar,
E membre vos cant vos det un baizar
Al comjat penre, cant vos preguet tan car
Que de son oncle la volsetz amparar
Que la volia a tort dezeretar;
E vos mandetz V escudiers montar

De tot lo mielhs que vos saupes triar,
E cavalguem la nueg apres sopar
Vos e Guiet et Hugonet d'Alfar
E Beytaudo que gent nos saup guidar
Et ieu meteys, que no mi vuelh laisar,
Que la levei del port a l'embarcar,
El crit se dressa per terr' e per mar,
E segon nos pezo e cavansar;
Grans fo l'encaus e nos pessem d'anar,
E cugem lor a totz gent escapar,
Tro sels de Piza nos vengron assautar
E can los vim devan nos traversar,
Tan cavayer tan estreg cavalgar,
Tan belh auberc, ab tan bel elme clar.
Tan golfayno contra 'l ven baneyar,
S'aguem paor no us o cal demandar.
Amaguetz nos entr' el Benc e 'l Finar;
Auzim vas nos de mantas partz sonar
Mau corn, man grayle, manta signa criar,
Dos jorns estem ses beure, ses manjar:
Can ven al tres que nos cugem anar,
Nos encontrem al pas de Belestar
XII lairos que y eron per raubar,
E no saubem penre cosselh ni dar,
Car a caval no y podiam brocar;
Et ieu a pe anei m'ab els mesclar
Don fui nafrat ab lansa pel colar,
Mas y nafrey tres o quatre, so m par.
Si que a totz fi las testas virar,
E Bertaldo et Hugonet d'Alfar
Viro m nafrat e vengro m'ajudar,
E can fom trey, fim lo pas desliurar
Dels layros si que vos poguetz passar

> Seguramen; e deuria us membrar
> Que nos dirnem ab gaug, ses pro manjar,
> D'un pan tot sol, ses beure e ses lavar....
> Honrat marques.

Nostrad. 79. Crescimbeni, 56. Bastero, 94. Millot, I, 257. Papon, II. 248, 387. P. Occ. 73.

RAYNIER. Une tenson avec Giraud Riquier, auquel il répond :

> Guiraut Riquier, ieu ay mantas sazos
> Gaug e deport ab lieys on pretz s'espan.
> Que bel parlar me dona joia gran
> E tenc mon cor alegre e joyos,
> E l'aculhirs dona m tan d'ardimen
> Que no m membra degun mal pessamen.
> Mas la veuza, c'a so marit uzat,
> Uzara vos ab sa falsa beutat.
> RAYNIER PUS.

RECULAIRE. Tenson avec Hugues, qui lui dit :

> Cometre us voill Reculaire,
> Pois vestirs no us dura gaire;
> De paubertat es confraire
> Als bons homes del Leon,
> Mas de fe no 'n semblatz un
> Que vos es fols e jugaire.

Reculaire lui répond :

> N Uget, ben sai, s'ieu moria,
> C'atretan m'enportaria
> Col plus rics reis qu'el mon sia,
> Per qu'ieu sec mas voluntatz

E jogui ab los tres datz,
E m pren ab los ponz paria
Et ab bon vin on que sia....
COMETRE US VOILL.

Bastero, 94.

REFORSAT DE FORCALQUIER. Un sirvente,

En aquest son qu'eu trob leugier e pla
Voill far auzir un sirventes venal;
D'avol razon ni d'ome que no val
Non es blasmatz qui bon cantar no fa,
E si EN Guillems se gardes de faillir
Si co s garda c'om non deu nuill ben dir.
El fora tan sobr' els pros plus valens
Com es sotz els aunitz e recrezens....

Qu'el non ditz ver si no cuia mentir
Ni non ama si non cuia trair;
E pois aitals es sos captenemens,
A dieu grazisc, car non es mos parens....

En aisso pert lo gazaing e 'l captal,
Car dieus no vol desleial ermita
Mas cel acuoill que ill sapcha en grât servir,
Lais lo lo segle ans qu'el segles l' air,
Mas Guillems es tan blasmatz per las gens
Que dieus no 'l vol e 'l segles lo vol meins.
EN AQUEST SON.

Bastero, 94. Crescimbeni, 209. Millot, III, 434. Papon, III, 461.

RENAUD GAUCELM, de Beziers. Une pièce:

So son coblas que fes Renaut Gaucelm de Bezers quan fo malautes.

> Dieus m'a dada febre tersana dobla
> Que vol que ieu sia d'elh remembratz,
> E pus que 'l play, en la primeira cobla
> Li pregarai que m perdo mos peccatz,
> E que m do la sia bevolensa,
> E que m garde de far falhensa,
> Et a la fi m'arma de marrimen
> Qu'en negun loc non sufieira turmen....
> DIEUS M'A.

RENAUD DE PONS.

Rainautz de Pons si fo gentils castellans de Saintonge, de la marqua de Peitieu, e seingner del castel de Pon, que sabia trobar. En Jaufre de Pon si era uns cavalliers del castel e que sabia asi trobar, e fazia tensos con Rainautz de Pon.

Tenson avec Geoffroi de Pons, qui lui dit :

> E n'amas mais l'atendre qu'el jauzir,
> Per so s'en fan li Breton escarnir.

Il répond :

> Segner Jaufre, Artus non atend eu,
> Qu'a tal ai dat e mon cor e ma via....
> E si me fai mas ric pena endurar,
> No m'en dei ges per so desesperar.
> Seigner Jaufre.

Crescimbeni, 208. Millot, III, 433. P. Occ. 384.

RICHARD, roi d'Angleterre, t. IV.

Quant la patz del rei de Fransa se fetz e del rei Richart, si fon faitz lo cambis d'Alvergne e de Quaersin; qu'Alver-

gnes si era del rei Richart, e Quaercins del rei de Fransa,
e remas Alvergnes al rei de Fransa e Caercins a 'n Richart;
don lo Dalfins e sos cosis, lo coms Gis, qu'eron seingner
d'Alvergne, e 'l comte foron molt trist et irat, per so qu'el
reis de Fransa lor era trop vezis; e sabian qu'el era cobes
et avars e de mala seingnoria; e si fon el, que tan tost
com el ac la seingnoria, el compret un fort castel en Al-
vergne que a nom Novedre; e tolc Usoire al dalfin, que
era uns rics borcs; e si tost com EN Richartz fon tornatz
a la guerra ab lo rei de Fransa, EN Richartz si fo a par-
lamen ab lo dalfin et ab lo comte Guion son cosin del
dalfin, e si lor remembret los tortz qu'el reis de Fransa
fazia, e com el los manteria se il li volion valer, e revelar
se contra 'l rei de Fransa, e 'l lor daria cavaliers e balestiers
e deniers a lor comandamen. Et il, per los grans tortz
qu'el reis frances lor fazia, si crezeron los ditz d'EN Ri-
chart, e sailliron a la guerra contra lo rei de Fransa. E tan
tost com EN Richartz saup que ill dui comte d'Alvergne,
lo dalfins e 'l coms Gis sos cosins, eran revelat contra 'l
rei de Fransa, el pres trevas ab lo rei de Fransa, et aban-
donet lo dalfin, e 'l comte Guion e si s'en passet en Engla-
terra. E 'l reis de Fransa si fetz sa gran ost e venc s'en
en Alvergne e mes a fuoc et a flama tota la terra del
dalfin e del comte Guion, e tolc lor borcs e vilas e chas-
tels. E com ill viron que ill no s podion deffendre del rei
de Fransa, si preiron trevas ab lui a V mes, e si orde-
neren qu'el coms Gis s'en anes en Englaterra saber si
EN Richart lor ajudaria si com el lor avia jurat e promes.
E 'l coms Guis s'en anet lui en Englaterra ab X cavalliers;
EN Richartz lo vi mal, e 'l recep mal e mal l'onret, e no
ill donet ni cavallier ni sirven ni balestier ni aver, don el
s'entornet paubres e dolenz e vergoingnos. E tan tost

com fon tornatz en Alvergne, lo dalfins e 'l coms Gis s'en
aneren al rei de Fransa, e si s'acorderon ab el. E quant
se foron acordatz, la treva del rei de Fransa e d'EN Richart
si fo fenida; e 'l reis frances aunet sa gran ost et entret
en la terra del rei Richart, e pres vilas et ars e borcs e
castels. E quant a 'N Richartz auzi aquest faich, si venc
ades e passet de sai mar; e tan tost com el fo vengutz,
el mandet dizen al dalfin et al comte Guion que ill li
deguessen ajudar e valer, que la treva era fenida, e saillir
a la guerra contra 'l rei de Fransa; et ill no ill en feiron
nien. E 'l reis Richartz cant auzi que ill no ill volion ajudar
de la guerra, si fez un sirventes del dalfin e del comte
Guion, el qual remembret lo sagramen qu'el dalfins e 'l
coms Gis avion fait ad el; e com l'avian abandonat, car
sabian qu'el tresors de qui non era despendutz, e car sa-
bian qu'el reis frances era bons d'armas e 'N Richartz era
vils, e com lo dalfins fon larcs e de gran mession e qu'el
era vengutz escars per far fortz castels; e qu'el volia saber
si 'l sabia bon d'Usoire qu'el reis frances li tolia ni s'en
prendia venjamen ni 'l tenria soudadier. E 'l sirventes si
comensa en aissi :

 Dalfin, ie us voill deraisner.

E lo dalfins si respondet al rei Richart en un autre
sirventes a totas las razos qu'EN Richartz el avia razonat,
mostran lo seu dreich e 'l tort d'EN Richart, et encusan
EN Richart dels mals qu'el avia faitz de lui e del comte
Guion e de mainz autres mals qu'el avia faitz d'autrui. El
sirventes del dalfin si comensa en aissi :

 Reis, pois de mi chantatz.

Nostrad. 139. Crescimbeni, 95. Bastero, 94. Millot, I, 54. P. Occ. 13.
Hist. Litt. XV. 320.

Richard de Barbezieux, t. III. Environ douze pièces.

Richartz de Berbesieu si fo un cavalliers del castel de Berbesieu de Saintonge, del evesquat de Saintas, paubres vavassors. Bons cavalliers fo d'armas e bels de persona, e saup miels trobar qu'entendre ni que dire. Mout fo paures dizens entre las gens; et on plus vezia de bons homes, plus s'esperdia e mens sabia; e totas vetz li besoingnava altre que'l conduisses enan. Mas ben cantava e dizia sons, e trobava avinenmen mots e sons.

Et enamoret se d'una domna moiller d'en Jaufre de Taonai, d'un valen baron d'aquela encontrada. E la domna era gentils e bella, e gaia e plazens, e mot enveioza de pretz e d'onor, filla d'en Jaufre Rudel prince de Blaia. E quant ella conoc qu'era enamoratz d'ella, fetz li doutz semblan d'amor; tan qu'el cuilli ardimen de lieis pregar. Et ella ab doutz semblanz amoros retenc sos precs, e los recep e los auzi, com domna que avia voluntat d'un trobador que trobes d'ella. Et aquest comenset a far sas cansos d'ella, et apellava la Meillz De Domna en sos cantars. Et el si se deletava molt en dire en sas cansos similitudines de bestias e d'ausels e d'omes, e del sol e de las estellas, per dire plus novel las rasos qu'autre non agues ditas ni trobadas. Mout longamen cantet d'ella, mas anc non fo crezut qu'ella li fezes amor de la persona.

La domna mori; et el s'en anet en Espaigna al valen baron don Diego; e lai visquet, e lai mori.

La pièce suivante est entière:

> Atressi cum l'olifans
> Que quan chai no s pot levar
> Tro que l'autre, ab lo cridar

De lor votz, lo levon sus,
Et eu segrai aquel us
Quar mos mesfaitz m'es tan greus e pesans;
E si la cortz del Puei e 'l ric bobans
E l'adreitz pretz dels leials amadors
No m relevon, jamais non serai sors;
Que deignesou per mi clamar merce
Lai on preiars ni merces no m val re!

E s'ieu per los fis amans
Non puosc en joi retornar,
Per totz temps lais mon chantar
Que de mi no i a ren plus;
Ans viurai cum lo reclus,
Sols, ses solatz, c'aitals es mos talans,
Quar ma vida m'es trebaillz et afans,
E gaugz m'es dols, e plazers m'es dolors;
Qu'ieu non sui ges de la maneira d'ors
Que, qui 'l bat fort ni 'l ten vil ses merce,
El engraissa e meillura e reve.

Ben sai qu'amors es tant grans
Que leu me pot perdonar,
S'ieu failli per sobramar,
Ni reignei cum Dedalus
Que dis qu'el era Jhesus,
E vole volar al cel outracuidans,
Mas dieus baisset l'orguelh e lo sobrans;
E mos orguelhs non es res mas amors,
Per que merces mi deu faire socors;
Que luecx i a on razos vens merce,
E luecx on dreitz ni razos no val re.

A tot lo mons sui clamans
De mi e de trop parlar;
E s'ieu pogues contrafar
Fenix don non es mas us
Que s'art e pois resortz sus,
Eu m'arsera, car sui tant malanans,
Ab mos fals digz mensongiers e truans,
Resorsera en sospirs et en plors
Lai on beutatz e jovens e valors
Es, que no i falh mas un pauc de merce
Que no i sion assemblat tuich li be.

Ma chansos m'er drogomans
Lai on eu non aus anar
Ni ab dregz huels esguardar,
Tan sui conquis et aclus;
E ja hom no m'en escus,
Miels De Domna, que fugit ai dos ans;
Er torn a vos doloiros e plorans;
Aissi col cers que, quant a faich son cors.
Torna morir al crit dels cassadors,
Aissi torn eu, domna, en vostra merce,
Mas vos non cal, si d'amar no us sove.

Tal Seignor ai en cui a tant de be
Quant m'en sove non puosc faillir en re.

Belh Bericle, joi e pretz vos mante;
Tot quan vuelh ai, quan de vos me sove.

Nostrad. 242. Crescimbeni, 209. Millot, III, 81. P. Occ. 275.

RICHARD DE NOVES. Voyez PIERRE BREMOND.

RICHARD ou RICAUD DE TARASCON. Trois pièces atribuées à d'autres troubadours.

Richartz de Tarascon si fo uns cavalliers de Proera, del castel de Tarascon. Bons cavalliers fo d'armas, e bns trobaire e bons servire; e fez bons sirventes e bonas canos.

Fragments d'une tenson avec Gui de Cavaillon, qu'il appelle CABRIT.

Ricautz de Tarascon e 'N Guis de Cavaillon :

>Cabrit, al mieu veiaire,
>   Vos fatz ves mi
>Que fals e que bausaire,
>   Segon c'om di,
>Tro que mon cor n'esclaire,
>   Non aures fi;
>D'ueils e de lenga traire
>   Ar vos desfi....

Il finit en disant :

>Cabrit, el poder N'Audiart
>Vos n'apel, no us vei tan gaillart,
>Que vas mi es de peior art
>Non fon vas N Esengrin Rainart.
>
>CABRIT AL MIEU.

Crescimbeni, 209. Millot, III, 434. Papon, II, 409. P. Occ. 385.

RODRIGUE. Tenson avec R., auquel il répond :

>Laus mensongiers es juglaria,
>   R., per que saber podes
>Que non m'azaut de sa paria,
>   E vueilh l'obra aver ades

En ma bailhia,
Qar a bauzia
Non es dretz mi dons gazainhes,
Tan s'umelia
En leis coindia
Per qu'ab frau non tainh qu'ieu l'ames.
AB CHAUZES.

Millot, III, 431.

ROFIAN, ou RUFIAN. Une tenson avec le frère Izarn, auquel il dit :

Vos que amatz cuenda domna e plazen,
Fraire 'N Izarn, mi digaz, si us sap bo,
Quar del saber asaz n'avez e pro,
Qal penriaz d'un novel partimen :
Qu'ab leis c'amatz fosses en luec rescos
E pres lo joi de leis movises vos,
O que totz temps l'ames entieramen
E qu'ill no us am ni us port nuill bon coratge.
VOS QUE AMATZ.

ROFIN. Tenson avec une dame qui lui propose :

Rofin, digatz m'ades de cors
Cals fetz meills, car es conoissens :
Una domna coinda e valens,
Qu'eu sai, ha dos amadors,
E voll que quecs jur e pliva
Enanz qu'els voilla ab si colgar
Que plus mas tener e baisar
No ill faram ; e l'uns s'abriva
E 'l faig, que sagramen no ill te ;
L'autres no l'ausa far per re.

Entre autres réponses, Rofin lui fait celle-ci :

>Domna, ben mi par gran errors
>D'amics pois ama coralmens
>Que nuills gaug li sia plazens
>Qu'a sa domna non sia honors,
>Car no ill deu esser esquiva
>Pena per sa domna onrar,
>Ni 'l deu res per dreg agradar
>S'a leis non es agradiva;
>E drutz qu'en aissi no s capte
>Deu perdre sa domna e se.
>
>ROFIN DIGATZ.

Millot, III, 434.

ROSTANS DE MERGUAS. Une pièce lacérée ; en voici un couplet :

>Ma dona m ditz que m demor
>E 'l cor s mor ;
>Dieus li don aital demora
>Cum ilh mora ;
>Belh l'es que m deschan
>E m gap quan l'enchan,
>E 'l poder d'amor deschanta
>Que m tol lo sen e m'enchanta ;
>La dolor qu'ieu tray,
>Don ges no m'estray,
>Me don dieus vezer qu'ilh traya ;
>No s n'estraya
>Tan tro que m'esmen
>Per esmandamen
>D'un baizar, que tal esmenda
>Penrai, si ves me s'esmenda.
>
>LA DOUSS'AMOR.

Millot, III, 435.

Saïl de Scola, t. III. Deux pièces.

Sail de Scola, si fo de Barjarac, d'un ric borc de Peiregorc, fils d'un mercadan; e fetz se joglar; e fetz de bonas cansonetas; et estet cum n'Ainermada de Narbona. E quant ella mori, el se rendet a Bragairac, e laisset lo trobar e 'l cantar.

> Huey cuiava, e no sai si m'o digua,
> Qu'om se degues venjar de mal' amigua,
> Mas er vey be que si meteys destrigua
> Selh qu'ab amor guerreya ni playeia
>   Son escien,
>   E conosc ben
> Que no 'l dey mostrar minga
> Vas lieys mo mal talen.
>   Gran esfors fay.

Bastero, 94. Crescimbeni, 209. Millot, III, 435. P. Occ. 386. Hist. Litt. XV, 466.

Savari de Mauleon, t. II.

Savaric de Mauleon si fo un rics baros de Peitieu, fils d'en Reols de Maleon. Seigner fo de Mauleon e de Talarnom, e de Fontenai, e de Castelaillon, e de Boet, e de Benaon, e de saint Miquel en l'Ertz, e de la isla de Riers, e de l'isola de Nives, e de Nestrine, e d'Engollius, e d'autres mainz bons locs. Bels cavaliers fo e cortes et enseingnatz, e larc sobre totz los larcx. Plus li plac dons e dompneis et amor e torneiament, que ad home del mon, e de chanz e de solatz, e trobars e cortz e messios. Plus fo fin amics de domnas e d'amadors que nuills autres cavalliers, e plus enveios de vezer bons homes e de far li plazer. E fo lo meiller guerrer que anc fos el mon. Tal vez ne fo aventuros, e tal vez ne trobet dan : e totas las guerras qu'el ac foron com lo rei de Fransa e com la soa gen. E dels sieus bons faich se poiria far un gran libre, qui lo volgues escrire, com d'aquellui que ac plus en si d'umelitat e de merce e de franquessa, e que mais fez de bons faich d'ome qu'ieu anc vis ni auzis, e plus n'avia voluntat de far.

En Savaric de Malleo fo vengutz a Benaujatz per vezer la vescomtessa na dona Guillerma, et el entendia en ela; e tray ab lui 'n Elias Rudels, senher de Bragairac, e Jaufre Rudelh de Blaya. Totz tres la pregavo d'amor; et enans c'aysso fos, el avia cascun tengut per son cavayer, e l'un non o sabia de l'autre. Tug tres foron asetatz pres d'ela, l'un d'una part, l'autre d'autra, lo ters denan ela. Cascus d'els la esgardava amorozamen ; et ela, com la plus ardida dona c'om anc vis, comenset ad esgardar en Jaufre Rudelh de Blaya amorozamen, car el sezia denan; et a 'n Elias Rudelh de Bragairac pres la man, et estreis la fort amorozamen ; e de mo senher en Savaric causiget lo pe rizen e sospiran. Negus no conoc lo plazer l'un de l'autre entro qu'en foron partitz, qu'en Jaufre Rudelh o dis a 'n Savaric com la dona l'avia esgardat; e 'n Elias dis lo de 'l ma. En Savaric, cant auzis que a cascus avia fag aital plazer, fon dolens; e de so que fon ad el fag non pariet, mas apelet Gaucelm Fayzit e 'n Ugo de la Bacalayria, e si lur dis en una cobla al cal avia fag may de plazer ni d'amor. E la cobla del deman comensa :

Gaucelm, tres joc enamorat.

Be us dic d'en Savaric que be fon sel qu'era razitz de tota la cortezia del mon ; et en totz bos fatz c'om puesca pessar de bon home el fon maystre de totz. Et avia amada et onrada lonc tems una dona gentil de Gascuenha, ma dona Guillerma de Benaujatz, molher que fo d'EN P. de Gavaret, qu'era vescoms de Beraumes e senher de San Macari e de Lengo ; e puesc dire per ver que anc tans de bos fatz fezes per dona. Mot longamen lo paget esta dona ab sas folas promessas et ab bels mandamens, et joyas donan. E mantas vez fes lo venir de Peitieus en Gascuenha per mar e per terra ; e cant era vengutz gen lo sabia enganar ab falsas razos, que no 'l fazia plazer d'amor. Et el era 'n tan enamoratz que no conoysia l'engan : mas sos amics d'el li deron ad entendre l'engan. E mostreron li una dona de Gascuenha, qu'era de Manchac e molher d'EN Guiraut de Manchac, joves e bela et avinens, e deziroza de pretz e de vezer EN Savaric per lo be qu'en auzia dire. En Savaric can vi la dona azautet li mot a meravilhas e preget la d'amor. E la dona, per la gran valor que vi en el, retenc lo per son cavayer, e det li jorn qu'el vengues a leys per penre so que demandava. Et el parti s'en mot alegres, e pres comjat e tornet s'en a Peytieus.

E no tarzet gayre que ma dona NA Guillerma Benauja saupet lo fag, e com l'avia dat jorn de venir ad ela per far son plazer. Adonc fon mot giloza e trista car non l'ac retengut ; e fes far sas letras e sos mans e salutz aitan caramen co saup ni poc, e mandet a 'N Savaric que al jorn que l'avia dat la comtessa de Manchac, que vengues ad ela a furt a Benaujas per aver d'ela tot son plazer. E sapias per ver que ieu Uc de San Circ, que ay escrichas estas razos, fuy lo messatge que lai aniey e 'l portey totz los mans e 'ls escritz. Et en la sua cort si era lo prebost de Limotges, qu'era valens hom et ensenhatz, e bos trobaires. En Savaric, per far a lui honor, li mostret tot lo fag e so que cascuna l'avia dig e promes. En Savaric dis al prebost que li 'n demandes en chantan, e que li 'n partis tenso, a la cal d'estas doas devia anar al jorn que li avian donat. E 'l prebost comes lo, e di :

<blockquote>
En Savaric, ieu vos deman
Que m diatz en chantan.
</blockquote>

<small>Nostrad. 106. Crescimbeni, 75. Bastero, 94. Millot, II, 99. P. Occ. 147.</small>

SERVERI DE GIRONE. Quinze pièces :

<blockquote>
En brau loc fon plantada
Planta qu'el frug peiura,
E dona en mal formada
Quan pert bon'aventura;
Quar mout mais que mezura
Es bona don'amada,
Quan fay contra natura
So don es mais prezada,
Quar de valh ven l'errada....

Mal es rauba guardada
Dins avol tancadura,
E dona pieitz celada,
Quan fai mal ni laidura
Contra tota natura,
Es vils dona laissada,
E cast' e mund' e pura
Sobre valor pauzada
En pretz encastenada.

Trop es desendressada
Maison on hom endura,
</blockquote>

E pus don'azirada
Cuy castedatz fraitura;
Qu'entre clam e rancura
S'es ab blasme liada,
E val mais que clausura
A ciutat aseijada
Dona en be far uzada.

EN MAL PUNH.

L'olivier fay oli qu'es dous e fis
E del pomier vezem lo pom eyssir,
E las moras del morier revenir,
E del rozier la roza s'espandis,
E si 'l muns fos e nos aitals co fom
Al comensar, tug foram clar e mun.

DEL MON VOLGRA.

Millot, III, 316. P. Occ. 327.

SIFRE, ou SIFREN. Une tenson avec Bernard, auquel il dit :

Mir Bernart, mas vos ay trobat
A Carcassoua la cieutat,
D'una re m tenc per issarat,
E vuelh vostre sen m'en aon :
En una don' ay la mitat,
E no m suy ges ben acordat
Si m val mais d'aval o d'amon.

MIR BERNART.

Millot, III, 435.

SIMON. Deux tensons, l'une avec Lanfranc, et l'autre avec Jacme Grils.

Seigne' 'N Jacme Grils, eu us deman,
Car vos vey larc e ben estan,

E car per ric pretz sobeiran
E per saber es mentaubutz,
Que me digatz per qu'es perdutz
Solatz, e domneis mal volgutz.

Il réplique à Jacme Grils, qui lui a exprimé son opinion :

Seigne''n Jacme, mout es sennatz,
E primamen vos razonatz;
Mas quar dizetz que cobeitatz
N'a aizo mogut, vos aug faillir,
Car tost, com son al mieu albir,
Aitant o plus no 'l devetz dir.
<small>Seigne' 'n Jacme.</small>

SIMON DORIA. Voyez LANFRANC DORIA.

SORDEL, t. III et IV. Environ trente pièces.

Lo Sordels si fo de Mantoana de Sirier, fils d'un paubre cavallier que avia nom sier el Cort. E deletava se en cansos aprendre et en trobar, e briguet com los bons homes de cort, et apres tot so qu'el pot; e fes coblas e sirventes. E venc s'en a la cort del comte de San Bonifaci, e 'l coms l'onret molt; et enamoret se de la moiller del comte a forma de solatz, et ella de lui. Et avenc si que 'l coms estet mal com los fraires d'ella, e si s'estranjet d'ella. E sier Icellis e sier Albrics, li fraire d'ella, si la feiren envolar al comte a sier Sordel; e s'en venc estar com lor en gran benanansa. E pois s'en anet en Proensa, on il receup grans honors de totz los bos homes, e del comte e de la comtessa, que li deron un bon castel e moiller gentil.

Lai a 'n Peire Guillem man ses bistansa
Q'ancar non a de lauzar pro apres,
Q'ancmais non vim lauzor que pro tengues,
Si 'l laus passet del lauzat sa valensa;
Que trop lausar destriga la lausor
Del trop lausat e blasma 'l lausador
Lai on vertatz repren sa conoissensa.

A ma domna de Fois man per sa honor
Que no 'l plassa desmesur' en lausor,
Que trop lausar es blasmes e faillensa.
Lai a 'n Peire.

Cobla de messer Sordel q'era malat :

Totz hom me van dizen en esta maladia
Que s'ieu mi conortes que gran ben m'o faria;
Ben sai qu'il dison ver, mas com far l'o poria ?
Hom q'es paubre d'aver et es malat tot dia,
Et es mal de seignor e d'amor e d'amia,
Fos qui m'o l'ensignes, ben me conortaria !
Totz hom me van.

Nostrad. 153. Crescimbeni, 105. Bastero, 94. Millot, II, 79 P. Occ. 145.

Sordel de Goi. Une pièce de deux couplets :

Dompna valen, saluz et amistatz
E tot quan pot de plazer e d'onor
Vos manda sel ses cor galiador....
Que mi deguas tener per servidor
Aisi cum sel qu'es vostre domenjatz,
Quar per ma fe tan vos am e soplei
Cum las clardatz dels oil ab cui vos vei.
Dompna valen.

TAUREL. Une tenson avec Falconet, auquel il dit :

> Falconet, de Guillalmona
> Vos vei enamorat,
> E 'l marques de Montferat
> Fai pechat que non la us dona.
>
> FALCONET DE.

Millot, III, 436.

LE TEMPLIER, OU LE CHEVALIER DU TEMPLE, t. IV.

THIBAUD DE BLIZON. La pastourelle imprimée t. II, p. 230, est sous son nom dans un des manuscrits.

Millot, III, 275.

THOMAS. Une tenson avec Bernado.

> Bernado, la genser dona que s mir
> En tot lo mon ni anc fos ni er mais
> Dieu prec que gar de mal e de falhir,
> E m do s'amor e m tragua d'est pantais
> E dels peccatz c'a faitz mortals e lais,
> Me do, s'il play, de tot be far ayzina,
> Car dels peccatz ben es hora que lais,
> E prec ne lui a cui lo mon s'aclina.
>
> BERNADO LA.

Millot, III, 436.

La DAME TIBERGE. Un fragment lacéré.

NA Tibors si era una dompna de Proensa, d'un castel d'EN Blacatz que a nom Sarrenom. Cortesa fo et enseignada, avinens e fort maistra, e saup trobar; e fo enamorada e fort amada per amor; e per totz los bons homes d'aquela encontrada fort honrada; e per totas las valens dompnas mout tensuda e mout obedida. E fetz aquestas coblas, e mandet las al seu amador :

> Bels dous amics, ben vos puesc en ver dir
> Que anc no fo q'eu estes ses desir
> Pos vos conven e.... per fin aman;
> Ni anc no fu q'eu non agues talan,
> Bel douz amics, q'eu soven no us vezes,
> Ni anc no fos sasons que m'en pentis,
> Ni anc no fos, si vos n'anes iratz,
> Q'eu agues joi tro que fosetz tornatz.
>
> BELS DOUS AMICS.

Crescimbeni, 202. Millot, III, 321. Papon, II, 415. P. Occ. 328.

TOMIERS. Voyez PALAZIS. Fragments d'une pièce :

> De chantar farai
> Una esdemessa,
> Que temps ven e vai,
> E reman promessa,
> E de gran esmai
> Fai deus tost esdessa.
> Segur estem, seignors,
> E ferms de ric socors.
>
> Ric socors aurem,
> En deu n'ai fianza,
> Don gazagnarem
> Sobre sels de Fransa.
> D'ost que deu non tem
> Pren deus tost venjanza.
> Segur estem, etc.
>
> Tals cuia venir
> Ab falsa croisada

Qe 'l n' er a fozir
Sens fog d'albergada,
Car ab ben ferir
Venz hom leu mainada.
Segur estem, etc.

E si Fredericz
Qu' es reis d'Alamaigna
Soffre que Loics
Son emperi fraingna,
Ben sera enics
Lo reis part Bretaigna.
Segur estem, etc.

L' evesque culvert
Non o preson gaire
S' el sainz vas se pert
O fo nostre paire,
Quan moc del desert,
Mas amon Belcaire.
Segur estem, etc.

Nostre cardenals
Sojorna e barata,
E pren bels ostals,
De que deus l' abata,
Mas pauc sent los mals
Quant a Damiata.
Segur estem, seignors,
E ferm de ric socors....
DE CHANTAR FARAI.

Bastero, 94. Crescimbeni, 219. Hist. gén. du Langued. III, 98. Millot. III.
45. P. Occ 273. Hist. Litt. XV, 462.

Torcafols. Deux pièces; en voici quelques vers:

>Comunal, en rima clausa
>On ja no m respondres, so m cuich,
>Farai sirventes aora,
>E dirai vostra semblansa,
>C'ab armas es soven vencutz;
>Et hom vielz pois desclavella
>Ni ses de totz pretz abatutz,
>Be m meravill com se feing drutz.
>><small>Comunal en.</small>

>Ben viu a gran honor
>Qui pert son mal seignor,
>Qu'eu perdei lo peior
>Qu'anc mortz pogues aucir,
>Mas ieu non pois morir,
>Ni no voill que m'aucia
>Per ma vida gandir....
>><small>Comunal veill.</small>

Bastero, 94. Crescimbeni, 210. Millot, III, 436.

Le troubadour de Villarnaud. Deux sirventes, dont l'un est à la manière des troubadours qui se permettaient de changer les terminaisons de plusieurs mots pour produire des rimes extraordinaires:

>Mal mon grat fatz serventula
>Dels ricx malvatz cor mortula,
>Quar il no temon vergula,
>Quar ses cor han lur corsul;
>Per qu'ieu n'ai men de raubula;
>E man joglar de cortula

Qu'en fan tot jorn gran rancul
Dels malvatz trenca linhula.
MAL MON GRAT.

Voici des fragments du second, qui est dans le style ordinaire du temps :

Un serventes nou qu'om chan
Farai en est leugier so,
Que coratge e talan
N'ai e mout bona razo,
Quar mant dizon veiramen
Qu'el Dalfins pert per non sen
    Gapenses;
  Et er grans merces,
  Si 'l ven meschasensa,
  Quar pretz no l'agensa....

Si 'l Dalfins sai ven ugan
Ni l'aduzon siei baro,
Mant elm, mant escut, mant bran.
Mant ausberg, mant gonfano,
E man bell cavall corren
Veirem, mant cairell bruien
    Trais espes,
  Mant colp demanes
  Ferir, si no i tensa
  Lo coms de Proensa.

Quar si 'l coms si fai enan
Per intrar en teneso,
Cobrar pot, senes tot dan
E ses mass' e ses basto,
So qu'an perdut lonjamen
Siei amic e siei paren....

N Agoutz, ab bon pretz valen,
Creis quec dia e non deisen
　　Nullas ves
　Vostra valors que es
　Aussors, e que gensa
　Quec jorn a presensa.

　Serventes,
Vai tost, e no t pes,
Fai m'en sovinensa
Al comte de Proensa.
　　　　　　　　UN SERVENTES.

Crescimbeni, 210. Millot, III, 436.

VINZENS. Tenson avec Giraud et un marquis :

De so don yeu soy doptos
Me diatz vostr' entendensa,
Guiraut, pus es amoros ;
A razon ni conoisensa
L'amor don vos aug parlar,
Car mon senhor n'aug clamar
Que ditz c'un an l'a o dos
Servida que non l'es pros.
　　　　　　　　DE SO DON.

ANONYMES, t. II.

Voyez Millot, tome III, page 439, jusqu'à la page 449; et le Parnasse occitanien, depuis la page 387, jusqu'à la page 393.

Dans un DOMNEIAIRE anonyme se trouvent ces vers :

Mas cel non poc en ren faillir
Que vos fetz e vole que siatz,
Quar meillor es de las meillors

E genser es de las gensors,
E plus haut sobre las haussors,
E bella de totas beutatz;
Far sabetz tals cinc cent honors
Que senz una de las menors
Non voill haver los Mans ni 'ls Tors
Ni esser coms d'Angeus clamatz.
Domna vos.

Millot, III, 439.

FIN DU TOME V.

TABLE

DES PIÈCES ET DES PRINCIPAUX FRAGMENTS

QUI SONT DANS LES TOMES II, III, IV ET V DU CHOIX
DES POÉSIES ORIGINALES DES TROUBADOURS.

A.

	Tome.	Page.
Ab cossirier planh............................	III,	285
Ab gran dreg son maint gran seignor del mon	IV,	376
Ab grans dolors et ab gran marrimen..............	V,	381
Ab grans trebalhs et ab grans marrimens...........	IV,	137
Ab greu cossire. — Fau sirventes cozen............	IV,	191
Ab greu cossire. — Et ab greu marrimen	V,	297
Ab joi et ab joven m'apais.....................	III,	23
Ab joi mov lo vers e 'l comens.	III,	42
Ab joi que m demora..........................	V,	285
Ab l'alen tir vas me l'aire.....................	III,	318
Ab leyal cor et ab humil talan	III,	249
Ab lo dous temps que renovelha................	III,	416
Ab marrimen et ab mala sabensa................	IV,	72
Ab nou cor et ab nou talen.....................	III,	15
Ab pauc ieu d'amar no m recre..................	III,	151
Ab plazen. — Pessamen.......................	III,	461
Ab plazer recep e recuelh	V,	35
Abril issic mais intrava........................	V,	342
A chantar m'er de so qu'ieu no volria.............	III,	22

TABLE DES PIÈCES

Acosselatz mi senhor	III,	88
Ad un fin aman fon datz	III,	466
A guiza de fin amador	III,	225
Ai! cal merce fera deus	V,	272
Ailas! per que viu lonjamen ni dura	IV,	59
Ai! Lemozis franca terra corteza	V,	78
Ai! quant gent vens et ab quant pauc d'afan	III,	161
Aissi com la clara stela	V,	152
Aissi cum es bella sil de cui chan	III,	300
Aissi cum es cuenda e guaya	V,	225
Aissi cum la naus en mar	V,	362
Aissi cum selh qu'ama e non es amatz	III,	214
Aissi cum selh qu'a pro de valedors	III,	187
Aissi cum selh que anc non ac cossire	III,	218
Aissi cum selh que laissa 'l fuelh	III,	111
Aissi cum selh qu'es vencutz e sobratz	V,	17
Aissi cum selh que tem qu'amors l'aucia	III,	346
Aissi cum selh qu'om mena al jutjamen	III,	449
Aissi m'es pres cum selui que sercan	V,	355
Aissi quo 'l malanans	IV,	78
Al bon rey de Castela	V,	269
A la fontana del vergier	III,	375
A la mia fe amors	III,	5
A l'avinen mazan	V,	204
Al bon rey qu'es reys de pretz car	IV,	239
Al Dalfin man qu'estei dinz son hostal	V,	321
Al dous nou termini blanc	IV,	172
A ley de bon servidor	III,	8
A lieys cui am de cor e de saber	III,	391
Al noble rey aragones	II,	272
Al pareissen de las flors	III,	27
Als durs crus cozens lauzengiers	V,	408
Amicx ab gran cossirier	II,	188
Amicx Bernartz del Ventadorn	IV,	5

ET DES PRINCIPAUX FRAGMENTS.   455

Amicx Guigo be m'assaut de tos sens	V,	73
Amicx n Albertz tensos soven	IV,	36
Amicx s'ie us trobes avinen	III,	370
A mon vers dirai chanso	V,	406
Amors be m'avetz tengut	III,	352
Amors com er que farai	V,	404
Amors don no sui clamans	II,	146
Amors e joi e liocs e temps	V,	36
Amors e que us es veiayre	III,	47
Amors m'auci que m fai tant abelhir	II,	233
Amors ricx fora s'ieu vis	V,	27
Anc de Rolan ni del pro 'n Olivier	V,	278
Ancmais no m fo semblan	III,	107
Ancmais per aital razo	IV,	244
Ancmais tan gen no vi venir pascor	IV,	254
Anc no cugey que m desplagues amors	III,	377
Anc non cugey que m pogues oblidar	IV,	63
Anc no vi Breto ni Baivier	V,	308
Anc vas amor no m puesc re contradire	III,	216
Ans qu'els cim reston de brancas	V,	32
A penas sai don m'aprenh	III,	359
Ara farai no m puesc tener	IV,	272
Ar agues ieu mil marcx de fin argen	V,	350
Ar ai ben d'amor apres	V,	325
Ar ai gran joy quant remembri l'amor	III,	304
Ara m'alberc dieus e sans Julias	V,	339
Ara m digatz Rambautz si vos agrada	IV,	9
Ara parra qual seran enveios	IV,	102
Ara sabrai s'a ges de cortezia	III,	10
Ara sai eu de pretz quals l'a plus gran	IV,	94
Aras no siscla ni canta	V,	405
Aras pot hom conoisser e proar	IV,	112
Aras pus vey que m'aonda mos sens	V,	317
Ar em al freg temps vengut	III,	39

TABLE DES PIÈCES

Ar es ben dretz.................................. V, 395
Ar es dretz qu'ieu chant e parlle... .... V, 396
Ar faray sitot no m platz........................ IV, 271
Ar mi pues ieu lauzar d'amor.................... III, 438
Ar vey qu'em vengut als jorns loncs.............. III, 109
Assatz es dreitz pus joys no m pot venir.......... V, 273
Astrucx es selh cui amors ten joyos.............. III, 175
A te verge Santa Maria......................... V, 174
Atressi col signes fai........................... III, 271
Atressi cum la candela......................... III, 127
Atressi cum l'olifans........................... V, 433
Atrestan be m tenc per mortal................... III, 419
Auiatz de chan com enans se meillura............ IV, 303
Auiatz la derreira chanso....................... I, 12
Autet e bas entr'els prims fuelhs................ V, 38
Autra vetz fuy a parlamen...................... IV, 42
A vos cui tenc per dona e per senhor............. III, 394
Ay! dieus per qu'as facha tan gran maleza........ V, 54
Aylas! e que m fan miey huelh.................. III, 441

B.

Baros Ihesus qu'en crotz fon mes................ IV, 118
Be deu hormais finir nostra razos................ II, 134
Belha m'es la flors d'aguilen.................... IV, 295
Belh m'es lo dous temps amoros................. III, 210
Belh m'es quan d'armas aug refrim.............. IV, 212
Belh m'es quan lo vens m'alena................. III, 208
Belh m'es quan vey camjar lo senhoratge......... IV, 261
Belh m'es quan vey pels vergiers e pels pratz...... IV, 305
Belh senher dieus quo pot esser sufritz........... IV, 65
Belh senher dieus quora veyrai mo fraire......... V, 374
Belhs Guazans s'a vos plazia.................... III, 351
Belhs m'es l'estius e 'l temps floritz.............. III, 95

Belhs Monruelhs aisselh que s part de vos	III,	60
Bella domna gaia e valenz	V,	226
Bel m'es ab motz leugiers de far	III,	443
Bel m'es cant aug lo resso	IV,	189
Bel m'es quan la roza floris	IV,	121
Bels m'es qu'ieu chant en aiselh mes	III,	77
Be m'agrada 'l dous temps d'estiu	V,	392
Be m'an perdut lai enves Ventadorn	III,	72
Be m cujava que no chantes ogan	V,	287
Be m dizon s'en mas chansos	V,	279
Be m'enueia per Sant Salvaire	V,	266
Be m meraveill de vos EN Raimbaut	V,	185
Be m play lo dous temps de pascor	II,	210
Ben ay' amors quar anc me fes chauzir	III,	414
Ben aio 'l mal e l'afan e 'l cossir	III,	344
Ben dei chantar pus amors m'o ensenha	III,	273
Ben es adreigz	IV,	459
Ben es dreitz qu'ieu fassa hueimais	V,	360
Ben es folhs selh que renha	III,	177
Ben grans avoleza intra	V,	210
Ben sai e conosc veramen	V,	420
Ben sai qu'a selhs seria fer	V,	404
Ben sai que per sobrevalor	V,	357
Ben tenh per folh e per muzart	III,	436
Ben volgra s'esser pogues	IV,	418
Ben vuelh que sapchan li plusor	V,	116
Bernart del Ventadorn del chan	IV,	7
Bertran si fossetz tan gignos	V,	392
Be s cuget venjar amors	III,	365
Be volria de la mellor	IV,	468
Be volria saber d'amor	III,	457
Bona domna cui ricx pretz fai valer	III,	239
Bon chantar fai al gai temps de pascor	V,	16
Braus chans qui 'ls critz	V,	403

C.

Cabra juglar	V,	167
Camjat ai mon consirier	V,	283
Canczon audi q'es bell' antresca	II,	144
Car comprei vostras beutatz	III,	354
Car douz e feinz delbedresc	V,	407
Cascus hom deu conoisser et entendre	IV,	56
Cazutz sui de mal en pena	III,	135
Chantarai d'aquetz trobadors	IV,	297
Chantars no pot guaire valer	III,	56
Cobeitatz qu'es vengud'avan	V,	235
Coindeta sui si cum n'ai greu cossire	II,	242
Cometre us voill Reculaire	V,	428
Cominal vielh flac playdes	IV,	249
Companho farai un vers covinen	V,	115
Coms de Tolsan ja non er qu'ie us o priva	V,	268
Coms Proensals si s'en vai domna Sanza	V,	401
Comte Karle ie us vuelh far entenden	IV,	237
Comtor d'Apchier rebuzat	IV,	253
Conortz era sai ieu be	III,	79
Cor ai e voluntat	IV,	469
Cortezamen mov en mon cor mesclansa	III,	315
Cortezamens vuelh comensar	III,	373
Cossiros cum partitz d'amor	V,	5
Crezens fis verays et entiers	III,	167
Cristias vey perilhar	IV,	384

D.

D'aiso laus dieu	V,	255
D'amor no m lau qu'anc non pogey tant aut	V,	419
D'amor son totz mos cossiriers	III,	362

Daudes de Pradas no s'oblida	V,	126
De ben gran joy chantera	III,	254
De chantar dei aver talan	V,	359
De chantar farai	V,	447
De chantar m'era laissatz	III,	324
De la gensor qu'om vey al mieu semblan	III,	232
De l'arcivesque mi sap bon	IV,	218
Del rei d'Arragon consir	IV,	184
D'els joglars servir mi laisse	V,	320
Del sonet d'EN Blacatz	V,	40
Dels quatre caps que a la cros	IV,	444
Dels quatre mestiers valens	III,	357
Del tot vey remaner valor	IV,	335
De nuilla ren non es tan gran cardatz	IV,	281
De servir a bon senhor	V,	371
De sirventes aurai gran ren perdutz	IV,	375
De tot en tot es ar de mi partitz	III,	428
De totz caitius sui ieu aisselh que plus	III,	189
Dieus es amors e verais salvamens	V,	368
Dieus vera vida verays	IV,	423
Digatz Bertrans de San Felitz	IV,	30
Diguas me tu heretje parl' ab me un petit	V,	228
Dins un verdier de mur serat	II,	275
Dirai vos senes duptansa	V,	252
Doas coblas farai en aqest son	IV,	207
Domna dels angels regina	IV,	465
Domna N'Almucs si o us plages	V,	18
Domna per vos estauc en greu turmen	III,	425
Domna puois de mi no us cal	III,	139
Dona a vos me coman	III,	163
Dona genser qu'ieu no sai dir	III,	199
Dona la genser c'om demanda	II,	256
Dona per cui planc e sospir	V,	20
Dregz de natura comanda	V,	260

D'una dona m tuelh e m lais...................... V, 422
D'un sirventes a far ai gran talen................. IV, 278
D'un sirventes faire............................... IV, 197
D'un sirventes far me sia dieus guitz............. V, 203
D'un sirventes m'es grans volontatz preza......... IV, 205
D'un sirventes mi ven gran voluntatz.............. V, 72
D'un sirventes no m qual far longor ganda........ IV, 148

E.

El mon non a neguna creatura..................... III, 298
El mon non pot aver.............................. III, 388
El nom de Ihum Crist qu'es nostre salvamens...... V, 310
El temps de nadalor.............................. II, 268
El temps d'estiu quan par la flors el bruelh..... III, 192
El temps quan vey cazer fuelhas e flors.......... IV, 133
Emperador avem de tal manera..................... V, 248
Emperaire per mi mezeis.......................... IV, 129
En abril quan vey verdeyar....................... III, 82
En aissi m pren cum fai al pescador.............. III, 421
En aital rimeta prima............................ V, 410
En Alvernhe part Lemozi.......................... V, 118
En aquelh temps qu'el reys mori 'n Anfos......... IV, 195
En aquel mes de may.............................. II, 263
En aquest guai sonet leugier..................... IV, 139
En aquest son qu'eu trob leugier e pla........... V, 429
En chantan m'aven a membrar...................... III, 159
En estiu quan crida 'l jais...................... III, 327
En est son faz chansoneta novelha................ V, 219
En greu esmay et en greu pessamen................ III, 335
En greu pantays m'a tengut longamen.............. III, 426
En Guillem Fabre sap fargar...................... V, 64
En honor del paire en cui es..................... IV, 87
En luec de verjanz floritz....................... IV, 224

En mal punh fon creada	V,	442
En Nicolet d'un songe qu'ieu sognava	V,	236
En Peire m'er lo conort del salvatge	V,	400
En Pelissier chauzes de tres lairos	V,	322
Enquera m vai recalivan	III,	130
En Raymbautz ses saben	IV,	25
En Savaric ie us deman	V,	366
En talent ai q'un serventes encoc	V,	137
Entre dos reis vei mogut et empres	IV,	230
Entre gel e vent e fanc	V,	413
Entr'ira e joy m'an si devis	III,	36
En un vergier sotz fuelha d'albespi	II,	236
Er ai ieu tendut mon trabuc	V,	248
Era m requier sa costum' e son us	III,	258
Era nos sia guitz	IV,	96
Era par ben que valors se desfai	IV,	61
Eras quan vey verdeyar	II,	226
Er can li rozier	II,	216
Er nos sia capdelhs e guerentia	IV,	90
Er no sui ges mals et astrucx	III,	19
Er quan s'embla 'l fuelh del fraisse	V,	407
Erransa. — Pezansa	III,	133
Escotatz mas no sai que s'es	II,	248
Esperansa de totz ferms esperans	IV,	473
Estat ai en gran consirier	III,	25
Estat ai fort longamen	V,	224
Estat aurai lonc temps en pessamen	V,	272
Estiers mon grat mi fan dir villanatge	IV,	210

F.

Fadet joglar	V,	168
Falsedatz e desmezura	IV,	338
Farai chansoneta nueva	III,	1

Fis e leials e senes tot enguan.................... III, 386
Foilla ni flors ni chautz temps ni freidura........... IV, 194
Fortz chauza es que tot lo maior dan................ IV, 54
Fortz guerra fai tot lo mon guerreiar... .... IV, 389
Fraire Berta trop sai estatz....................... V, 250
Francx reys frances per cuy son Angevi............. IV, 242

G.

Gaucelm Faidit ieu vos deman..................... IV, 11
Gaucelm ieu meseis garentis....................... V, 143
Gaucelms tres jocs enamoratz..................... II, 199
Gausselm no m puesc estener..................... IV, 19
Gaya pastorelha................................. III, 470
Gent fai nostre reis liouranda .... IV, 160
Gerra mi play quan la vey comensar................ IV, 215
Ges de chantar no m falh cor ni razos.............. III, 379
Ges de disnar non for' oimais maitis................ III, 137
Ges de far sirventes no m tartz .... IV, 143
Ges no m'es greu s'eu non sui ren prezatz.......... IV, 226
Ges no mi desconort............................. IV, 153
Ges non puesc en bon vers faillir................... V, 331
Ges per la coindeta sazon........................ III, 188
Greu m'es a durar............................... IV, 319
Greu m'es deisendre carcol .... IV, 164
Guerra e trebalhs e brega m platz .... IV, 214
Guerra e trebalh vei et afan...................... IV, 263
Guerra ni platz no son bo........................ V, 420
Gui d'Uiselh be m peza de vos.................... IV, 28
Guigo donan sai que conquier.................... V, 143
Guillem prims iest en trobar a ma guia .... V, 177
Guiraut Riquier segon vostr' essien................ II, 187
Guiraut Riquier si be us es luenh de nos........... V, 333
Guordo ie us fas un bon sirventes lan .... V, 102

H.

Honratz marques no us vuelh tot remembrar......... V, 426
Hueimais no y conosc razo...................... IV, 110
Humils e fis e francs soplei vas vos.............. III, 174

I.

Ieu ai ja vista manhta rey..................... IV, 327
Ieu chan qu'el reys m'en a preguat............. IV, 157
Ieu m'escondisc domna que mal non mi er......... III, 142
Ieu no sui pars............................... V, 164
Ieu volgra si dieus o volgues.................. V, 303
Ihesum Crist nostre salvaire................... IV, 446
Ira e dolor s'es dins mon cor asseza........... IV, 131

J.

Ja de chantar non degr' aver talan............. III, 368
Ja de chantar nulh temps no serai mutz......... IV, 220
Ja de far un nou sirventes..................... IV, 202
Ja hom pres ni dezeretatz...................... IV, 427
Ja mos chantars no m'er honors................. III, 74
Ja m vai revenen............................... III, 306
Ja n'er creditz c'afan ni consiriers........... V, 7
Ja non creirai d'en Gui de Cavaillon........... IV, 209
Ja non er hom tan pros......................... V, 358
Ja non volgra qu'hom auzis..................... III, 155
Ja no vuelh do ni esmenda...................... IV, 203
Ja nuls hom pres non dira sa razon............. IV, 183
Jesu Crist per sa merce........................ V, 61
Joan Fabre yeu ai fach un deman................ IV, 286

L.

La doussa votz ai auzida	III,	91
L'afar del comte Guio	V,	305
Lancan son passat li givre	V,	37
Lanfranc qu'ill vostres fals ditz coill	V,	247
Lanquan li jorn son lonc en mai	III,	101
Lanquan son li rozier vermelh	V,	219
Lanquan vei fueill e flor parer	V,	37
Lanquan vey la fuelha	III,	62
L'autre dia per un mati	III,	165
L'autre jorn cost' una via	III,	381
L'autre jorn m'anava	III,	462
L'autre jorn m'en pugiey al cel	IV,	373
L'autr'ier el dous temps de pascor	V,	241
L'autr'ier fuy en paradis	IV,	40
L'autr'ier lonc un bosc fulhos	II,	230
L'autr'ier m'anava ab cor pensiu	V,	277
L'autr'ier trobei la bergeira	III,	473
L'autr'ier trobei la bergeira d'antan	III,	467
Leials amicx cui amors ten joyos	III,	170
L'ensenhamentz e'l pretz e la valors	III,	212
Leu sonet si cum suoill	V,	421
Li clerc si fan pastor	IV,	343
Lo belh dous temps mi platz	III,	337
Lo bels terminis m'agensa	V,	299
Lo coms m'a mandat e mogut	IV,	149
Lo dous cossire	III,	113
Lo ferm voler qu'el cor m'intra	II,	222
Lo gens temps de pascor	III,	51
Lo jorn qu'ie us vi domna primieramen	III,	106
Lombards volgr'eu esser per na Lombarda	V,	239
Longa sazo ai estat vas amor	III,	245

Lo nous mes d'abril comensa................. III, 453
Lo pair' e 'l filh e 'l sant espirital............. IV, 432
Lo rossinholet salvatge...................... III, 282
Lo segle m'es camjatz...................... IV, 330
Lo senher que formet lo tro................. IV, 115
Luecx es qu'om si deu alegrar............... IV, 472

M.

Ma dona m ten pres........................ III, 423
Mais ai de talan que no suelh............... III, 238
Manta gens me mal razona.................. III, 277
Manta gent fas meravelhar.................. III, 228
Mantas vetz sui enqueritz................... IV, 433
Marritz cum homs mal sabens ab frachura.... V, 365
Mauret Bertrans a laisada................... V, 104
Ma voluntatz me mov guerr' e trebalh....... V, 340
Mei oill an gran manentia................... V, 300
M'entencio ai tot' en un vers meza.......... V, 288
Messonget un sirventes..................... IV, 288
Miez sirventes vueilh far dels reis amdos..... IV, 176
Molt m'es greu d'en Sordel quar l'es faihitz sos sens.. IV, 68
Mon chan fenisc ab dol et ab maltraire...... IV, 48
Monges digatz segon vostra sciensa.......... IV, 38
Mon sirventes tramet al Cominal............ IV, 382
Mon vers mov merceyan vas vos............ V, 184
Mos Cominals fai ben parer................. IV, 250
Mot m'entremis de chantar volentiers........ V, 284
Mot m'enueia so auzes dire................. V, 264
Mout a que sovinenza...................... IV, 228
Mout fort me sui d'un chan meravillatz...... IV, 232
Mout jauzens me prenc en amar............ III, 3
Mout me platz deportz e guayeza........... III, 451

Mout mi plai quan vey dolenta.................... IV, 260
Mout mi platz lo dous temps d'abril............... III, 431
Mout viu ab gran dolor........................... V, 341

N.

N Elias Cairel de l'amor......................... V, 227
N Elias conseill vos deman....................... IV, 22
N Esquileta quar m'a mestier..................... V, 176
No m'agrad' iverns ni pascors.................... IV, 275
No m laissarai per paor.......................... IV, 307
No m puesc sufrir d'una leu chanso faire......... III, 124
Non a tan poder en se............................ V, 352
Non chant per auzel ni per flor.................. V, 401
Non es meravelha s'ieu chan...................... III, 44
Non estarai mon chantar non esparja.............. IV, 177
Non lassarai qu'en chantar non atenda............ V, 58
Non pot esser suffert ni atendut................. III, 196
Non puesc saber per que m sia destreg............ V, 423
Non trob qu'en re me reprenda.................... V, 369
No puesc mudar no digua mon veiaire.............. V, 379
No puesc mudar que ieu non digua so.............. V, 64
No pues sofrir qu'a la dolor..................... III, 310
No sai qui m so tan sui desconoyssens............ V, 55
No sap chantar qui 'l so non di.................. III, 97
Nostre reys qu'es d'onor ses par................. IV, 241
Nostre senher somonis el mezeis.................. IV, 100
N Uc de la Bachallaria........................... IV, 16
N Uc de San Cir be m deu grevar.................. V, 122
Nueg e jorn suy en pensamen...................... IV, 436
Nulhs hom non sap d'amic tro l'a perdut.......... V, 224
Nulhs hom non sap que s'es grans benanansa....... III, 7

O.

Oi! maire filla de dieu	IV,	438
On hom plus aut es pueiatz	IV,	234

P.

Patz passien ven del senhor	IV,	402
Peire de Maensac ges lo reis no seria	V,	145
Peire Rogiers a trassaillir	IV,	3
Peire Salvagg' en greu pessar	IV,	217
Peire Vidal pois far m'aven tenson	IV,	23
Peironet ben vos es pres	V,	313
Peironet EN Savaries	V,	314
Per deu Gui mais ameria	V,	123
Perdigons vostre sen digatz	IV,	14
Per dols chant qu'el rossinhols fai	III,	86
Per espassar l'ira e la dolor	IV,	284
Per far esbaudir mos vezis	III,	32
Per folhs tenc Polles e Lombartz	IV,	345
Per grazir la bona estrena	III,	342
Per joy d'amor e de fis amadors	III,	181
Per lo mon fan l'us dels autres rancura	IV,	333
Per mantas guizas m'es datz	III,	118
Per pauc de chantar no me lays	IV,	105
Per solatz e per deport	III,	396
Per solatz revelhar	IV,	290
Per tot so c'om sol valer	IV,	378
Per vos belha dous' amia	III,	104
Pessamen ai e cossir	III,	120
Pessius pessans peccans e penedens	V,	26
Planhen ploran ab desplazer	IV,	80
Planher vuelh EN Blacatz en aquest leugier so	IV,	67
Platz mi cavalier frances	V,	154
Ples de tristor marritz e doloiros	IV,	76

468   TABLE DES PIÈCES

Porcier cara de guiner	V,	148
Pos lo prims verjans botona	V,	326
Pos tals sabers mi sors e m creis	V,	411
Predicator. — Tenc per meillor	V,	306
Pres soi ses faillensa	II,	244
Pro ai del chan essenhadors	III,	94
Prop a guerra qui l'a e mieg del sol	V,	304
Puois fin' amors me torn en alegrier	V,	163
Pus astres no m'es donatz	II,	238
Pus chai la fuelha del garric	IV,	293
Pus de chantar m'es pres talens	IV,	83
Pus dels maiors	V,	197
Pus era suy ab senhor	V,	169
Pus li baron son irat e lor peza	IV,	170
Pus lo dous temps ve jogan e rizen	IV,	429
Pus lo gens terminis floritz	IV,	162
Pus ma boca parla sens	IV,	353
Pus mi preiatz senhor	III,	58
Pus mos coratge s'esclarzis	IV,	301
Pus partit an lo cor EN Sordel e 'N Bertrans	IV,	70
Pus Peyre d'Alvernhe a chantat	IV,	368
Pus sabers no m val ni sens	II,	246
Pus tan mi fors' amors que mi fai entremetre	III,	302
Pus tornatz sui en Proensa	III,	321
Pus Ventedorn e Comborn e Segur	IV,	145
Pus vey parer la flor e 'l glay	III,	122
Pus vezem de novelh florir	V,	117

Q.

Quan la doss' aura venta	III,	84
Quan la fuelha sobre l'albre s'espan	III,	49
Quan la novella flors par el verjan	IV,	179
Quan lo braus fregz yverns despuelha	V,	199
Quan lo dous temps d'abril	IV,	265

Quan lo dous temps ven e vay la freydors	IV,	123
Quan lo rius de la fontana	III,	99
Quan lo temps brus e la freia sazos	V,	25
Quan par la flors josta 'l vert fuelh	III,	65
Quan reverdeion li conderc	V,	215
Quan si cargo 'l ram de vert fueilh	III,	384
Quant amors trobet partit	III,	279
Quant erba vertz e fuelha par	III,	53
Quant vey lo temps renovellar	IV,	199
Quan vey la laudeta mover	III,	68
Quan vey lo segle cobeitos	V,	308
Quan vey pels vergiers desplegar	IV,	167
Quascus planh lo sieu dampnatge	V,	376
Quascus plor e planh son dampnatge	IV,	46
Qui comte vol aprendre	V,	41
Qui ha talen de donar	IV,	380
Qui m disses non a dos ans	IV,	387
Qui per nesci cuidar	III,	185
Qui saubes dar tan bon cosselh denan	V,	141
Qui se membra del segle qu'es passatz	IV,	329
Qui ve gran maleza faire	IV,	355
Qui vol aver complida amistansa	IV,	135
Quora qu'amors vuelha	III,	268
Quoras que m fezes doler	III,	275
Quoras que m tengues jauzen	V,	356
Quor qu'om trobes Florentis orgulhos	IV,	186
Quossi moria	V,	237

R.

Rassa mes se son primier	IV,	151
Razos es e mezura	IV,	405
Razos es qu'ieu m'esbaudey	IV,	362
Razos non es que hom deya chantar	IV,	74
Rei glorios verais lums e clardatz	III,	313

Reis pus vos de mi chantatz...................... IV, 256
Ricx hom que greu ditz vertat e leu men.......... IV, 341
Rofin digatz m'ades de cors...................... V, 437
Rossinhol en son repaire......................... V, 292

S.

S'abrils e fuelhas e flors....................... III, 144
S'al cor plagues ben for' hueimais sazos......... III, 156
S'anc fis ni dis nulha sazos..................... III, 183
S'anc fui belha ni prezada....................... III, 251
Savis e folhs humils et orgulhos................. III, 256
Seigne' 'n Jacmes Grill ie us deman.............. V, 443
Seigner fait m'avetz enquer...................... V, 365
Seigner Pons de Montlaur per vos................. V, 361
Seigner sel qui la putia......................... V, 243
Seingner Blacatz aquo lor es grans paor.......... V, 322
Sel que vos es al cor pus pres................... II, 258 / V, 46
Sendatz vermelhs endis e ros..................... IV, 187
Senher Blacatz de domna pro...................... IV, 27
Senher coms saber volria......................... V, 173
Senher dieus que fezist Adam .... IV, 394
Senher marques ja no m diretz de no.............. II, 260 / V, 425
Senher Raymbautz per vezer .... IV, 1
Senher reis qu'enamoratz par..................... V, 332
Senhors per los nostres peccatz .... IV, 85
Sens e sabers auzirs e fin' amors................ III, 227
Servit aurai franchamen.......................... III, 332
Ses joy non es valors............................ III, 221
Ses totz enjans e ses falsa entendensa........... III, 340
Si ai perdut mon saber........................... V, 364
Si amors fos conoyssens.......................... V, 2
Si anc nulhs hom per aver fin coratge............ III, 292
Si col flacs molins torneia .... V, 275

Si col paubres que jay el ric ostal...............	III,	319
Si com l'enfas qu'es alevatz petitz...............	V,	326
Si com lo metge fai creire.......................	V,	318
Si cum li peis an en l'aigua lor vida............	III,	207
Si cum selh que sos companhos...................	III,	433
Si cum sel qu'es tan grevatz.....................	IV,	51
Si cum seluy qu'a servit son senhor.............	V,	323
Si de trobar agues melhor razo..................	III,	17
S'ieu ai perdut no s'en podom jauzir............	III,	446
S'ieu anc chantiei alegres ni jauzens...........	V,	11
S'ieu anc nulh temps chantiei alegramen........	V,	100
S'ieu conogues que m fos enans	III,	193
S'ieu fos aissi senhers e poderos	IV,	174
S'ieu fos aventuratz.............................	V,	328
S'ieu sabi' aver guizardo	III,	231
Si 'l mal d'amor m'auci ni m'es nozens........	V,	367
Si 'l monz fondes a meravilla gran..............	V,	60
Si m destrenhetz dona vos et amors............	III,	223
Si m fai amors ab fizel cor amar................	III,	459
Si m fos grazitz mos chanz eu m'esforcera.....	V,	394
Si m fos tan de poder...........................	V,	216
Si m laissava de chantar........................	IV,	107
Si mos chans fos de joi ni de solatz............	V,	245
Si quo 'l solelhs nobles per gran clardat.......	V,	309
Sirvens suy avutz et arlotz......................	IV,	462
Sirventes e chansos lais.........................	IV,	268
Sirventes non es leials..........................	V,	351
Sirventes vuelh far..............................	IV,	309
Sitot ai tarzat mon chan........................	III,	290
Sitot m'ai estat lonjamen.......................	V,	1
Sitot me soi a tort aperceubutz.................	III,	153
Sitot no m'es fort gaya la sazo	V,	109
Sitot non ai al cor gran alegransa..............	III,	266
Sitot non es enquist.............................	V,	269
Si totz los gaugz e 'ls bes......................	III,	172

Si tut li dol e'l plor e'l marrimen	II,	183
Solatz e chantar	V,	15
Sols sui que sai lo sobrafan que m sortz	V,	34
So qu'hom plus vol e don es plus cochos	IV,	92
Soudadier per cui es jovens	V,	254

T.

Tals cuia be	IV,	350
Tan m'abelis jois et amors e chans	III,	236
Tan m'abellis l'amoros pessamens	III,	149
Tan no plou ni venta	III,	29
Tan son valen nostre vezi	IV,	360
Tan ricx clergues vey trasgitar	IV,	282
Tant ai mon cor en joy assis	III,	34
Tant ai sufert longamen gran afan	III,	288
Tant m'a donat e fin e ferm voler	III,	179
Tant m'es l'onratz verays ressos plazens	IV,	246
Tant soi apoderatz	V,	360
Tant suy marritz que no m puesc alegrar	V,	261
Tartarassa ni voutor	IV,	357
Temps e luec a mos sabers	III,	445
Tornatz es en pauc de valor	IV,	126
Tos temps aug dir q'us joys autre n'adutz	V,	329
Tos temps azir falsetat et enjan	IV,	347
Totas bonas donas valens	V,	47
Totas honors e tuig fag ben estan	V,	12
Tot atressi com fortuna de ven	IV,	358
Tot francamen domna venh denan vos	III,	242
Tot l'an mi ten amors de tal faisso	III,	348
Tot quant ieu fauc ni dic que m sia honrat	III,	219
Totz hom que so blasma que deu lauzar	V,	3
Totz hom qui ben comensa e ben fenis	IV,	124
Totz temeros e doptans	III,	234
Tres enemicx e dos mals senhors ai	III,	330
Truan mala guerra	III,	260

Tug cilh que amon valor .... III, 295
Tug demandon qu'es devengud'amors .... III, 455
Tuit sels que m pregan qu'ieu chan .... III, 70
Turcmalet be us ten en grat .... V, 370

U.

Una ciutat fo no sai quals .... IV, 366
Una sirventesca .... V, 67
Unas novas vos vuelh contar .... III, 398
Un decret fauc drechurier .... IV, 440
Un serventes nou qu'om chan .... V, 450
Un sirventes ai en cor que comens .... V, 304
Un sirventes farai novelh plazen .... IV, 181
Un sirventes farai ses alegratge .... IV, 222
Un sirventes fas en luec de jurar .... IV, 337
Un sirventes fatz dels malvatz barons .... IV, 147
Un sirventes novel vuelh comensar .... IV, 364
Un sirventes on motz non falh .... IV, 141
Un sirventes qu'er miegz mals e miegz bos .... V, 200
Un vers farai de tal mena .... V, 414
Us amicx et un'amia .... IV, 33
Us cavalier si jazia .... V, 74

V.

Valens marques senher de Montferat .... V, 424
Valens senher reis dels Aragones .... V, 277
Veillz Comunal plaides .... V, 156
Vera vergena Maria .... IV, 442
Verges en bon'hora .... IV, 420
Vergoigna aura breument nostre evesque cantaire ... IV, 258
Vers dieus el vostre nom e de Sancta Maria .... IV, 399
Vertatz es atras tirada .... IV, 391
Vilan cortes l'avetz tot mes a mal .... V, 322
Vos que m semblatz d'els corals amadors .... V, 123

FIN DE LA TABLE.

VARIANTES ET CORRECTIONS.

Les manuscrits des poésies des troubadours, de même que tous ceux du moyen âge, n'offrant pas les signes de ponctuation, ni ceux de l'apostrophe et de l'aphérèse, les personnes qui étudieront les pièces que je publie, pourront changer ou rétablir la ponctuation qui a été adoptée dans cet ouvrage, quand le sens leur semblera l'exiger, et ainsi lire no 'n pour non, etc., et *vice versâ*, etc.

Quand deux mots paraîtront devoir être réunis, ou un seul mot paraîtra devoir être divisé, on le fera si l'on trouve un meilleur sens, parce que, malgré le soin extrême que je me suis donné, je puis n'avoir pas pris constamment le parti le plus convenable.

Dans les passages épars des pièces, on trouvera quelquefois des citations qui ne s'accordent pas avec la table précédente ou avec les indications des noms des troubadours; cette différence vient de ce que les manuscrits attribuent les mêmes pièces à différents troubadours. J'ai cru pouvoir en donner des exemples frappants, en rapportant quelquefois sous des noms divers quelques fragments, et en n'y laissant d'autre différence que les variantes des manuscrits, ainsi qu'on peut le voir tome V, pages 55 et 198, 219 et 298.

Après ces renseignements je me borne à proposer les variantes et les corrections suivantes :

T. Ier, p. 280. Am placé après as à la deuxième personne du présent au singulier, doit être placé à la ligne suivante après a, troisième personne.

VARIANTES ET CORRECTIONS.

T. III, p. 69. Contra 'l mon, — contra mon.
    81. Lai, s'il no m'asegura, — que i an anz no.
    99. L'amor que m, — l'onor.
   147. Mesclat ab eyssens, — ascens.
   162. Adrechurers, — adrechures.
   187. Qui non a cor als, — acora 'ls.
   200. Après ce vers :
      L'ensenhamentz et la valors,
    ajoutez :
      E 'l gens cors e la fresca colors.
   203. N'auia ni bruit, — noia.
   239. E la fresca, — sa fresca.
   259. Que m don, — det.
   317. Cui sui amans, — comans.
   318. Quel mon, — qu'el.
   346. S'abranda, — s'arranda.
   353. Ges no m'es, — me son.
   356. A pensatz, — apensatz.
   394. No m tengua dan, — tengu'a.
   404. En pastre, — enpastre.

T. IV, p. 7. Semena arena, — en arena.
    30. Dos colps, — bos.
    58. Lo cor fendre, — cor s.
    68. Molt mes, — m'es.
    85. Com a, — coma.
    95. En bonia, — bouia.
   164. Greu m'es deisendre carcol, — defendre.
   167. Tornar en paus, — Paus.
   178. Qu'era floris, — ou mielhs.
   180. E tant auvan, — anvan.
   212. Quan d'armas, — d'armatz.
   217. Prec asselhs, — a selhs.
   230. No us fait, — fail.
   272. Pessaran descarnir, — d'escarnir.
   280. De tot avol, — tot' avol.
   286. Can veian, — mueian.
   291. D'els, — dels.

299. Valria 'ls agues, — 'l s'agues.
Ibid. Qu'en joglaritz, — qu'enjoglaritz.
311. Geratz a, — metetz.
314. E 'ls pen e en fai, — e 'n fa planca e
317. De mal cor, — malcor.
318. Capel, — capdel.
325. Ab falces trudetz, — fals estrudetz.
424. Daniel dins, — d'ins.
426. Oblidetz ges, — gens.
327. Cum heretiers, — heretjes.
430. Li larex senes, — ni.
433. Chanso o vers aquest chan, — chansos... chans.
Ibid. Demandan, — demandam.
443. Don lo dieus, — tieus.
456. Non tardas, — t'ardas.
460. Sembla l'encomenzansa, — sembl' a.
Ibid. Segur, — seguir.

T. V, p. 98. Traitz al canz, — alcanz.
Ibid. En Peitius, — en.
102. E qui s tos temps aventura s, — quis... aventuras.
133. Sobr' una post, — sobr' un apost.
134. Raitz david, — David.
170. nil, — Nil.
264. So auzes, — s'o.
273. Que diga totz, — dig' a.
290. Alur, — a lur.
320. Dels joglars, — d'els.
342. Sa part, — par.
363. Ap honor, — ab.
380. Desfors, — d'esfors.
389. Ar vau, — van.
393. Per guerre, — guerra.
394. Que a ma, — que ma.

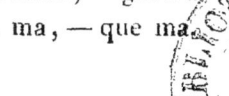

www.ingramcontent.com/pod-product-compliance
Lightning Source LLC
Chambersburg PA
CBHW071621230426
43669CB00012B/2017